메이커스
랩

그 멋진 작품은
어떻게 탄생했을까

메이커스 랩

Make to Know

론 M. 버크먼 지음 · 신동숙 옮김

윌북

차례

진실은 만들어지는 것이다.

짐바티스타 비코[1]

모든 것이 즉시 확정되기를 바라는 것은 큰 잘못이다.
순식간에 작품의 형태가 드러나고
노력하지 않아도 무엇을 해야 할지 알게 될 거라 믿으며
아이디어가 명확해질 순간을 기다려봐야 아무것도 이뤄지지 않는다.
그보다는 굳은 신념을 갖고 길을 더듬더듬 찾아가야 한다….

빌헬름 에켈룬드[2]

0에서 1을 만든다는 것: 애플 스토어 설계의 비밀

"여보세요." 1999년 어느 가을날 아침, 디자인 회사 에이트Eight Inc.의 CEO 팀 코베가 전화를 받았다. 전화를 걸어온 사람은 오랫동안 스티브 잡스의 비서로 일한 앤드리아 노드먼이었다. 며칠 전 코베는 잡스에게 애플의 시그니처가 될 매장을 만들어보자는 아이디어를 보낸 터였다.

"안녕하세요! 스티브가 당신의 제안에 관심을 보였어요. 에이트와 함께 일해도 좋을지, 만나서 이야기해보고 싶다네요."

노드먼이 언급한 '제안'이란 나중에 애플 스토어가 될 매장에 관한 것이었다. 애플 스토어는 애플이라는 브랜드를 아주 명쾌하게 보여주는 획기적인 매장이다. 그러나 애플 스토어를 설계한 장본인이자 수석 디자이너인 코베의 말에 따르면, 이곳을 '만드는 과정'은 전혀 명쾌하지 않았다. 나는 그의 이야기를 통해, 애플 스토어가 탄생하기까지 의외의 사건과 시행착오가 엄청나게 많았다는 다소 놀라운 사실을 알게 됐다.

코베가 노드먼에게 대답했다. "네, 그거 좋지요. 저희 역량을 보여드릴게요."

"저, 그런데, 사실 스티브가 지금 그쪽으로 가고 있어요. 아마 15분쯤 뒤에는 도착할 거예요."

예기치 못한 전개는 이미 시작되고 있었다.

에이트는 애플이 시장의 판도를 바꾼 '컬러 아이맥iMac'을 출시할 때부터 협력해왔고, 그때부터 두 기업은 긴밀한 관계를 맺고 있었다.

"애플 스토어가 만들어지는 과정은 스티브가 저희를 믿고, 저희 의견을 받아들이면서 시작됐다고 할 수 있어요. 저는 컬러 아이맥을 단순한 전자 제품 그 이상이라고 생각했죠. 그건 아름답고 특별한 하나의 작품이었어요. 업계에서는 유례가 없는 일이었죠. 그때만 해도 컴퓨터는 전부 베이지색이나 회색이었거든요. 에이트는 당시 열린 맥월드MacWorld 박람회의 전시 디자인을 맡았어요. 저희는 조명을 밝힌 커다란 테이블에 아이맥을 줄줄이 늘어놓았죠. 제품이 가진 멋진 특징을 제대로 드러내려고요."

박람회는 성공적이었고, 잡스는 크게 만족했다.

"잡스는 우리가 단순히 박람회에서 돋보이고자 그런 디자인을 한 게 아니란 걸 알았어요. 우리의 목표는 컬러 아이맥을 전설로 만드는 거였죠. 그는 저희가 핵심을 꿰뚫고 있다고 생각했어요."

그러나 코베의 활약은 여기서 끝이 아니었다. 1990년대 후반에 그는 애플의 직영 매장을 설계한다는 커다란 아이디어를 떠올렸다.

"컬러 아이맥은 샌프란시스코에서 개최한 맥월드에서 최초로 공개됐고 그 뒤로 뉴욕, 파리, 도쿄에서 잇따라 행사를 열었어요. 하지만 저는 박람회를 시작하기 전부터 애플이 직영 판매 프로그램을 만들어야 한다고 생각했고, 그 주장을 담은 보고서도 작성했어요. 저는 나이키, 노스페이스와도 프로젝트를 함께했는데, 두 회사는 모두 자사 제품을 별도의 소매업체를 통해 판매해왔어요. 예를 들어 나이키 제품은 풋라커Foot Locker 같은 신발 전문 매장에서 판매됐죠. 그런 환경에서는 브랜드가 돋보일 수 없어요. 그래서 나이키는 자사의 가치와 목적을 효율적으로 알리기 위해 나이키의 모든 제품을 판매하는 '나이키타운 프로그램'을 시작했어요. 하지만 풋라커 같은 유통매장의 판매에는 영향을 주지 않도록 전략적으로 접근해야 했지요. 이런 사례를 경험하면서 애플도 플래그십 스토어를 만들어야 한다는 생각이 들었어요."

코베의 직감은 적중했다. 잡스도 애플의 브랜드 가치를 높이고 메시지를 효과적으로 전달할 방법을 찾고 있었기 때문이다. 잡스는 애플 제품이 마이크로소프트 등 다른 PC와 나란히 진열대에 놓여 있는 것이 마음에 들지 않았고, 매장 직원이 애플 제품을 잘 알지 못한다는 점을 우려하고 있었다. 에이트는 애플이 일본 곳곳에서 실험했던 '숍 인 숍shop-in-shop' 프로젝트 설계에도 참여했다. 숍 인 숍 프로젝트는 애플 스토어의 서막으로, 애플 스토어 탄생의 가능성을 열어젖힌 실험적인 시도였다.[3] 이 프로젝트는 일본에 이어 미국에서도 시도되었는데, 주로 컴퓨터 유통 전문업체인 컴프USA를 통해 샌프란시스코와 뉴욕에서 진행했다. 숍 인 숍 프로젝트로 판매는 늘었지만 제3자 유통망 문제는 여전했고, 브랜드 정체성과 메시지에 더 큰 통제력을 행사하고자 하는 애플의 핵심 목표도 완벽하게 해결되지는 않았다.

코베는 1996년에 '플래그십 리테일 타당성 보고서' 초안을 완성했다. 그는 보고서의 개요에서 문제점을 명확히 밝히고, 직영점을 연다는 야심 찬 프로젝트를 소개했다.

> 애플은 자사의 메시지를 일관되게 드러내고자 했고, 새로운 컴퓨터 디자인으로 리뉴얼 전략을 성공적으로 완수했다. 그러나 소매와 유통 경로에서 애플의 제품 정보와 브랜드 이미지는 제대로 전달되지 못하고 있다. 현재는 언론에 소개되는 브랜드의 이미지가 애플이 스스로 규정한 이미지보다 강하다. 분명한 것은 애플의 존재를 드러낼 창구가 부족하다는 사실이다. 변화를 꾀하는 과정에서 혼란이 닥칠 수도 있겠지만, 경쟁이 날로 치열해지는 상황에서 박람회만으로는 기회가 충분하지 않다. 성공적이고 전략적인 리뉴얼을 위해서는 새로운 방식을 고려해야 한다.[4]

노드먼과 통화를 끝내고 정확히 15분 뒤에, 잡스는 에이트에 도착했다. 잡스는 회의실에 가서 이야기를 나누자고 청했지만, 에이트에는 회의실이 없었다.

"큰 테이블이 하나 있었는데, 그게 전부였어요. 그래서 저와 제 동료 빌헬름 오엘은 잡스를 그 테이블에 앉히고 대화를 시작했습니다. 그때는 프로젝터로 프레젠테이션 자료를 띄우던 시절이었어요. 저희는 잡스에게 나이키, 노스페이스와 함께했던 프로젝트 자료를 보여주었어요. 그리고 다른 프로젝트 자료들도 제시했지요. 잡스는 그것들을 모두 살펴보더니 이렇게 물었어요. '지금 본 것들이 전부 마음에 안 들고, 이 중에 애플과 어울리는 건 아무것도 없다고 말하면 뭐라고 할 건가요?' 그 말에 놀라서 빌헬름의 입이 떡 벌어졌었지요."

코베는 잡스의 눈을 똑바로 바라보면서 솔직하게 대답했다고 한다.

"저희는 이 작업은 나이키에 맞게, 이 작업은 노스페이스와 어울리게 디자인했습니다."

"좋아요, 하지만 이 작업 모두가 애플과는 전혀 안 어울리는데 제가 왜 에이트에 일을 맡겨야 하지요?"

"이 작업물이 모두 애플과 어울리지 않는다는 게 바로 저희에게 일을 맡겨야 하는 이유입니다. 저희가 애플과 작업한다면 애플에 맞는 디자인을 할 테니까요."

코베는 이렇게 답한 뒤 의기양양한 표정으로 잡스를 바라보았다고 했다.

"제가 자신이 예전에 했던 말을 인용하고 있다는 사실을 알아채고, 잡스는 한참 동안 침묵했습니다. 저는 잡스의 전략을 알고 있었어요. 강하게 밀어붙여본 뒤, 버티는지 쓰러지는지 보려고 했던 겁니다. 그는 자리에서 일어나 저희와 악수를 하고는 '그렇지만 에이트가 애플의 매장을 설계하기에 충분한 능력이 있는지 아직도 잘 모르겠군요'라고 말하고 가버렸습니다. 빌헬름과 저는 서로를 쳐다보면서, 우리에게 일을 맡기겠다는 건지 아닌지 궁금해했지요. 이틀 뒤에 잡스에게 전화를 받았어요. 그는 '애플로 와보시겠어요? 일을 시작합시다'라고 말하더군요. 곧 저희는 화이트보드에 디자인을 하기 시작했죠."

화이트보드에서 시작했다고? 어떻게 그럴 수 있었을까? 상상력이 풍부하고 혁신적인 스티브 잡스는 애플 스토어에 대한 명쾌한 비전이 있었으며, 자기가 원하는 바를 잘 알았을 것이다. 다들 알다시피 잡스는 애플이라는 기업과 애플이 만든 혁신적인 제품의 귀재이자 설계자이지 않은가. 전 세계에서 운영되는 이 아름다운 스토어는 고객들로 늘 발 디딜 틈이 없다. 설명을 보고 들으며 제품을 사용해볼 수 있는 탁 트인 공간, 제품이 진열된 넓은 테이블, 지니어스바('지니어스'라고 불리는 직원에게 제품 수리를 받을 수 있는 곳—옮긴이), 전략적으로 배치된 서비스와 시설, 적절하게 사용된 색감과 소재 등 이 모든 것이 제우스가 아테나를 낳을 때처럼 잡스의 머리에서 튀어나왔다고 생각할 수도 있다. 하지만 정말 그럴까? 애플 스토어는 미국은 물론 세계 각국 판매점의 지형을 바꿔놓았다. 이런 놀라운 결과에 이르기까지 실제로는 어떤 과정을 거쳤을까?

코베의 말에 따르면, 애플 스토어 설계에는 어떤 청사진이나 비전도 없었다고 한다. 그런 접근과는 거리가 멀었다. 코베는 잡스가 반복해서 검토하며 직관에 따라 결정하는 사람이었다고 설명한다.

"스티브는 로직트리logic tree(나무와 같은 구조적 특성에 맞춰 논리의 인과관계를 규명하는 도구—옮긴이)를 재빨리 살펴보고, '지금 이 부분에 오류가 있어요. 다시 검토해주세요'라고 말하곤 했죠. 로직트리가

14

완벽하면 상황을 정반대 측면에서 뒤집어서 생각해보고 옳지 않다고 느껴지는 부분을 지적했어요."

내가 말했다. "어떻게 보면, 잡스는 자신이 원하는 바를 알기 위해서 창의적으로 임하는 사람인 것처럼 들리네요. 잡스는 결과가 어때야 하는지 깨달을 때까지, 우선은 뛰어들어서 구성해보고, 느껴본다는 이야기가 많이 회자되지 않습니까."

코베가 맞장구쳤다. "물론이에요. 저희는 매장의 버블 다이어그램(원을 이용해서 각 용도의 관계를 시각화한 것 — 옮긴이)부터 그렸어요. '이런 걸 시도해보자'라든지 '저렇게 해보자' 같은 대화를 주고받으면서요. 그리고 나서 작은 모형을 스케치했죠. 매주 새로운 모형을 만들었어요. 그러다 실물 크기 모형까지 만들게 됐지요. 폼코어라고 부르는 딱딱한 플라스틱을 이용해서 매장 구성물을 매주 조금씩 만들어나갔어요. 스티브는 모형 주위를 돌면서 살펴봤습니다. 애플의 느낌이 나는 결과물이 나올 때까지 꾸준히 수정을 반복했지요. 모형 제작 과정에서 의도가 너무 빤하게 드러나거나 지나치게 기술을 강조하는 디자인은 어울리지 않는다는 걸 알게 됐어요. 그런 부분은 해체하거나 다른 곳으로 옮겨놓고 다시 만들었어요. 모형은 계속 진화해나갔죠."

"진화라는 표현이 딱 맞네요."

"네. 스티브는 처음에 매장을 얼마나 크게 만들고 싶은지조차 몰랐어요. 한번은 매장이 컸으면 좋겠다고 하기에 저희가 '알겠어요. 그런데 매장에는 파워맥, 아이맥, 아이북, 파워북 딱 네 가지만 진열하기로 했잖아요. 매장을 크게 하면 그만큼 물건을 더 채워 넣어야 하지 않겠어요?'라고 반문했죠. 이런 식으로 아주 기본적인 문제부터 논의했어요. 나중에는 애플의 핵심 가치를 표현해야 한다는 걸 깨닫게 됐지요. 그걸 바탕으로 매장의 모든 요소를 설계했고요."[5]

애플 스토어는 사업적 필요에 따라 구상된 것이고, 그런 구상은 당시의 수많은 기업과 브랜드(노스페이스, 나이키, 소니, 디즈니, 리바이스 등)도 했던 것이었다. 애플 스토어가 다른 브랜드의 매장과 달랐던 것은 디자인팀이 브랜드의 핵심 가치에 따라 작업에 임했다는 점이었다. 즉 애플을 움직이는 원칙이 그들을 움직였다. 브랜드의 핵심 원칙은 불확실성으로 가득한 프로젝트를 어디서부터 어떻게 시작해야 할지 알려주는 지침이 되어 제작 과정에 불을 지폈고 설계로 이어졌다. 코베는 이렇게 설명했다.

"애플을 특별하게 만드는 것이 뭘까 생각해보니, 엔지니어가 아닌 평범한 사람들도 '쉽게 접근할 수 있는 기술'이더라고요. 이를 테면 인간적인 기술이랄까요. 그게 애플과 다른 브랜드들의 근본적인 차이이자, 애플이 제시하는 핵심 가치였어요. 스티브는 매킨토시를 위해서 열심히 싸웠고 끝까지 노력했어요. 대중적인 컴퓨터를 만들고자 했고 그것이 옳은 방향이라는 것을 알았죠."

에이트는 이러한 애플의 가치를 공간 속에 녹여냈다. 코베는 설명했다.

"고객 친화적이고 다가가기 쉬운 매장을 만들어야 했어요. 그 말은 모든 게 매력적이되 편안해야 한다는 뜻이었지요. 애플 스토어는 아주 개방적이고 직관적이에요. 애플의 제품들처럼요. 저희

위, 아래 사진: 2001년 5월 19일에 문을 연 최초의 애플 스토어. 버지니아 타이슨 코너 센터Tysons Corner Center.

는 그런 특징을 다양한 방법으로 제시하려고 노력했어요. 물리적 배경, 환경, 고객을 응대하는 직원이 모두 그러한 요소였죠. 우리는 세심한 주의를 기울였어요. 스티브는 매장 직원들이 애플 제품에 대해 충분히 숙지하길 바랐지만, 기술적인 측면에 너무 몰두해서 인간적인 요소가 빠지는 건 원치 않았어요. 기술적 노하우를 겸비한 매력적이고 다정한 사람들을 원했지요."

애플 스토어 준비팀의 규모는 더욱 확대돼서, 의류기업 갭의 CEO였던 밀러드 드렉슬러를 포함한 다른 인물들도 프로젝트에 합류했다. 드렉슬러는 1999년에 잡스가 애플 이사회 경영진으로 채용했던 사람이다. 그는 명성 있는 소매업 전문가였고, 애플 스토어 프로젝트를 성공적으로 이끄는 데 도움을 주었다. 코베는 이렇게 설명한다.

"드렉슬러는 상품의 밀집도가 아주 높은 매장을 관리해왔어요. 물건을 잔뜩 쌓아서 판매량을 높이는 옛날 방식이었죠. 드렉슬러는 그런 판매 방식이 애플에는 어울리지 않는다고 판단했어요. 그것과 반대되는 매장을 만들고 싶어 했죠."

드렉슬러가 그런 아쉬움을 느끼지 않았다면 지금처럼 개방적이고 시원한 애플 스토어 매장을 볼 수 없었으리라. 월터 아이작슨의 회고록 『스티브 잡스』와 경영대학원 인시아드INSEAD에서 진행한 사례 연구 보고서에 따르면, 아주 세세한 부분까지 구현한 실물 크기의 프로토타입을 만들어보자고 디자인팀에 제안한 사람이 바로 드렉슬러였다.[6] 이는 대중에게 알려지지 않았던 사실이다. 코베는 실물 크기 모형으로 여러 아이디어와 개념을 테스트할 수 있었다고 설명했다. 잡스는 실물 크기 모형을 '발견의 무대'로 높이 평가했다. 그는 이렇게 말했다. "밀러드가 내게 해준 최고의 조언은 창고를 임대해서 실물 모형을 만들어보라고 권한 것이다."[7]

코베는 디자인에는 즉흥적인 협업이 중요하다는 사실을 깨달았다. 담당자들은 '화요 회의'라고 불리는 주간회의를 열곤 했다. "매주 열다섯 명 정도가 모여서 아이디어 회의와 제작에 참여했죠. 그 과정에서 많은 변화가 있었어요."

나는 코베에게 구체적인 사례를 들려달라고 요청했다. 예컨대 제품을 진열하는 테이블 디자인을 어떻게 결정했는지 물었다. 코베는 이렇게 설명했다.

"제품이 주인공이자 영웅이라는 발상을 뒷받침할 뭔가가 필요했어요. 제품이 눈에 띄어야 하니까 진열 디자인이 더 두드러지면 안 됐죠. 스티브는 분명 신제품들을 계속 내놓을 텐데, 제품이 바뀔 때마다 매장 분위기를 바꿀 수 없다는 사실도 깨달았어요. 그래서 우리는 자연스러운 대형 나무 테이블을 만들었어요. 커다란 파슨스 테이블(다리가 네 귀퉁이 끝에 곧게 달린 탁자—옮긴이) 같은 모양이었지요. 매주 만나서 모델을 만들고, 실물 크기의 프로토타입을 만들고, 나중에는 테이블 두께를 20센티미터로 늘리는 걸 두고 논쟁을 벌이기도 했어요. 어느 방향이 옳은지, 무엇이 애플의 가치에 어울리는지 찾아가는 여정이었어요. 제품이 진열될 테이블은 넉넉하고 널찍해야 했지요."

"테이블이 친근한 분위기를 만들어줄 거라고 예상했나요? 저는 매장 전체 분위기를 조성하는 데 테이블이 아주 중요한 역할을 했다고 느꼈는데요.”

“제작 과정에서 모든 걸 결정했지요. 알기 위해서는 경험하고 느껴봐야 해요.”

애플 스토어 준비팀은 매장의 조명 디자이너와 협업하면서 곤란한 문제를 발견했다. 코베는 말을 이었다.

“애플은 제품 사진을 기가 막히게 잘 찍어요. 제품의 장점을 부각하고 디자인 요소를 아름답게 보여주는 사진을 광고에 싣죠. 그건 소프트박스(사진 촬영 조명 장치―옮긴이)라는 조명 효과 덕분이에요. 조명이 제품을 돋보이게 해주거든요. 그런데 여기서 예상치 못한 문제와 마주하게 됐어요. 우리는 제품이 놓인 테이블 뒤의 벽에 제품 포스터를 걸어두었는데, 테이블 위의 실제 제품보다 포스터 속 제품이 훨씬 멋져 보이는 거예요. 우리도 모르게 고객에게 부정적인 인상을 주고 있었어요. 사실상 사람들에게 애플을 신뢰하지 말라고 말하고 있는 셈이었으니까요. 제품 실물은 사진에서 봤던 것만큼 멋지고 화려해야 했어요.”

코베와 동료들이 넘어서야 할 산은 ‘벽에 걸린 제품 사진과 테이블 위에 있는 제품이 똑같이 아름다워 보일’ 방법을 찾는 것이었다. 그들은 온갖 아이디어를 실험했다.

“오랜 시간 고민한 끝에, 노마드라는 제품을 발견했어요. 열을 가한 비닐로 만든 재료였죠. 저희는 모형을 수없이 반복해서 만들면서 강조된 색과 부수적인 요소들이 적절히 배치되도록 애를 썼어요. 그리고 결국 실제 제품이 사진 속 이미지만큼 아름다워 보이는 적당한 각을 찾아냈지요.”[8]

매장 디자인은 고객의 경험을 이해하는 것이 핵심이다. 그러나 이는 비전만으로는 구현할 수 없는 것이었다. 잡스는 팀원들과 함께 실험하고, 가능성을 탐구하고, 어떤 아이디어는 받아들이고, 또 어떤 것은 거부하고, 이 과정을 반복하고, 스케치하고, 모델을 만들고, 재료를 실험해야 했다. 간단히 말해 애플 스토어는 비전에서 나온 산물이라기보다 만드는 과정에서 결정을 바꾸고, 구성을 수정하며 만들어낸 결과물이었다. 코베는 제작 과정 자체가 고객의 경험과 그 경험을 배려하는 디자인을 알아가는 일이었다고 말했다.

　　"스티브는 사용자 입장을 고려해야 한다고 강조했어요. 무엇에 만족하게 될지 몰랐지만, 만족스러울 때까지 실험을 거듭했죠. 그러한 과정이 없었다면 많은 걸 알 수 없었을 거예요."

　　코베는 시카고 애플 스토어를 설계할 때 인테리어에 바위를 사용했던 짧은 일화를 들려주었다.

　　"구찌와의 프로젝트에서 인디애나 석회암을 디자인 요소로 사용한 적이 있어요. 그 바위가 시카고 미시간 애비뉴의 분위기와도 잘 어울린다고 생각했죠. 저는 인디애나 석회암을 구해서 어떻게 처리해야 할지 열심히 궁리했어요. 매끄럽게 다듬어야 할지, 돌의 질감이 드러나도록 해야 할지 고민했어요. 온갖 크기와 모양의 석회암 샘플을 두세 달 동안 살펴봤던 기억이 나네요. 하루는 스티브가 샘플들을 살펴보다가 갑자기 이렇게 말했어요. '생각해보니 우린 참 바보 같았군요. 완전히 잘못된 방식으로 생각해왔어요. 시카고에는 비가 내립니다. 그런데 우리는 해가 쨍쨍하고 습도가 낮은

캘리포니아 기후에서 이 돌을 살펴보고 있잖아요.' 스티브는 물을 가져오라고 했어요. 모두 허둥지둥 나가서 물 양동이를 들고 왔지요. 그리고 바위에 물을 쏟아부었어요. 그날 그 바위들을 족히 다섯 시간은 살펴봤을 거예요. 그 경험이 교훈으로 남아서, 비가 오는 습한 날이건 맑은 날이건 아름다워 보이도록 매장을 설계하게 됐지요."

애플 스토어가 만들어지는 과정은 반복, 실험, 즉흥적인 대응 등이 성공적인 프로젝트로 나아가는 창조적인 방법임을 입증한다. 점진적인 진화에 얼마나 큰 힘이 있는지 보여주는 이 이야기는 '빛나는 재능과 확고한 비전을 지닌 천재'에 관한 우리의 통념을 뒤집는다. 실제로 코베와 그의 팀은 잡스와 함께 '응용 제작applied making'의 핵심, 즉 스케치하고, 프로토타입을 만들고, 모형을 만들고, 문제를 해결하고, 시험하고, 연구하고, 질문을 만들어내고, 뜻밖의 발견을 하고, 동료들과 많은 대화를 나누는 과정을 거쳤다.

애플 스토어 탄생 이야기에는 내가 이 책을 통해 말하고자 하는 '만들면서 알게 되는' 과정의 많은 요소가 담겨 있다. 이 개념은 창조성에 관한 논의에서 놀랄 만큼 홀대받아 왔다. '만들면서 알게 되는' 과정은 만드는 행위 자체를 통해 백지 위의 불확실성에서 창조로 나아가는 과정이다. 이 책의 궁극적인 목적은 뛰어난 예술가와 디자이너 들의 이야기를 통해, 창조성의 본질과 그것을 발휘하게 되는 과정의 비밀을 낱낱이 밝히는 것이다.

1장

만들면서 알게 되는
창작의 모든 것

껍데기가 깨지기 전에는 어떤 알을 품고 있는지 알 수 없다.

T. S. 엘리엇[1]

내 마음을 조금이라도 들여다볼 수 있었다면,
글을 쓸 필요는 없었을 것이다.

조앤 디디온[2]

조각가 알렉산더 칼더는 "나는 철사를 이용할 때 새로운 생각이 가장 잘 떠오른다"고 말했다. 소설가 움베르토 에코 또한 이와 비슷한 이야기를 『장미의 이름 작가노트』에서 솔직히 털어놓았다. "수도사 호르헤에게 도서관을 맡길 때까지만 해도, 나는 그가 살인자가 될 줄은 미처 몰랐다. 호르헤는 자기 뜻대로 행동했다….".[3]

시각예술가 앤 해밀턴은 창작 공간의 불확실성에 관해 이야기하다가 이런 예리한 질문을 던졌다. "자기가 전혀 이해하지 못하는 것을 어떻게 실행할 수 있을까요? 창작 과정에서 벌어지는 예상치 못한 상황에는 어떻게 대응할까요? 무엇을 만들지 **모르는** 상태에서 창작이 이루어질 공간은 어떻게 구축해야 할까요?"

이 예술가들의 이야기에서 특히 흥미로웠던 부분은 이들이 창조적인 활동과 발견, 만드는 것과 아는 것 사이를 연결 지었다는 점이었다. 칼더는 철사를 이용한 작업, 즉 창작 재료를 조작하는 물리적 행위를 통해 아이디어를 떠올린다. 칼더는 **'만들기 때문에 생각한다'**. 에코는 책을 집필하는 과정에서 줄거리의 핵심적인 부분을 알게 되었다. 그는 **'쓰기 때문에 안다'**. 해밀턴은 '알지 못하는' 공간을 우선 구축하고, 만드는 활동 자체를 통해 자신의 작품을 발견한다. 그는 **'만들기 때문에 발견한다'**.

　나는 연극 연출가, 작가, 교수, 대학 총장으로 일해오면서 연극, 책, 수업, 학교를 만들어가는 과정이 내 배움과 앎의 근본이었음을 거듭 확인했다. 어떤 연극 연출가들은 책상 앞에 앉아 원고를 빽빽이 채우고, 완성된 각본을 그대로 무대에 올리기도 한다. 그 모습이 나는 늘 경탄스러웠다. 나는 절대 그런 식으로 작업할 수 없었다. 연습 장소에 가서 실제로 움직이는 배우들과 작업을 해봐야 작품을 어떤 식으로 무대에 올릴지 명확하게 알 수 있었고, 어떻게 발전시켜 나갈지 경로를 파악할 수 있었다. 즉 모든 배우가 모여서 연습하는 장소에서 '만들어봐야만' 연극이 어떻게 연출될지 '알 수' 있었다.

　그런가 하면 나는 작가로서, 책이 '저절로 쓰일' 수 있다는 이야기에 경탄한다. 특히 소설가들은 "등장인물이 하고 싶은 말을 제게 들려줬어요"라고 말하곤 한다. 그 말의 뜻은 알겠다. 나는 끙끙대며 글을 쓰는 스타일이지만, 가끔은 심리학자 미하이 칙센트미하이가 말했던 최상의 '몰입' 상태에서 순식간에 많은 글을 써내는 강렬한 순간을 경험하기도 했다. 때로는 조앤 디디온이 말했던 것처럼 글을 쓰는 과정 자체가, 쓰지 않았다면 모호하게 남았을 내면의 어떤 부분을 들여다볼 기회가 되기도 했다.

　교수와 대학 총장으로 일할 때도 '만들면서 알게 되는' 경험은 이어졌다. 물론 어떤 직업이든 그 일의 맥락에 맞는 일정한 틀과 확고한 원칙이 이미 있을지 모른다. 그렇지만 진행 과정에 직접 참여하고, 실제로 일이 이루어지는 현장에 있어야만 일이 어떻게 흘러가는지 완전히 이해할 수 있다. 다시 말해 주어진 작업과 그 이면의 아이디어를 모두 이해하려면 실제로 만들어보고, 아무것도 없는 백지에서부터 창조해나가는 일을 해봐야 한다. 디자이너 팀 브라운은 "무엇을 만들지 생각할 것이 아니라, 생각하기 위해 만들어야 한다"고 했다.[4] 그러나 창조에 관한 오랜 통념은 이와는 정반대의 이야기를 한다. 즉 예술가가 창작할 작품을 먼저 마음에 품고, 그 비전을 작품으로 구현한다는 것이다. 미켈란젤로가 돌덩어리 안에서 천사의 모습을 보고, 그 천사가 드러날 때까지 조각했다는 이야기가 전설처럼 전해진다. 나와 인터뷰했던 몇몇 예술가는 마음에 품은 비전을 작품으로 구현하는 때도 간혹 있다고 했다. 예를 들어 그래픽노블 작가이자 화가인 에스더 펄 왓슨은 이렇게 말했다. "가끔은 제가 원하는 게 뭔지 '그냥' 알아요. 머릿속 비전을 그대로 만들지요." 하지만 왓슨은 그런 일은 드물게 일어난다고 덧붙였다.

　이 책을 준비하면서 만난 창작자 대다수는 자기 작품을 비전의 산물이라 말하지 않았다. 그보다는 만드는 과정에서 진화해나간 과정의 산물로 보았다. 그들은 창조성을 일깨우는 창작 과정의 놀라운 힘과, **만들면서 알게 되었던** 각자의 경험을 생생히 들려주었다. 나는 백지를 채워나가는 소설가와 시나리오 작가, 복잡한 문제를 해결하는 디자이너, 공간과 소재를 조합하는 설치미술가, 즉석 연주와 공연을 해내는 음악가와 배우 들과 만나 이야기를 나눴다. 이들에게 작업의 시작점을 찾고, 창작의 고통과 자기복제의 유혹과 매너리즘을 극복하고, 각자의 방식으로 창의성을 끌어내는 방법을 묻고 그 대답을 이 책에 담았다. 자기만의 색깔을 찾고 표현하려는 창작자에게 훌륭한 레퍼런스북이 되리라 생각한다. 『캘빈과 홉스』로 유명한 만화가 빌 워터슨은 이렇게 말했다. "저처럼 창작 활동에 몸담은 사람들 대부분은 도착한 다음에야 목적지가 어딘지 알게 되죠."[5]

익숙하지만 의식하기 힘든 것

나와 창조 과정에 관한 이야기를 나눴던 사람들은 모두 만들면서 알게 된다는 개념을 인식하고 있는 듯했다. 예술가나 디자이너뿐만 아니라 창작 활동을 직업으로 삼지 않는 사람들도 이에 대해 잘 알고 있었다. 다양한 발견과 배움에 적용할 수 있는 개념이기 때문에 그럴 것이다. 또한 이 개념은 삶이나 정신적 성장과도 연결되며, 아주 개인적인 통찰의 계기가 되기도 한다. 만들면서 알게 된다는 개념에 대해 어떻게 생각하느냐고 묻자, 대부분은 이런 식으로 답했다. "맞네요. 정말 그랬어요. 제 작품과 인생은 만들면서 알게 되는 과정이었어요. 여태껏 그렇게 생각해본 적이 없었다는 게 신기하네요."

이처럼 많은 이가 만들면서 무엇을 어떻게 창조할지 깨닫는 경험을 흔히 하는데, 어째서 그런 창조의 특성을 규정하거나 이름 붙인 사람이 거의 없는지 궁금했다.[6] 내가 아는 한, 만드는 것과 아는 것의 관계를 정확하게 인식하거나 그 의미를 깊이 연구한 사람은 없었다.[7] 어째서 이런 관점이 널리 알려지지 못한 걸까? 창조에 관한 고정관념 때문일까?

앞서 잠시 언급했던 창조성에 관한 통념을 조금 더 구체적으로 살펴보는 게 이 의문을 푸는 데 도움이 될 것이다. 예술가들에게는 작품을 만들기 위한 일종의 비전이 있다는 믿음 말이다. 참고로 이 책에서는 '예술가'라는 단어를 창작 활동을 하는 모든 이를 아우르는 넓은 의미로 사용한다는 것을 미리 말해둔다. 이 책은 다양한 예술가들이 경험하는 만들면서 알게 되는 과정에 주목하고, 이들이 어떻게 창의성을 발휘하는지, 그 방식을 설명하는 데 많은 지면을 할애한다. 하지만 그보다 먼저 창조성에 관한 생각에 결정적인 영향을 끼치는 전통적인 담론에 대해 알아볼 것이다.

창조성을 왜곡하는 천재, 광기, 영감

내가 인터뷰했던 사람들은 만들면서 알게 되는 개념에 다들 공감했지만, 예술성이란 예술가의 비전이나 인식에서 나온다는 생각 역시 굳건했다. 이러한 생각은 사람들 머릿속에 깊숙이 박혀 있는 듯했다. 어째서 그런 믿음을 갖게 됐는지 묻자, 다양한 대답이 돌아왔다.

어떤 이는 인류가 언제나 위대한 재능을 흠모해왔기 때문이라고 했다. 또 어떤 이는 갤러리 운영자들이 예술가의 특별한 '비전'을 부각하려 들기 때문이라고 했다. 작품이 난해할 경우 큐레이터들이 예술가의 '영감'을 내세워 작품을 설명하기 때문이라는 재미

있는 대답도 있었다. 어떤 이는 서구 사회가 '위대한 선각자'라는 만들어진 신화에 매달리기 때문이라고 지적하기도 했다. 예부터 예술가들이 치유자, 예언자, 신비주의자 역할을 해왔기 때문이라는 의견도 있었다. 사람들은 이러한 추측과 함께 '특별한 예술적 재능'을 당연하다는 듯 받아들였다. 그러나 정작 무언가를 만들기에 앞서 탁월한 비전을 품는다고 말하는 창작자는 거의 만나보지 못했다.

옳든 그르든 간에, 예술가를 고귀하고 예지력이 있는 사람으로 보는 이러한 견해는 서양 문화에 여전히 널리 퍼져 있다. 이것은 수 세기에 걸쳐 남성에 의해, 남성을 위해 만들어진, 전적으로 남성 중심적인 패러다임이다. 창작 과정에 대한 서양의 담론은 인종과 성별에 대한 편견이 확연한 예술적 엘리트주의를 따라왔다. 이런 해석은 오늘날까지 집요하게 이어져 내려오며, 예술가의 작업 과정에 대한 대중의 인식에 영향을 미친다.

역사적으로 예술가에 대한 인식의 틀을 형성해온 주요한 비유는 천재, 광기, 신성한 영감이다. 때로 한 사람이 세 가지 모두를 가진 것으로 묘사되기도 한다. 이는 예술가란 어떤 사람인가, 그들에게는 어떤 특별한 자질이 있는가 하는 질문과 관련이 있다. 우리가 만들면서 알게 되는 개념을 쉽게 받아들이지 못하는 건 창조성에 관한 담론을 지배해온 이런 전통적인 견해 때문이라고 생각한다.

천재에 매혹되는 사람들

어린 시절 나는 위대한 예술은 천재성의 산물이라고 믿었다. 베토벤에 관한 출처가 확실치 않은 일화를 듣고 그가 머릿속으로 명곡들을 '들었다'는 설명에 현혹됐던 기억이 난다. 청력을 잃었는데도 엄청난 재능으로 내면에서 떠오르는 음악을 듣고 곡을 만들어낼 수 있다니! 귀가 안 들리는데도 음악을 작곡하는 천재라니, 얼마나 멋진 이야기인가. 베토벤은 그저 마음속에서 흘러나온 음악을 듣고 완벽한 작품을 만들어 세상에 발표했다. 마법처럼 아름다운 이야기였다.

미켈란젤로의 이야기도 창조성을 이해하는 데 비슷한 영향을 주었다. 위대한 예술가인 그는 대리석 덩어리에서 천사를 보았고, 그걸 그대로 조각해냈다. 어린 마음에 그 이야기는 아주 혁신적으로 들렸다. 머릿속에 떠오른 작품을 그대로 만들었다니. 얼마나 비범하고 어마어마한 능력으로 느껴지던지.

우리는 어릴 때부터 이처럼 전설적인 예술가들의 성취와 업적에 관한 이야기를 듣고 자란다. 예술가를 천재로 보는 견해는 오랜 역사를 자랑한다. 많은 역사가와 학자들은 이 견해가 어떻게 진화해왔는지 연구했다. 대린 맥마흔은 『천재에 대하여』에서, 인류는 선택된 소수만이 가진 특별한 자질에 심취해왔으며, 오늘날에도 여전히 매료되어 있다는 사실을 자세히 설명한다.

맥마흔은 천재genius라는 말이 '수호신guardian spirit'에 기원을 두고 있다고 어원을 추적한다. 그는 낭만주의 시대를 살았던 초인적인 인물들을 논하면서, 실제보다 미화된 예술가에 대한 개념이 18세기 신고전주의 전통 속에서 어떻게 형성되었는지 설명한다. 그에 따르면 18세기는 '계몽주의라는 밝은 해방의 장소'에 '천재'라는 현대적인 개념이 등장했던 때다.[8] 맥마흔은 오래된 기독교 명상록을 조사하며, 성령의 계시를 받았다고 묘사되는 천재들의 이야기도 들려준다. 맥마흔은 인류가 평등에 대한 현대적 관념을 쫓는 한편 천재성에 끊임없이 심취하는 경향이 있으며, 둘 사이의 갈등은 계속되고 있다고 쓰고 있다. 이런 긴장감은 창의성에 대한 우리의 사고방식과 실제 창작 과정에 영향을 끼친다.

하버드대학교 교수이자 셰익스피어를 연구하는 학자인 마저리 가버는 2002년에 「천재에 관한 우리의 문제Our Genius Problem」라는 논문을 썼다. 가버가 말하는 문제란 '천재성에 대한 집착'과 '천재가 나타나서 기술적, 철학적, 영적, 미적 난국에서 우리를 구해줄 거라는 희망'이다.[9] 맥마흔과 마찬가지로, 가버 역시 많은 이가 천재라는 개념 자체에 도취해 있으며 천재를 찬양하는 데 집착한다고 말한다. 맥마흔이 '천재라는 종교'라고 표현했던 것을 가버는 '중독'으로 규정한다. 가버는 이런 중독이 결국 창조성에 대한 사람들의 관심을 그릇된 방향으로 끌고 간다는 사실을 지적한다.

창조성과 예술가의 인격을 분리해서 바라볼 수 있다면, 천재들을 영웅으로 대우하거나 그들의 본질을 떠받들려는 시도에 덜 휘말릴 수 있을 것이다. 우리에게 필요한 건 다른 표현 방식이 아니다. 우리에게 필요한 건 생각에 대한 다른 사고방식이다.[10]

천재, 즉 genius라는 단어의 어원은 '발생하다', '창조하다', '생산하다'라는 의미의 라틴어 'genui', 'genitus'다. 이 단어에는 부족 집단의 '남성 혼령'과 '예언 능력'이라는 의미도 함축되어 있어서, 본래는 '생성력 또는 생식력generative power'을 의미했다. 즉 천재는 새로운 것을 만들어낼 힘이 있고, 독창적인 생각의 씨를 뿌리는 존재다. 그런데 생식력의 기원은 전적으로 남성성과 관련이 있다. 초기 로마 신화에서 **게니우스**genius는 남성의 생식력(특히 아버지가 되는 것)을 의인화한 것이다. 반면 게니우스와 대응 관계인 **주노**juno는 결혼과 출산을 대표하며 여성과 연관된다.

고대 로마에서 게니우스는 온갖 것을 만들어내고자 하는 생성적generative 열망의 수호신이기도 했다. 게니우스는 '장소locus'라는 용어와 종종 짝을 이루어서 특정한 장소나 가정과 관련된 특별한 힘을 지칭하고, 더 나아가 제국 전체를 보호하는 영혼을 나타내는 말로 사용되기도 했다. 예를 들어 황제의 게니우스란 로마제국의 '수호신genius loci'으로 여겨졌다.

오늘날 우리가 흔히 아는 천재의 정의는 18세기에 정립되었다. 예컨대 이마누엘 칸트는 『판단력 비판』(1790)에서 예술과 천재의 관계를 탐구했다. 엘리자베스 길버트가 창조성에 관한 테드 강연에서 훌륭하게 설명했듯이, 천재의 정의는 천재의 특성(수호신, 외적인 영향력, 생성력 있는 혼)을 '가진 것'이라는 고전적인 개념에서 천재(내면의 어떤 것)가 '되는 것'이라는 현대적인 개념으로 진화했다.[11] 칸트의 이론은 이와 같은 변화의 중대한 전환점을 대표한다.

칸트는 『판단력 비판』 46절에서 '순수예술은 천재의 예술'이라고 주장한다. 천재성에 관한 칸트의 연구 내용은 복잡하지만, 지금은 그가 예술가를 특별하고 고귀한 존재로 보았다는 점만 알아두면 충분할 듯하다. 이 유명한 책의 한 단락에서 칸트는 다음과 같이 설명한다.

> 천재란 예술에 규칙을 부여하는 재능이다. 재능이란 예술가의 타고난 생산 능력이고 그 자체가 자연에 속해 있으므로, 이렇게 설명할 수 있다. 천재는 천부적 재능ingenium이며, 이를 통해 자연은 예술에 규칙을 부여한다.[12]

잠시 깊이 음미해볼 가치가 있는 구절이다. 오늘날까지 끊임없이 논의되는 천재에 관한 담론을 상당히 잘 요약한 말이기 때문이다. 칸트는 위대한 예술가란 창조적인 발상과 생산을 해내는 특별한 능력을 타고난 사람이라고 간주한다. 그리고 철학자인 그가 보기에 예술가의 상상력은 자연의 산물이므로 천재란 신성한 자연의 뜻이자 발현이다. 천재는 재능이고, 재능은 자연이며, 자연은 재능을 통해 '예술에 규칙을 부여'한다.

칸트는 더 나아가 천재가 평범한 수준에 그칠 수도 있었을 작품에 '영혼'을 부여한다고 설명한다. 천재는 일상적인 생각과 이성을 초월하는 존재다. 천재란 인간의 가장 고차원적인 수준을 대표하는, 자연의 격조 높은 표현 수단이다. 칸트에게 최고의 예술가는 신이고, 그의 독창적인 창조 행위는 인간이 최고의 능력을 발휘하여 따라가야 하는 하나의 본보기였다. 천재는 곧 경외심을 불러일으키는 창조를 향한 길이었다.

낭만주의자들은 칸트의 견해를 거의 여과 없이 수용했다. 이성보다 감정과 직관을 우선하고, 감정을 미의 원천이자 숭고함에 접근할 수단으로 삼으면서, 상상력을 영웅적인 것으로 받아들이고 찬양했다. 또 개인적이고 주관적인 것의 중요성을 강조하면서, 자연이라는 맥락에서 표현되는 인간적인 상상력을 즐겼다. 낭만주의자들은 칸트와 마찬가지로 **천부적인 재능**이라는 개념에 주목했다. 그들은 창조적 상상력에 최고의 가치를 두었다. 감정, 자발성, 깊이 있는 표현, 마음과 감각의 조화 등은 낭만주의 시대에 위대한 예술가의 근본적인 자질로 숭배됐다.

18세기 말부터 낭만주의가 무르익으며 '천재'라는 용어가 신과 같은 능력이 있는 이들, 즉 예술적 창조를 이끄는 신비하고 영적인 능력이 있는 사람들을 지칭하는 말로 확실히 자리 잡았다. 예술가에게 신과 같은 능력이 있다는 이런 발상은 이들에게 영감을 주는 존재가 다름 아닌 신이라는 믿음과 밀접한 관련이 있었다. 천재는 단순한 모조품과 진정한 예술품을 구별할 수 있는 사람이었다. 이 세상에는 자연의 숭고함과 인간의 열등한 창조물이 있는데, 천재는 자연의 아름다움과 신비를 드러내는 사람이었다.

크리스틴 배터스비는 『젠더와 천재Gender and Genius』에서 천재의 역사를 페미니즘 관점에서 조망한다. 배터스비는 과거뿐만 아니라 지금도 제대로 인정받지 못하고 있는 여성 예술가들의 미학을 탐구한다. 배터스비는 역사적으로 널리 통용된 미적 범주로

아름다움beauty과 숭고함sublimity 두 가지를 든다. 이는 성적 고정
관념과도 관련이 있는데, 아름다움은 여성적 특성과 수동성, 숭고
함은 남성적 특성과 능동적인 천재성과 연관된다.[13]

맥마흔이나 가버처럼 배터스비 역시 '천재'에 대한 견해에 어
떤 문제가 있는지, 그리고 그것이 창조성에 관한 인식과 문화에 어
떤 영향을 미쳤는지 비판적으로 분석한다. 배터스비는 여성을 예
술의 영역에서 배제하는 역사의 편향성을 조명한다. 그는 지금도
여전히 존재하는 이러한 편향성이 창조성을 제대로 이해할 수 없
게 하며, 예술가란 '숭고한 비전을 구현하는 신과 같은 능력이 있는
남성'이라는 무의식적 편견을 널리 퍼지게 했다고 지적한다.

천재에 대한 관심과 집착은 19세기 내내, 그리고 오늘날까지
이어졌다. 천재를 주로 백인 남성으로 그려온 이러한 편협한 정의
에도 불구하고 (어쩌면 그토록 편협하기 때문에) 우리는 집착을 쉽
게 떨치지 못하는 것 같다. 천재가 되는 법이나 자녀를 천재로 키우
는 법을 말하는 책이나 미디어 콘텐츠는 셀 수 없이 많다. 〈뷰티풀
마인드〉, 〈아마데우스〉, 〈굿 윌 헌팅〉, 〈사랑에 대한 모든 것〉, 〈이
미테이션 게임〉, 〈히든 피겨스〉, 〈프리다〉, 〈에어로너츠〉 등 천재
가 등장하는 영화도 상당하다. 또한 웨인 그레츠키, 마이클 조던,
리오넬 메시 같은 스포츠 영웅들도 으레 천재로 일컬어진다. 천재
를 다룬 최근 책으로는 제니스 캐플런의『여성의 천재성』, 크레이
그 라이트의『히든 해빗』등이 있다.[14] 비평가 해럴드 블룸은『천재
Genius』라는 저서에서 역사상 가장 위대한 지성 100명을 선정하기
도 했다.[15] 데이비드 셴크는『우리 안의 천재성』에서 인지과학, 유

전학, 생물학을 통해 발견한 사실들을 논하고, 천재성을 타고나지 않더라도 적절한 환경이 제공되면 천재성을 개발하고 키울 수 있다고 설명한다.[16] 맥아더재단의 펠로 프로그램은 '비범한 창의력'을 보인 사람들에게 일명 '천재 장학금'이라는 비공식 이름으로 불리는 후한 상을 주는 것으로 유명하다. 이 장학금은 따로 신청을 받지 않고 재단이 정한 후보 중에서 선발한다. 재단의 공동 설립자인 존 D. 맥아더는 그 목적을 이렇게 밝힌다. "우리의 목표는 천재적인 개인을 뒷받침하고, 그들이 하찮은 관료주의적 과정에 발목 잡히지 않게 해주는 것이다."[17]

우리는 천재성에 푹 빠져 있다. 가버가 분명히 밝혔듯이, 우리는 천재를 갈망하고 숭배한다. 평범한 인간의 능력을 초월한 비범한 존재를 믿고 싶어 한다. 그에게 번드르르한 망토를 입히고, 그의 놀라운 능력을 한껏 즐기고 싶어 한다.

천재성에 매혹되기보다 창작 과정에서 발현되는 놀라운 가능성에 관심을 돌린다면, 우리는 무엇을 배울 수 있을까? 조금만 초점을 바꾸어본다면, 인간의 성취와 발전을 바라보는 새로운 시각을 갖게 될 것이다. 우리 중에 특별히 뛰어난 사람들이 있다는 사실을 부정하거나 천재성이 환상이라고 주장할 생각은 없다. 나는 그저, 천재라는 개념이 우리가 창조력을 발휘할 수 있는 가능성을 제한하고, 위대한 작품과 혁신의 원동력을 제대로 발견하지 못하게 가로막을 수 있음을 지적하려는 것이다. 만들면서 알게 된다는 개념은 누구나 쉽게 이해할 수 있는 개념이지만, 오늘날 창조에 관한 담론에서 주요하게 다루어지지는 않는다. 안타깝게도 이 개념은 천재성, 비전, 영감 같은 개념에 밀리는 경향이 있다. 그로 인해 우리는 창조적인 활동의 본질을 제대로 이해하지 못하고 있다.

예술가의 광기

위대한 재능에 약간의 광기가 없었던 적은 없다.

— 아리스토텔레스, 세네카의 글에서 인용[18]

특출난 예술가의 일화에는 비범한 천재성과 더불어 광기나 음울한 기벽이 단골 소재로 등장한다. 그래서 예술가와 광기, 우울함, 기이한 행동 등은 그리 낯선 조합이 아니다.

예술가에게 광기가 있다는 개념의 시초는 최소한 플라톤이 살던 시대까지 거슬러 올라간다. 플라톤은 시적 열정(참고로 열정 enthusiasm이라는 단어는 '내재하는 신the god within'이라는 뜻의 그리스어 'entheos'에서 유래했다)에 대한 이론을 제시했는데, 이것은 창조력이 뛰어난 사람들을 뭔가에 단단히 홀린 비정상적인 사람으로 묘사한 가장 오래된 문헌 중 하나다. 플라톤이 묘사한 '발광하는 시인'은 광분한 디오니소스 신이 보여주는 황홀경 상태ex-stasis(자기 자신에서 벗어난 상태)처럼 보인다. 플라톤은 광기가 합리성과 다르며, 근본적 진리와는 거리가 멀다고 보았다. 플라톤에게 환상에 찬 광기는 위험한 대상이었다. 그는 환상이 이성의 산물이 아님을 명확히 규정했다. 그리하여 플라톤은 정의롭고 이상적인 나라를 그렸던 『국가론』에서 철인이 그곳을 통치하게 했으며, 시인들을 추방했다.

수학자이자 철학자인 앨프리드 화이트헤드는 "유럽 철학은 플라톤 철학에 대한 각주"라고 했다. 우리는 예술가들에게 광기가 있다는 플라톤의 설명을 받아들이면서도, 예술가들이 위험한 환상을 가져다준다는 부정적인 결론은 반대로 받아들인 걸까? 나는 우리 사회가 지금껏 '예술가가 미친 사람일지 모르지만, 그들이 남다르고 기이하다는 바로 그 사실 **때문에**, 세상과 인간 존재에 대한 깊은 통찰을 일깨운다'라고 믿어왔다고 생각한다. 사실이 어느 쪽이든, 예술가의 광기에 관한 이야기는 꾸준히 이어지고 있다.

서양에서는 예부터 예술가를 괴짜나 미치광이로 보았고, 오늘날에도 그렇다는 증거는 차고 넘친다. 수많은 화가와 조각가들이 자신의 기이하고 특이한 행동을 직접 밝히기도 했고 관련된 이야기를 누군가가 세상에 퍼뜨리기도 했다. 여기서도 미켈란젤로를 예로 들 수 있다. 마고 위트코워와 루돌프 위트코워가 『타고난 침울함: 예술가들의 성격과 행동Born Under Saturn: The Character and Conduct of Artists』에서 이렇게 지적했듯이 말이다.

> 미켈란젤로가 보여준 창조의 흉포한 광란… 그의 외모와 예의를 완벽히 무시하는 행동, 이 모든 것은 후대 사람들만큼이나 동시대 사람들을 어리둥절하게 만들었다. … 그는 탐욕스러우면서도 관대하고, 초인적이면서도 유치하고, 겸손하면서도 허영이 넘치고, 폭력적이고, 의심이 많고, 질투심이 강하고, 염세적이고, 낭비벽이 있고, 괴로

움에 시달리는, 기괴하고 지독한 사람으로 불렸다….[19]

미켈란젤로가 스스로 밝힌 이야기나 마고 위트코워와 루돌프 위트코워의 설명에 따르면, 그가 우울과 고립감으로 괴로워했다는 사실에는 의심의 여지가 없다. 미켈란젤로는 엄청나게 훌륭한 작품을 남겼다. 하지만 그는 남달랐고 기이했다.

예술가는 미쳐 있고 괴로움을 겪는다. 아리스토텔레스가 쓴 것으로 잘못 알려진 「문제The Problems」라는 글이 있는데(실제 저자는 아리스토텔레스의 제자 중 하나일 것이다), 저자는 창조성과 '침울한 기질'이 느껴지는 예술 작품을 연관 짓는다. 빈센트 반 고흐가 자신의 귀를 자른 이야기에 매혹된 사람이 많다. 시인 실비아 플라스가 가스 오븐에 머리를 넣고 자살한 이야기에 사람들은 마음을 사로잡힌다. 앙토냉 아르토의 고난과 정신적 고뇌는 그의 배우 생활에 활력으로 작용했다. 어니스트 헤밍웨이의 전기를 보면 그가 스스로 목숨을 끊을 수밖에 없었던 깊은 불안이 느껴진다. 로베르트 슈만은 그의 대표곡들을 작곡할 때 조증을 앓았다. 바이런, 허먼 멜빌, 버지니아 울프도 정신질환을 앓았다.

조울증이라는 질환과 창조성의 특별한 관계는 플라톤이 말한 황홀경을 상기시키기도 한다. 오늘날에도 광적인 흥분 상태에서 상당한 힘과 희열을 느낀다는 예술가들이 있고, 그에 관한 이야기가 오간다. 엄청난 재능과 광기, 불안정한 성격의 천재를 다룬 영화가 얼마나 많은가? 〈뷰티풀 마인드〉의 존 내시, 〈레이〉의 레이 찰스, 〈앙코르Walk the Line〉의 조니 캐시, 〈샤인〉의 데이비드 헬프갓 같은 인물들이 어떻게 그려졌는지 떠올려보라. 대중문화는 예술가와 창조적인 사람들의 일탈적 행동에 끊임없이 관심을 기울인다. 그러니 우리가 왜 광기를 예술가의 주요 특성으로 생각하게 됐는지 짐작하기란 어렵지 않다. 하지만 그런 개념은 여태껏 창조성에 대한 우리의 생각을 왜곡시켜왔다.

나타난다, 나타난다, 뮤즈가 나타난다

시적 영감에는 인간의 본성에 비해 너무 숭고한 것이 담겨 있는 것 같다.

— 빅토르 위고[20]

천재성과 함께 예술가의 또 다른 특징으로 꼽히는 것은 신비로운 영감이다. 영감은 신성과 결부되기도 한다. 플라톤의 관념이 깊숙이 뿌리내린 르네상스 시대에 예술가는 '신에게 영감을 부여받은 사람'으로 여겨졌다. 한편으로는 신을 예술가이자 우주의 설계자로, 즉 신성한 예술가il divino artista로 보는 관점도 있었다. 예술가는 평범한 인류 구성원들과는 다른, 신과 연결된 사람으로 여겨졌다. 이런 연결은 호메로스가 음유시인을 통해 무사Mousa(뮤즈) 신에게 아킬레우스나 오디세우스의 이야기를 들려달라고 요청했던 때로 거슬러 올라간다. "무사여, 그 남자의 노래를 들려주오. 우여곡절을 겪은 그 남자의 노래를."[22] 음유시인은 마법과 영감으로 무사 신과 교신하는 존재였다.

'영감inspiration'이라는 단어의 어원은 '숨을 불어넣는 것'으로, 신이 시인에게 창조적인 정신을 불어넣는 이미지를 연상시킨다. 예술가들은 신성한 힘을 받은 일종의 엘리트로 여겨졌다. 뮤즈라는 개념은 신적 영감의 가장 익숙한 형태이며, 수천 년 동안 이어져 내려오면서 '박물관museum'이라는 단어의 뿌리가 됐다.

그리스신화에 나오는 무사는 음악, 시, 미술, 과학 등을 관장하는 아홉 신이다. 그들은 지식의 원천 그 자체였다. 무사의 이름과 수(셋이라는 사람도 있고 아홉이라는 사람도 있다)에는 논란이 있으며, 그들을 둘러싼 설명과 묘사도 다양하다. 나중에는 예술가에게 영감을 주는 어떤 것이나 사람을 가리키는 말이 됐다. '뮤즈'라는 용어가 함축하는 바는 명확하다. 창조성은 만드는 과정에서 발견되는 게 아니라 선택받은 존재만이 받을 수 있는 신성한 힘이라는 것이다.

신성한 영감은 서구에만 존재하는 개념이 아니다. 아시아나 아메리카 문명에도 비슷한 개념이 익히 퍼져 있으며, 예부터 인간의 예술성을 초인적인 존재와 연결 지어왔다. 오늘날 우리는 위대한 작품을 신이 내려주신 거라고 믿지 않지만, 그런 믿음의 흔적은 여전히 남아 있다. 예를 들어 우리는 탁월한 예술적 재능이 특별히 선택받은 몇몇 이들에게만 있는 신비하거나 초자연적인 능력이라고 말하고 싶은 유혹에 빠지곤 한다. 그들은 특별하며, 평범한 사람과는 다른 능력이 있고, 그들의 창조적 작품은 끈기와 투지의 산물이라기보다는 신비한 재능의 결과라고 생각하고 싶어 한다.

그러나 현대에 들어서는 창조적 삶에 이바지하는 뮤즈의 역할에 흥미로운 반전이 생긴다. 이제는 신의 뜻을 전달해달라고 청하는 게 아니라 열심히 노력해 영감을 받을 준비를 해야 한다. 이사벨 아옌데가 이렇게 말했듯이 말이다. "나타나라, 나타나라, 나타나라, 그러면 잠시 후 뮤즈가 모습을 드러낸다."[23] 혹은 어슐러 르 귄의 이런 표현처럼 말이다. "뭔가를 창조하는 모든 사람은 영혼이 활동할 여지를 두어야 한다. 하지만 그러면서도 열심히 노력하고, 신중히 행동하고, 참을성 있게 기다려서 그에 맞는 자격을 갖춰야 한다."[24] 이 두 문장은 창조성이 '자연에서 유래한 초인적인 재능과 능력'이라는 발상에서, '노력으로 자신을 드러낼 준비가 된 상태'라는 개념으로 흥미로운 전환이 이루어졌음을 보여준다. 이처럼 창조에 관한 한층 현대적인 개념이 등장하면서 이제 우리는 창조 과정을 '모든 사람에게 활짝 열린 영감을 찾기 위해 나서는 것이며, 천신만고 끝에 달성하는 것'이라고 정의하게 됐다. 이런 변화에 따라 초점은 영감을 주는 신에서 위대한 작품을 만드는 실제 과정으로 이동한다. 그러나 흥미롭게도 아옌데와 르 귄에게조차 뮤즈나 '영혼'의 영향력은 여전히 남아 있다. 노력으로 창의성을 발견할 수 있다는 생각은 많은 사람의 공감을 불러일으킨다. 그런데도 우리는 예술가와 우리를 구별하고, 그들이 특별한 괴짜라는 생각에 얽매여 있다.

영감을 받은(신에게서든 그 밖의 무엇에서든) 예술가라는 개념은 반드시 짚고 넘어가야 한다. 예술가나 디자이너에게뿐만 아니라 아이들에게도 영향을 주기 때문이다. 이 개념은 기업가를 보는 시선에도 영향을 미쳐서, 리더를 특별한 사람이자 미래를 읽는 선지자적인 인물로 여기게 한다. 그러나 사실 기업가들 대부분은(최소한 나와 인터뷰했던 사람들은) 한 계단씩 올라가면서 열린 태도로 실패를 받아들이고 열심히 노력하는 이들이었다.

현대를 사는 우리는 대부분 창조론이 아닌 자연선택과 진화론을 믿는다. 그런데도 우리는 예술가들에게 마치 신이 내린 것 같은 특별한 능력이 있다고 은근히 믿고 싶어 한다. 이것은 창조론자들이 세계를 바라보는 것과 비슷한 관점이다. 나와 이야기를 나눈 거의 모든 예술가는 그들의 창작 과정을 창조론보다는 진화론에 가깝게 설명했다. 예술가들은 작품을 만들기 전에 전체를 예지하지 않는다. 그들은 '작업을 하면서', '그림을 그리면서', '스케치하면서', '즉흥적으로 상황에 대응하면서', '글을 쓰면서', '조각하면서' 아이디어가 발전하고 작품이 만들어진다고 했다. 작업 도중에 강력한 아이디어가 떠오르기도 하고, 발전시키기 어려운 아이디어를 생각해내기도 한다. 그러면 자연선택을 따르듯, 대개는 강한 것이 살아남아 작품에 반영된다.

만들면서 알게 되었던 나의 인생 이야기

어린 시절 나는 선뜻 창작 활동에 나서지 못했다. '천재적 예술성'이 있다는 고정관념이 너무도 견고했기 때문이다. 특출난 능력도 없는데 어떻게 예술을 진지하게 고민할 수 있었겠는가? 예술의 세계는 아주 넓고 다양했지만, 그곳에서 활동하는 예술가와 유명인 들은 모두 특별한 재능을 가진 것처럼 보였다. 기타와 피아노를 조금 칠 줄 알게 된 뒤로는 위대한 음악가들 흉내를 내보려고도 했다. 하지만 내게 음악은 취미일 뿐이었다. 빛나는 창조성은 선택된 소수에게만 허락된 것이며 내게는 있을 리 없는 것이라 굳게 믿었다.

하지만 연극에 대한 내 생각은 조금 달랐다. 초등학교 때 나는 공연이라면 무엇이든 좋아했다. 크고 작은 공연들이 나를 키웠다. 나는 내 암기력에 자부심이 있었는데, 지금 돌이켜보면 무대에 오르면서 자신감을 얻었던 듯하다. 그런 기쁨과 즐거움은 고등학교 때까지 계속됐다. 하지만 학교 밖의 더 큰 무대에 도전해볼 생각은 전혀 없었다. 내가 그렇게 '천재적'이지는 않았기 때문이다. 두드러지게 '창의적'이지도 않았다. 그래서 나는 예술보다 인문학을 전공하는 게 맞다는 판단으로 대학에 들어갔다.

그런 확신은 토론토대학교에서 프랜시스 마티노 교수님을 만나면서 사라졌다. 마티노 교수님의 수업에서는 사뮈엘 베케트, 버지니아 울프, 카슨 매컬러스, 유진 오닐, 베르톨트 브레히트 같은 작가들의 책을 읽었다. 나는 특히 희곡을 좋아했다. 마티노 교수님은 진정한 연극인이자 문학가였고, 그의 열정이 내 안에 불을 지폈다. 교수님은 교내 연극부를 지도하고 있었고, 내게 연극부에서 활동해보라고 권했다. 나는 즉시 학교 연극 오디션에 참가했고, 캐스팅됐다.

연극부 활동은 몹시 즐거웠지만, 나는 연기에 소질이 없다. 나는 생각이 너무 많았고 자책도 심했는데, 이는 연극 배우에게 치명적인 태도였다. 생각에 사로잡히면 연기에 몰입할 수 없기 때문이다. 교수님이 내 연기를 두고 '목 위로만(머리로만)' 하는 연기라고 지적하셨던 기억이 나는데, 옳은 말이었다. 하지만 나의 진짜 문제는 '만들면서 알게 되는' 공연 과정의 리듬을 제대로 타지 못했던 데 있었다. 아이러니하게도 준비를 너무 많이 했고, 게다가 잘못된 방식으로 준비했기 때문에 맡은 역할을 제대로 소화하지 못했다. 나는 연기하는 인물에 대해 구상한 뒤 무대에 섰는데, 그 구상에서 벗어나지 않기 위해 애를 쓰느라 현장의 호흡을 따라가지 못했다. 나는 정말로 머리로만 연기했고, 그래서 연기력은 형편없었다.

다행히 마티노 교수님은 연극 연출도 가르쳤다. 수업은 그분 특유의 방식으로 진행됐는데, 이론적인 준비 과정이 전혀 없었다. 수업의 핵심은 한마디로, '극을 연출하고 싶으면 실제로 연출해봐야 한다'는 것이었다. 그것이 예술에 더 깊이 파고들고, 어떤 질문을 해야 하는지 이해하고, 알아가는 유일한 방법이었다. 내게는 아주 적절한 방식이었다.

연출을 맡으면서 창조력이라는 게 어떤 것인지 난생처음으로 느낄 수 있었다. 수업 첫 과제로 단막극을 연출해야 했는데, 내가 고른 작품은 안톤 체호프의 짧은 희극 「곰The Bear」이었다. 솔직히 말하면, 그때 나는 무엇을 해야 하는지 전혀 감이 오지 않았다. 물론 출연진을 정했고 첫 연습 일정도 잡았다. 하지만 연습 무대에서 뭘 해야 하는지, 어떻게 준비해야 하는지는 몰랐다. 관련된 책을 찾아 읽고 친구들에게 물어보기도 했지만, 모든 것이 막막했다.

그런데 연습 장소에 걸어 들어간 순간, 거의 즉각적인 변화가 나타났다. 연습을 시작하자 뭔가가 나를 덮쳐왔다. 추상적으로 들리겠지만 이런 말이 아니면 그때의 경험을 설명할 수가 없다. 우리는 대본을 소리 내서 읽고 인물들에 대해 의견을 나눴다. 자리에서 일어나서 이리저리 움직였다. 아이디어를 내면서 신나게 떠들었다. 희곡을 해석하고 극에 형태를 부여했다. 배우들과 한자리에 모여서 다 같이 질문하고 움직이며 소리와 표정을 확인했다. 무대에서 배우들이 실제로 움직이는 모습을 보니 내가 무엇을 해야 할지를 정확히 알 수 있었다. 연극조로 말하면, 나는 만들고 있었다. 그때는 그런 경험을 어떻게 설명해야 할지 몰랐지만,「곰」을 연출했던 경험은 내 창작 인생의 길잡이가 되어주었다.

「곰」을 연출하는 동안 또 다른 특별한 경험을 했다. 연극의 결말을 고민하고 있을 때였다. 뭔가 어색했고 이건 아니라는 느낌이 들었지만, 잘해보려고 애쓸수록 결과는 나빠졌다. 그러다 고민에 잠겨 까무룩 잠이 들었는데 꿈에서 찰리 채플린을 보게 됐다. 꿈에서 깨자 나는 연극의 결말에 무성영화의 요소를 도입해야 한다는 것을 깨달았다. 떠들썩하고 밝은 체호프의 희극은 찰리 채플린의 감성으로, 무성영화에 흔히 쓰이는 실황 연주 음악을 배경으로 (꿈에는 바이올린 연주가 나왔다) 마무리해야 했다.

꿈에서 힌트를 찾다니, 지금까지 내가 이야기한 '만들면서 알게 된다'는 개념과 모순되게 들릴지 모른다. 노력보다는 비전이, 혹은 어떤 광기가 이끌어준 게 아닌가 하는 생각이 들 수도 있다. 그러나 내가 인터뷰했던 예술가와 디자이너 들의 이야기 덕분에 나는 그 꿈을 다른 방식으로 이해하게 됐다.

창의적인 아이디어는 예기치 못한 순간에 기이한 방식으로 나타난다. 그래서 우리는 '만드는 것'을 보다 넓은 범주에서 이루어지는 활동으로 이해해야 한다. 나와 인터뷰한 많은 창작자는 작업에 대해 생각하지 않을 때 새로운 아이디어가 떠올랐다는 얘길 들려주었다. 실제로 예술가와 디자이너 들에게 가장 자주 들은 말은 "샤워하다가 아이디어가 떠올랐어요"였다. 운전하거나 음악을 듣다가, 또는 꿈을 꾸면서 비슷한 경험을 했다는 이들도 많았다. 언뜻 보기에는 아무 맥락 없이 불쑥 떠오른 듯한 이런 아이디어들도 만들면서 알게 되는 과정의 일부 아닐까? 나와 이야길 나눈 창작자들은 그렇다고 생각하는 것 같았다. 창작에 깊이 빠져 있을 때는 뭔가가 그들을 장악한다는 이야기를 여러 차례 들었다. 그들이 하는 모든 것이 창작 과정의 일부분이 되어서, 확장된 '창작 활동 모드'에 있는 것처럼 느껴진다고 했다. 심지어, 어쩌면 특히, 잠을 잘 때조차 말이다.

채플린 꿈을 꾼 뒤 나는 「곰」의 마지막 대사 몇 쪽을 모두 잘라버리고 바이올린 연주자를 섭외해서 음악 연주로만 구성된 결말을 연출했다. 이런 시도는 주효했다. 게다가 극에 바이올린이라는 요소가 추가되면서, 이 악기를 연극의 다른 부분에도 활용할 방법을 궁리할 수 있었다. 그러자 바이올린이 제3의 캐릭터가 됐다. 이 모든 결정은 절대 '비전'에서 나오지 않았다. 연극을 만들어가는 과정에서 발견한 것이다.

「곰」을 연출한 경험은 내 인생을 크게 바꾸어 연극계에 진출할 길을 열어주었다. 만드는 과정에서 뭔가를 깨닫게 된 게 그때가 처음은 아니었지만, 그것이 내 삶에 어떻게 작용하는지 의식적으로 이해했던 최초의 순간이었다. 그 후로도 다른 작품을 연출할 때 근본적으로 똑같은 과정이 반복되었고, 연극 연출 외에 다른 작업에서도 마찬가지였다. 예를 들어 셰익스피어 희곡을 영화화한 작품들에 관한 책을 쓸 때도 비슷한 경험을 했다.[26] 처음에는 책에서 하고 싶은 말이 뭔지 분명하지 않았다. 그저 '다루고 싶은' 의미심장한 질문을 마음속에 굳건히 품고 있었을 뿐이다(일부러 '답하고 싶은'이 아니라 '다루고 싶은'이라는 표현을 사용했다). 그 질문은 미지의 영역으로 들어가는 길을 열어주었다. 반면에 실제적인 집필 과정은 내 생각을 들여다볼 기회가 됐다.

지난 몇 년 동안 인터뷰했던 예술가들은, 만드는 과정으로 들어가는 '입구'에 관한 이야기를 들려주었다. 나의 경우 '다루고 싶은 질문'이 책을 쓰는 입구 역할을 했고, 다른 이들은 욕구, 충동, 아이디어, 개념, 틀, 수수께끼 등을 이야기했다. 예술가들과 대화를 나누면서 이런 시작점이 얼마나 중요한지, 이것이 '비전'과는 어떻게 다른지 알게 됐다.

셰익스피어에 관한 책을 쓸 때 나의 시작점은 '영화는 어떻게 희곡을 이해하는 중요한 도구가 되는가'라는 의문이었다. 어떻게 카메라가 셰익스피어의 희곡을 읽거나 무대 공연을 보는 것만으로는 얻을 수 없는 깊은 이해의 길로 우리를 인도할 수 있는지, 나는 오랫동안 질문해왔다. 이런 질문은 영화에 관한 면밀한 연구만큼이나 중요했다. 아이디어가 떠오른 건 글을 쓰기 시작했을 때였다. 「곰」을 연출했을 때처럼, 무엇을 만들 수 있을지 알아내려면 일단 여정을 시작해야 했다.

　대학에서 일하면서도 비슷한 경험을 했다. 캘리포니아대학교 버클리 캠퍼스의 연극학과 교수로 있으면서 종신 재직권 취득을 앞두고 있던 해에, 생각지도 못하게 학과장을 맡게 되었다.「곰」의 첫 번째 연습 때와 마찬가지로, 나는 아무런 확신도 없이 이 새로운 직책을 맡았다. 하지만 이번에도 돌파구를 찾고 큰 변화를 경험했다. 학과장이 된 뒤에, 학과를 이끄는 것이 어떤 의미인지 배웠을 뿐 아니라 그 직무에 걸맞는 부분이 내 안에 있다는 사실도 알게 됐다. 조직을 이끄는 책임을 지면서 나의 어떤 부분이 활성화된 것 같았다. 그리고 이러한 앎은 새로운 길을 열어주었다. '리더십을 만드는' 과정을 통해 내가 무엇을 할 수 있는지 알게 된 것이다.

　어떤 일에 뛰어들어서 깊은 배움에 이르는 이런 과정은 학생을 가르칠 때는 물론 대학 총장으로 일할 때도 똑같이 경험했다. 각 단계는 불안과 변화를 동반한 놀라움으로 다가왔다. 나는 미지의 공간으로 들어갔고, 필요에 응했다. 그리고 '만들기' 시작했다. 만들어보지 않았다면 절대로 알지 못했을 뭔가가 드러날 때까지 말이다.

배움의 발판

만들면서 알게 되는 과정에 대해 오해가 없기를 바란다. 이것은 배경지식이 부족하거나 준비가 덜 된 상태에서 일을 시작해야한다는 말이 아니다. 즉흥적인 대처나 임기응변과도 관련이 없다. 책을 읽으면서 더 명확하게 이해하게 되겠지만, 오히려 그 반대에 가깝다. '훈련', '기술', '집중'과 창조하는 과정을 통해 드러나는 발견 사이에는 깊은 연관성이 있다. 우리가 갖춘 경험과 기술은 프로젝트를 시작하고 앞으로 나아가려고 시도할 때 딛고 설 발판이 된다. 그러나 실제로 만드는 과정에 뛰어들기 전에는 작품이 무엇이될지 완벽하게 알 수는 없다. 앞서 소개한 내 개인적인 경험은 앎에 이르는 복잡하고 어려운 과정을 피상적으로 훑어본 것에 불과하다. 어떤 이들은 만들면서 알게 된다는 개념을 존 듀이의 '경험을통한 배움learning by doing'이라는 개념과 비교하기도 했다. 실제로두 개념은 꽤 관련이 있다. 그러나 나는 '창조적 존재로서의 인간'에 대해 고찰하고자 하며, 이것은 듀이가 제시한 개념보다 넓은 주제라고 할 수 있다.

지난 10년 동안 아트센터 칼리지 오브 디자인의 총장으로 일하면서 여러 분야의 창의적인 인물들과 만날 수 있었다. 나는 작가, 예술가, 디자이너 들과 대화하면서 '만들면서 알게 된다'는 개념의 다양한 뉘앙스를 이해하게 됐다. 이 책은 철학적 혹은 인식론적 연구가 아니다. 그보다는 창의성 넘치는 창작자들이 작품을 만드는과정을, 즉 무언가 만들면서 앎에 이르렀던 과정을 자세히 들여다

보고, 그것을 더 깊이 이해하는 것에 목표를 두었다. 책에 등장하는 사람은 모두 독창적인 창작 활동으로 정평이 나 있는 대가들이다. 그들의 통찰력 있는 식견은 우리에게 창의성의 본질이 무엇인지 알려줄 것이다.

존재하지 않는 것에 이름 부여하기

셰익스피어 희곡 「한여름 밤의 꿈」 제5막에 나오는 등장인물 테세우스는 존재하지 않는 것을 상상으로 만들어내는 미치광이, 연인, 시인의 기이하고 미심쩍은 능력을 깊이 성찰한다. 테세우스의 관점에서 광기는 쫓아버려야 할 대상이 아니라 경축해야 할 힘과 능력이다.

미치광이, 연인, 시인은
모두 상상력으로 머릿속이 꽉 차 있는 사람들이오.
광활한 지옥에 가득한 마귀보다 더 많은 마귀를 보는 사람이 있는데
그게 바로 미치광이라오. 연인도 마찬가지로 광적이어서
이집트 언덕 꼭대기에서 헬레네의 아름다움을 본다오.
시인의 눈은 황홀한 광기로 두리번거리며
하늘에서 땅으로, 땅에서 하늘로 오간다오.
그래서 상상력이 미지의 사물을
마음에 그릴 때, 시인의 펜은

그것을 형상화하고, 존재하지도 않은 것에

거처와 이름을 부여하는 것이오.

(제5막, 1장, 7~18행)

자, 이제 본격적으로 여정을 시작해보자. 앞으로 펼쳐질 창작자들의 이야기 속에, '미지의 사물을 마음에 그리고 그것에 거처와 이름을 부여하는' 창작의 비밀이 담겨 있다.

2장

이야기의 세계

: 소설가, 시나리오 작가,
영화감독

책을 쓰기 시작할 때 우리는 모두 아마추어다.
그러나 차츰 한 문장 한 문장 써나가면, 책은 늘 그렇듯 스스로 모습을 드러낸다.
문장 하나하나가 모두 그 과정에서 드러난다.

필립 로스[1]

어떤 시인도 시를 쓰기 전까지는 어떤 시가 나올지 알지 못한다.

W. H. 오든[2]

무엇을 그릴 것인지 알려면, 그리기를 시작해야 한다.

파블로 피카소[3]

말 그대로든 비유적으로든 우리 모두는 백지상태에 직면한 적이 있다. 때로는 무한한 가능성에 맞서는 것이 두렵고, 의심과 불안이 가득 밀려오기도 한다. 소설의 첫 문장을 어떻게 시작하지? 이 상황을 어떻게 뚫고 나가지? 텅 빈 캔버스의 어디부터 시작해야 할까? 노래의 첫 음을 어떻게 잡아야 하지? 고객의 문제를 해결할 혁신적인 방법은 무엇이지?

그러다 우리는 생각한다. 책상 서랍부터 정리해야겠어. 이런, 어머니에게 전화를 안 한 지도 며칠이나 됐잖아. 아무래도 뭘 좀 먹어야겠어.

만들면서 알게 되는 과정의 첫 번째 기본 원리는 이것이다. 우리는 기회의 공간이자 위협적인 공포의 공간, 앞이 잘 보이지 않는 희부연 불확실성에 다가가면서 창작의 여정을 시작한다. 백지를 마주하면 고통스럽거나, 무력감이 들 거라고 생각하기 쉽다. 하지만 나와 인터뷰한 예술가와 디자이너 들에 따르면, 아무것도 정해지지 않은 백지 위로 걸어 들어가는 행위는 창작자에게 힘을 주고, 몰랐던 것을 알게 되는 계기가 되기도 한다.

그렇다면 우리는 백지 위에서 어떻게 한 걸음을 내디딜 수 있을까? 미지의 공간으로 들어가는 방법은 무엇이며, 들어갈 용기가 도저히 나지 않을 때는 어떻게 해야 할까? 그 공간은 어떤 느낌일까? 일단 안에 들어가면 무슨 일이 벌어질까?

다양한 창작자들을 만나고 인터뷰하면서, 작가들이야말로 (분야를 막론하고) 이런 상황에 특히 능숙하다는 것을 알게 됐다. 그래서 이번 장에서는 글로 새로운 세계를 빚어내는 작가들의 작업에 초점을 맞추려 한다. 소설가, 시나리오 작가, 설치미술가, 영화감독 등 이야기를 만들어내는 전문가들에게 작품의 물꼬를 트는 시작점을 찾는 방법을 물었다.

작가들은 말 그대로 백지를 마주하는 순간의 기분을 아주 잘 안다. 그들은 새로운 글을 시작할 때마다 한동안 방황하게 된다는 것을 순순히 인정한다. 소설가이자 시인인 데니스 필립스는 이렇게 말했다. "시작할 때는 망망대해 한가운데에 있는 것 같지요. 나침반도 없이 말이죠. 그럴 때는 그냥 한 방향으로 계속 노를 젓는 편이 나을 수도 있어요. 지금 어디에 있는지, 어디로 가는 건지 전혀 모르니까요."

소설가 니콜 크라우스는 글쓰기를 시작할 때 느끼는 '미지의 공간으로 들어가는 힘'에 대해 들려주었다. 그는 이때 '차분해진다'고 말했는데, 작업을 시작할 때의 집중을 이야기하는 것 같았다.[4] 크라우스는 차분해진다고 표현했지만, 다른 작가는 이 순간에 불안을 느낀다고 말하기도 했다. 어느 쪽이 됐든, 이런 표현들은 모두 미지의 세계에 진입하여 가능성이 드러나는 순간의 인식과 수용을 뜻한다.

낭만주의 시인 존 키츠는 1817년 동생에게 보내는 편지에서 셰익스피어를 '소극적 수용력negative capability'을 가진 뛰어난 예술가로 설명했다. 소극적 수용력이란 '성급하게 증명하려 들거나 이유를 찾으려 애쓰지 않고, 불확실하거나 놀랍거나 회의적인 상태에 머무를 수 있는 능력'이다. 이 설명은 작가들이 작업의 시작점을 찾을 때, 즉 미지의 창조 공간으로 들어갈 때 하는 묘사와 유사하다. 키츠는 예술가나 시인의 이러한 능력을 높이 기리고자 했다.[5] 그는 해결을 유보하고 모호성을 받아들이며 아름다움을 창조하는 예술가의 능력을 존경했다. 소극적 수용력이라는 발상은 시간이 지나면서 예술과 시를 둘러싼 담론으로, 더 나아가 사회과학까지 확대 적용됐다.[6] 보들레르는 소극적 수용력을 '비자아non-ego를 갈망하는 자아'로 묘사했다.[7] 존 듀이는 이 개념이 실용주의의 철학에도 영향을 주었다고 언급했다. 그는 키츠의 개념을 '생산적인 생각의 심리학'으로 보았다.[8] 같은 맥락에서 20세기 영국의 정신분석학자 윌프레드 비온Wilfred Bion은 키츠가 제시한 값진 개념이 정신요법의 새로운 발견과 변혁의 가능성을 시사했다고 보았다.[9] 일본의 선불교에서는 깨어남, 이해, 앎, 갑작스러운 깨달음이 찾아오는 득도의 순간을 '사토리悟り'라고 부른다. 흥미롭게도, 사토리에는 의심과 불확실성이 선행되어야만 한다. "사토리의 선행 단계는 추구, 탐색, 성숙, 폭발이다. '추구' 단계에서는 소극적 수용력을 실천할 능력과 비슷한 강한 불안감이 동반된다."[10] 즉, 이는 어떤 말로 표현하든 미지의 상태를 순순히 받아들이는 가운데 발견을 경험한다는 것을 뜻한다. 창조의 가능성은 쉽게 정의되지 않는 공간에서 시작된다.

　소극적 수용과 불확실성을 받아들이는 것은 수동적인 체념, 무지, 불안과는 다르다. 소극적 수용은 적극적인 추구다. 철학자 도널드 쇤은 이를 '전문가가 불확실한 상황에서 발휘하는 예술적이고 직관적인 과정에 내포된 실행의 인식론'이라고 인상적으로 설명하기도 했다.[11] 나와 인터뷰한 많은 창작자는 불확실한 상태에 창조력이 잠재되어 있다고 말했으며, 그러므로 이 기간이 꼭 필요하다고 주장하는 이들도 있었다. 그리고 모든 이가, 길을 찾아가는 과정에서 활력이 솟구친다고 강조했다.

어떻게 시작할까, 백지 위에서 한 발 앞으로

말로 표현하고 싶은 욕구를 불러일으키는 것이 나를 자극하는 주제다.
내 언어로 쓴 문장에는 내 뜻이 담긴다.
글 쓰는 일은 내면의 나를 만나는 일이며, 더 나아가 내면을 창조하는 일이다.

— 리처드 휴고[12]

　작가는 어떻게 글을 쓰기 시작할까? 리처드 휴고의 말을 빌리면 작가를 '자극하는 주제', 즉 시작점은 무엇일까? 다양한 분야의 작가들에게 이 질문을 던져보았다. "백지를 마주했을 때, 무엇이 창작에 나서도록 시동을 걸지요? 빅뱅 같은 위력적인 힘인가요? 아니면 막연한 느낌인가요?" 각양각색의 대답이 돌아왔다. 인생에 관한 철학적인 질문에 자극받는 작가도 있고, 지극히 일상적이고 평범한 것들에 자극받는 작가도 있다. 관찰, 경험, 동요하는 감정, 아이디어, 리드미컬한 충동, 또는 어떤 '나타남'에서 비롯되기도 한다.

소설가 에이미 벤더는 강제적으로 시작점을 만들었다고 했다. "저는 매일 글을 써요. 무조건 한 시간 반 동안은 책상 앞에 앉아 있기로 했어요. 우습게 들리겠지만, 처음에는 진짜로 다리를 의자에 묶어뒀었어요." 벤더의 방법은 빅토르 위고가 서재 문을 걸어 잠그고 벌거벗은 채로 글을 썼다는, 출처가 불분명하지만 흥미로운 이야기를 상기시킨다. 위고는 하인들에게 자신이 일정 분량의 글을 쓸 때까지 옷을 돌려주지 말라고 엄명했다고 한다.

벤더는 위고보다는 조금 더 균형 잡힌 방식을 마련해놓았다. 그는 글을 쓰든 안 쓰든 정해진 90분을 신성하게 여기고 지킨다. 무얼 하든 책상 앞에 앉아 있어야만 한다. 벤더는 스스로 정한 시간을 창작의 시작점으로 삼았다. "한 시간 반이 끝나는 시간을 적어둬요. 그리고 그 시간을 지켰지요. 언젠가 정신분석 전문의 애덤 필립스가 쓴 지루함에 관한 에세이를 읽었어요. 지루한 상태에서 오히려 창조적으로 생각할 수 있다는 내용이었지요. 지루함을 받아들이기로 하자 정말로 제 글이 바뀌더군요. 따분해서 가만히 있을 수가 없고 마음이 들썩거렸지만 정해 놓은 규칙을 따랐어요. 그러자 과거나 습관에 얽매이지 않고 한결 새로운 글을 쓰게 됐고, 자유로움을 느끼며 많은 양의 원고를 완성할 수 있었어요. 이런 방식이 지금껏 여러 권의 책을 쓸 수 있게 해주었지요."

가구 디자이너이자 교육자인 로잔 소머슨도 지루할 때 창의성이 발휘된다고 했다. 그녀는 창의적인 아이디어를 독려하기 위해 학생들과 자주 했던 연습을 소개했다. 학생들에게 1시간 동안 앉아서 오직 스케치만 하게 한다. 60분 동안은 자리에서 일어나거나 다른 과제를 하면 안 된다. 소머슨은 따분함과 불안을 견딜 때 새로운 생각이 나타날 수 있다고 말한다. 불편할 때야말로 아이디어가 떠오르기 적합한 상태라는 것이다. "우리 몸은 우리가 불편한 곳으로 들어가지 못하게 막는 법을 아주 잘 알아요. 너무너무 지루해서 어쩔 줄 모르는 상태가 때로는 완전히 새로운 사고를 부추기는 힘이 되기도 하죠. 지루함의 끝에서 완전히 새로운 영역을 찾아내는 거예요."

『조이럭 클럽』을 쓴 소설가 에이미 탄은 '윤리적 모호함'에 대한 의문이 글의 시작점이 되었다고 이야기한다. 그녀는 핵심 질문에 집중하는 게 글을 시작하는 방법이라고 설명했다. "저는 질문을 하며 힌트와 단서들을 얻어요. 제 안에 떠오르는 질문들을 살펴보며 초점을 맞출 질문을 찾아요. 마치 해변에 서서 밀려온 온갖 표류물과 마주하는 것과 같아요. 그중 몇 가지는 질문을 남기고 또 몇 가지에는 중요한 의미가 담겨 있죠."[13]

시인이자 소설가인 조지프 디 프리스코는 단순하고 불명확한 개념을 품고 창작을 시작한다. 그는 글을 쓰는 행위를 통해 서술자의 목소리, 즉 글쓰기를 통해 그가 만들어낸 목소리를 발견한다고 설명한다. "글을 쓰면서 서술자의 이야기를 발견하고, 그의 목소리가 나를 이끕니다. 그 목소리에 귀를 기울여야 해요. 모든 단서가 거기 있거든요."

소설가 톰 스턴은 『사라지는 내 쌍둥이 형제My Vanishing Twin』를 집필할 때의 이야기를 들려주었다.[14] "그저 한 남자를 상상하고 쓰기 시작했어요. 저는 늘 사람들을 관찰하고, 그들의 마음을 읽고, 이해하려고 노력합니다. 저 사람과 나의 차이는 뭘까, 저 사람은 지금 여기에 어떻게 오게 되었을까 생각하는 데 많은 시간을 쏟아요." 스턴은 특정한 주제에 이끌려 글을 쓰기 시작했을지라도, 결말을 미리 구상하지 않으려 무척 조심한다. 미리 머릿속으로 생각한 이야기를 글로 옮기려 하면, 만들면서 알게 되는 것들을 놓치기 때문이다. 다시 말해, 쓰는 과정에서 드러나는 가능성에 열린 태도를 유지하기보다는 구상한 틀을 유지하려 하거나 처음의 기대만을 충족하려 들 위험이 있다.

에이미 탄 또한 미리 결말을 구상하는 게 위험하다고 경고한다. 그는 이를 '무서운 관찰자 효과'라고 부른다. "예를 들어 내가 쓰려는 무언가가 있다고 해보죠. 그걸 다른 시각에서 보고, 그것과 연관된 측면을 찾으려고 애쓰겠죠. 그런데 거기에만 너무 열중하면 결국 그 연관성에 대해서만 글을 쓰게 될 거예요. 다른 건 아무것도 발견하지 못하고요." 즉 그에게 창작이란 미리 생각해둔 뭔가를 찾아내는 게 아니라, 새로운 발견의 조건을 만드는 활동이다.

스턴은 무작정 주인공 남자에 관해 쓰기 시작하면서 『사라지는 내 쌍둥이 형제』의 기틀을 잡았다. 글을 쓰면서 주인공의 성격을 파악하고 그의 행동을 이해하게 됐다. 그리고 이 모든 것은 '단어를 이리저리 움직이는' 과정에서 이루어졌다. 결과적으로 스턴은 무분별한 행동으로 자기 인생을 위태롭게 하고, 삶의 무게에 크게 휘청이는 인물을 발견했다. 나는 작가에게 물었다.

"어째서 그런 주인공을 그리게 됐는지 말해줄 수 있나요?"

"설명하기 어렵네요. 왜 그 인물이 특별하게 다가왔는지는 모르겠어요. 그냥 그렇게 느껴졌을 뿐이거든요."

스턴은 이 인물에 대해 엄청나게 긴 글을 쓰면서, 그가 지금까지와는 다른 행동에 나서도록 하려면 무엇이 필요할지 생각해보았다. 극적인 변화를 줄 방법을 계속 생각했지만, 잡힐 듯 잡히지 않았고 결국은 글쓰기를 중단하고 마음을 가다듬어야 했다. 뭔가 다른 일을 해야 했다.

"쓰던 글을 내려놓았을 때 무슨 일이 일어났죠?"

"전 침대에 앉아 있었어요. 옆에는 잠든 아내가 누워 있었고요. 잠자리에 들기 전에 침대에 잠시 가만히 앉아 있는데, 임신한 남자의 이미지가 떠올랐어요. 임신한 남자요! 그리고 동시에 다른 이미지도 떠올랐는데, 몸이 이상할만큼 작은 사람이었어요. 그러고 나서 두 이미지 사이의 관계를 생각해봤던 것 같아요. 임신한 남자와 몸이 작은 남자. 난데없이 그들이 형제라는 답이 나왔어요. 그리고 자신의 쌍둥이 동생을 임신한 남자의 이야기가 떠올랐죠. 조금 미심쩍긴 했어요. 그렇지만 속으로 '그래, 이거야, 이제부터 내가 해야 할 일은 이게 대체 무슨 영문인지 알아내는 거야'라고 말했던 기억이 나요."

스턴의 설명에는 생각해볼 지점이 많다. 그는 분명히 확실한 것 하나 없이 작업을 시작했다. 세상과 사람들을 관찰하며, 한 인물에 관한 깊은 탐구에서 시작점을 찾았다. 그러다 그는 망망대해

한가운데서 은유의 뗏목을 타고 있는 자신을 발견했다. 그는 한쪽으로 노를 저어가기 시작해서, 막막한 미지의 장소에서 앎의(정확히 표현하자면 조금 더 많은 것을 알 수 있는) 장소로 이동해갔다. 글을 **한창 쓰고 있을 때**가 아니라 다른 뭔가를 하는 순간에, 즉 침대에 앉아서 머리를 비우고 생각이 떠오를 공간을 열어두었을 때 통찰의 순간을 맞이했다. 멈춤에는 창조적 힘이 있다.

내가 인터뷰했던 다른 창작자들도 작품과 관련 없는 활동을 할 때 아이디어가 떠오른 경험을 숱하게 이야기했다. 이들은 확장된 가능성의 상태로 들어가는 듯했다. 때로는 창작과 관련 없는 행동을 하다가, 때로는 하던 일을 내려놓고 쉬고 있다가 불현듯 깊은 통찰을 얻게 된다. 발견을 통제할 수는 없다. 그러나 발견이 실현될 환경을 조성할 수는 있다.

스턴과 벤더는 모두 '꾸준함'을 강조했다. 스턴은 훌륭한 작가이자 스승인 엘리 위젤 밑에서 공부하던 때의 이야기를 꺼냈다. 위젤은 단도직입적으로 이렇게 말했다고 한다.

"내가 조언을 한 가지 하겠네. 만일 자네가 스스로 작가라고 생각한다면, 매일 글을 쓸 시간을 만들어야 하네. 20분이든 4시간이든 괜찮아. 그 시간에 완전히 쓰레기 같은 글을 쓰든, 엄청난 대서사시를 시작하든 상관없어. 매일 쓰기만 한다면 말이야."

스턴은 "그 말을 들은 게 20년 전이었어요. 그날 이후 하루도 빠짐없이 글을 써왔죠"라고 말했다.

규칙적인 리듬에 맞춰서 글을 쓰는 것 또한 창조가 이루어지는 미지의 공간에 들어서는 방법이다. 글쓰기를 근육 단련에 비유하는 작가들도 있다. 운동선수가 운동으로 몸을 단련하듯 작가는 글쓰기로 글을 단련한다. 처음에는 고통스럽기 마련이지만 나중에는 튼튼하고 유연해지며 더 나아가 우아해진다. 매일 쓰는 훈련은 작가를 위한 기본 트레이닝과 같다.

페미니즘 소설의 '살아 있는 고전'이라 불리는 작품 『아이 러브 딕I Love Dick』의 저자 크리스 크라우스를 만나 집필 과정에 대한 이야기를 들었다. 크라우스는 독립 영화 제작자로 일하면서 실패를 겪었는데, 이것이 소설의 시작점이 되었다. 2년 반이라는 시간과 저금해둔 돈까지 쏟아부어 영화 〈중력과 은총Gravity and Grace〉의 제작을 마쳤으나, 예상 관객 수가 턱없이 작았다. 결국 영화는 상영이 유보됐다.

"〈중력과 은총〉은 제가 만든 마지막 영화였어요. 한동안은 내가 만든 영화가 왜 성공하지 못했는지 알아내기 전까진 절대로 영화를 다시 안 만들겠다고 맹세했지요. 이 의문의 답을 찾는 과정에서 소설 『아이 러브 딕』이 나왔어요. 지금껏 만든 영화들이 실패했던 이유를 찾으면서 저 자신을 사례 연구 대상으로 삼고 싶어졌어요."

스턴은 자신이 만들어낸 인물에서 시작점을 찾았고, 크라우스는 자기 경험을 돌아보며 시작점을 찾았다. 『아이 러브 딕』은 서간체 소설로, 딕에게 보내는 편지를 담고 있다. 소설의 주요 등장인물은 크라우스, 실베르(크라우스의 당시 남편이자 오랜 협력자), 딕이다. 크라우스 부부는 캘리포니아 예술대학 비평학과 학과장 딕에게 함께 편지를 쓴다. 딕은 답장을 보내진 않지만, 편지를 거부하지도 않는다. 크리스와 실베르는 묵묵히 글을 보낸다. 크라우스는 이 작품을 "침묵에 관한 글"이라고 표현했다. 크라우스에게 딕은 무엇이든 투영할 수 있는 빈 화면, 즉 **백지상태**tabula rasa인 환상 속의 청자聽者였다. 나는 크라우스에게 물었다.

"환상 속의 청자가 어떤 역할을 했는지 더 자세히 듣고 싶군요."

"제 이야기를 꺼낼 수 있는 말 상대가 되어주었어요. 글쓰기 수업에 가면 자기 목소리를 찾아야 한다고 가르치죠. 내 목소리를 찾는 일은 곧 내 이야기를 들어줄 청자를 찾는 것이라고 생각해요."

크라우스는 딕에게 편지를 쓰며 자기 내면의 이야기를 꺼낼 수 있는 구조를 만들었다.

"저는 제 작품의 역사를 연구하는 역사가가 되겠다고 마음먹었어요. 수치심, 실패감, 굴욕 같은 지독한 감정을 제 안에서 몰아내고, 그런 감정들을 사회적, 문화적 관점에서 바라보고 싶었지요."

"처음부터 『아이 러브 딕』을 소설로 낼 마음이 있었습니까? 아니면 개인적인 답을 찾는 게 목표였나요?"

"글쎄요. 정말로 딕에게 편지를 쓰고 있다는 기분으로 글을 썼어요. 그건 일종의 예술 프로젝트였지요."

소설을 쓰며 크라우스는 예술가로서 자신을 이해하게 됐다. 자기 말을 들어줄 '딱 맞는 청자'에게 편지를 써나갔고, 과거에 겪은 일에 대한 깊은 의문을 해결하고자 애썼다. 이것이 그도 인식하지 못하는 사이 발전해 소설이 된 것이다. 편지를 쓴 지 몇 년이 지낮을 무렵에서야 크라우스는 깨달았다.

"1997년이 되어서야 제가 책을 쓰고 있었다는 걸 알게 됐어요. 저는 몇 년 분량의 편지 사본이 든 폴더를 들고 사막으로 갔어요. 오두막을 하나 빌려서 편지들을 이리저리 읽어보면서 다듬었어요. 차츰 글을 책 형태로 만들어갔지요. 편지 덕분에 책을 쓰기 시작했고 결국 『아이 러브 딕』을 출간할 수 있었어요."

블로거이자 여러 권의 책을 낸 코트니 마틴은 일상에서 직면하는 여러 가지 질문에 창조적인 답을 찾는 방법을 들려주었다. 역시 그에게도 질문이 시작점 역할을 한다. 마틴 역시 크라우스처럼 개인적으로 해결하지 못한 문제와 불확실한 것들에 대해 **쓰면서** 답을 찾아나갔다고 했다. 그는 매주 웹사이트 '온 빙On Being'에 글을 올리며 눈앞의 일들을 새로운 관점에서 고려하게 된다고 이야기했다. "반복되는 패턴을 조사하고, 질문거리를 탐색하고, 때로는 그저 흥미를 끄는 것들을 찾아요. 어떻게 살아가야 할지 생각하며 글을 쓰기도 하고요."

마틴은 신문방송학을 전공했다. 그는 아주 개인적이면서도 보도의 특징이 살아 있는 글을 쓴다. "기사는 일반적으로 탐사와 3인칭 보도로 이루어지죠. 절대 1인칭을 쓰지 않아요. '나'라는 단어를 쓰지 않는 거죠. 제 글 또한 주로 문화적, 정치적 사안을 다루지만, 저는 거기에 제 주관을 담아요." 마틴은 자신이 겪는 어려움과 일상에서 마주하는 질문을 더 넓은 사회 문제와 연결 지어 글을 쓴다. 불확실성 속에서 뭔가를 발견하고, 질문의 답을 알아내고, 글을 쓰면서 자신의 관점을 찾아낸다. 마틴의 글은 세심한 조사와 개인적인 용기의 산물이다. "내가 쓰는 글이 나 자신에 대해 뭔가를 알려 주죠."

작가이자 교사인 파커 파머는 이렇게 설명했다. "글쓰기는 내 가 나 자신과 대화할 때 드러나는 내면의 기록이죠. 상담 예약도 필요 없고, 돈을 낼 필요도 없는 일종의 심리 상담이에요."[15] 이번 장의 도입부에서 인용했던 리처드 휴고는 이런 관점을 더욱 확장하여 이렇게 말했다. "글쓰기는 당신의 내면을 밝히고, 더 나아가 창조한다."

마틴은 현재 쓰고 있는 글에 관한 이야기를 꺼냈다. 어린 자녀를 둔 그는 자녀 교육 문제에 관심이 많은데, 현재는 공립학교 수업의 질, 교육 접근성, 인종차별 등에 대해 고민 중이라고 했다.

"저는 소위 가장 '리버럴'하다고 불리는 백인 중산층 가정의 부모예요. 저는 저와 같은 백인 부모들이 공립학교 제도의 통합에 여러모로 걸림돌이 되어왔다는 걸 잘 알고 있죠. 요즘엔 이 문제를 공론화하기 위해서 공교육을 주제로 글을 연재하고 있어요." 마틴이 제기하는 질문들은 분명 지금 우리 사회가 고민해야 할 문제다. 마틴은 이 모든 문제의 한가운데서 자녀를 위해 어떤 선택을 내려야 할지 고민하며, 다른 이들과 함께 분투 중이다. 글을 쓰며 '어떻게 살 것인가'라는 공공의 질문에 답을 찾는 것이다.

작가이자 시인인 조지프 디 프리스코를 만나 시를 쓰는 과정에 관해 물었다.

"어떻게 시를 시작하게 되나요? 시를 쓰게 되는 시작점은 무엇인가요?"

"리듬이에요. 일종의 소리 혹은 음악을 느껴요. 그러면 그 리듬에 단어를 붙여야겠다는 생각이 들어요."

지금까지 듣지 못했던 참신한 대답이 마음에 쏙 들었기에, 나는 재차 물었다.

"부연 설명을 하자면요? 그 경험에 대해 더 자세히 설명해줄 수 있나요?"

"사실 썩 좋은 기분은 아니에요. 뭔가가 해결되지 않은 느낌이 들어요. 시를 써야만 그런 감정을 발산할 수 있을 것 같은 생각이 들죠."

디 프리스코는 '리듬'과 '해결되지 않은 불편한 기분'에서 창작의 여정을 시작한다고 했다. 구체적인 구상이 있는 건 아니지만, 강렬한 욕구와 갈망 때문에 쓰지 않을 수 없다는 것이다. 그와의 대화는 무척 흥미로웠다. 그는 시를 통해 주장하거나 설명하려는 메시지가 있는 건 아니라고 잘라 말했다.

"독자들에게 제 생각을 이야기하려는 게 아니에요. 제가 원하는 건 음악처럼 느껴지는 시죠. 시구로 리듬감을 만들어요. 뭔가를 복제하려는 게 아니에요. 창조하려는 거지요."

디 프리스코의 설명은 만들면서 알게 되는 개념의 정의를 제대로 보여준다. 창작이란, 머릿속 비전을 복제하는 게 아니라 만드는 행위를 통해 아이디어를 펼치는 것을 말한다.

작품의 뼈대, 우주론 창조하기

중요한 것은 우리가 가진 것이
표현의 미학이라기보다는 제작의 미학이라는 점이다.

— 가브리엘 요시포비치[16]

무無에서 대단한 뭔가가 나온다.

— 에이미 탄[17]

백지 위에서 시작점을 찾았다면, 이제 무엇을 해야 할까? 그 공간에서 작가는 어떻게 프로젝트를 진전시킬까? "작가는 자기가 그릴 세계의 우주론을 만들어야 해요." 에이미 탄의 말이다. 우주론이란 우주의 기원, 구조, 생성, 변화와 최종적인 운명에 이르기까지 우주 전반에 관한 연구를 말한다. 탄이 말하는 우주론은 창작을 위한 환경이자 틀이다. 그는 양자역학을 비유로 들며 쾌활하게 말을 이었다.

"양자역학은 물질의 본질이 무엇으로 구성되는지, 습성은 무엇인지 밝히는 학문이죠. 저는 양자역학의 연구가 작품 속 세계를 구성하는 소설가의 작업과 유사한 면이 있다고 느꼈어요."

"조금 더 설명해주신다면요?"

"이를테면 이런 것이죠. 작품 속 인물들을 움직이는 어떤 힘이 있는데, 글을 쓰는 초반에는 그것의 정체를 알 수 없어요. 제 글쓰기는 이 수수께끼 같은 작동 원리를 추적하는 과정이라고 할 수 있어요. 저는 모호한 요소들을 이렇게 저렇게 시험해보고, 아직 모르는 미스터리를 밝히면서 글을 이어가요."

그녀의 창작론은 하이젠베르크의 불확정성의 원리(미시세계에서 입자의 위치와 운동량을 동시에 정확하게 측정하는 것은 불가능하다는 원리—옮긴이)나 외삽법(이전 실험으로부터 얻은 데이터를 기반으로 아직 알지 못하는 경우를 추정하는 기법—옮긴이)으로 산정한 불완전한 예측처럼 작가들도 자신이 만든 캐릭터와 이야기의 결말을 처음부터 완벽히 아는 건 아니라는 걸 암시한다. 소설가는 글을 써나가며 작품 속 인물과 사안들이 어떤 관계를 맺고 있는지 알게 된다. 점차 아이디어는 일관성을 갖추며 확장된다. 에이미 탄은 불현듯 패턴을 깨닫게 된다고 말했다.

"늘 이렇게 작업하는 것 같아요. 게다가 종종 뜻밖의 우연과 기회를 발견하죠."

앞에서 나는 글쓰기와 전혀 상관없는 일을 하고 있을 때 아이디어를 떠올렸던 작가의 사례를 통해 창작의 확장성에 관해 이야기했다. 무심코 침대에 앉아 있거나 잠시 몰입에서 벗어난 멈춤의 순간에 문득 아이디어나 영감이 찾아오는 것이다. 탄이 말하는 뜻밖의 우연과 기회는 이러한 경험을 말한다.

"책을 쓰는 데 필요한 정보가 제게 먼저 다가오는 묘한 일도 겪곤 해요. 특정 장소에 관한 역사 소설을 쓰고 있을 때였어요. 역사적 배경과 일치하는 소재를 찾아야 했지요. 그러다 우연히 어떤 책을 집었는데, 맨 처음에 펼친 페이지에 제가 찾던 자료들이 떡하니 나와 있는 거예요."

작가는 글을 쓰면서 기회로 가득 찬 우주 안으로 들어간다. 그 우주는 기회, 사고, 예측 불가능한 사건의 가능성으로 가득하다. 창작 과정에서 우연히 발견한 소재나 인물이 작품의 핵심 요소가 되었다고 말하는 예술가도 많다.

"이런 우연은 어떻게 일어나는 것일까요? 저는 글을 쓰면서 그런 경험을 정말 많이 했는데, 그걸 설명할 수가 없어요. 제게 어떤 감각 필터가 있어서, 특정 주제에 대해 글을 쓸 때 그와 관련된 것을 우연히 발견하게 되는 걸까요? 아니면 우리가 알 수 없는, 우주 상수와 비슷한 무엇이 있는 걸까요?"

나는 탄의 이야기를 통해 만들면서 발견하고 알게 되는 글쓰기의 세계를 이해하게 됐다. 그 세계에서는 뭔가가 발견되고, 놀라운 일들이 펼쳐진다. 작가는 자신의 여러 측면, 확실치 않았던 아이디어, 시작하기 전에는 상상도 할 수 없었던 아이디어를 이해하고 그것에 접근한다. 탄은 이렇게 설명했다.

"한동안은 내가 빚은 세계에서 가만히 머물면서 지켜봅니다. 그곳에서 작동하는 믿음이 누구의 것인지 관찰하고, 그 믿음으로 인해 어떤 일들이 벌어지는지 알아봐요. 더 오래 머물수록 이야기를 더 구체적으로 쓸 수 있어요. 핍진성을 갖는 게 중요하죠. 그곳이 바로 이야기가 실재하는 장소이자, 제가 품었던 질문들의 답을 찾게 될 장소니까요."

스턴도 에이미 탄과 비슷한 이야기를 들려주었다. "다양한 단계와 절차를 거쳐야만, 어느 한 지점과 다른 지점이 연결되어 있다는 걸 알 수 있어요. 막상 발견하고 나면 놀라울 때가 많죠. '대체 이걸 왜 못 봤을까?' 싶어요. 그렇지만 그렇게 여러 번 시도하는 것 외에 다른 방법은 없어요. 앉아서 계속 단어를 이리저리 옮기는 것 말고는 답이 없죠."

작품 내부의 세계를 탐구하면서, 미지의 영역에서 길을 발견하는 과정은 작가에게 활기를 북돋운다. 데니스 필립스는 글을 쓰면서 방향감을 찾으면 순간적으로나마 크게 고무된다고 했다. '아, 그래. 어떻게 써나가야 할지 알겠어'라는 생각이 드는 때인 것이다. 그는 이렇게 설명했다.

"일종의 깨달음이 느껴지고 갑자기 머릿속으로 단어들이 쏟아져 들어오는 것 같죠. 아주 기분 좋고 대단한 느낌이에요."

필립스가 말한 이런 경험은 드물지 않다. 많은 작가가 글이 흘러들어오는 느낌을 이야기한다. 그러나 어떤 작가들은 글 쓰는 행위가 '자기 자신의 또 다른 의식'을 이용하는 것이므로 이런 느낌을 받는 것이라고 설명한다.

이와 비슷하게, 심리학자 애덤 필립스는 글 쓰는 행위를 창작을 하기 전까지 숨어 있던 무의식이 드러나는 과정으로 설명했다. 작가 에이미 벤더는 필립스의 설명에 이러한 견해를 덧붙였다.

"작가가 집필하는 과정에서 스스로 놀라움을 느끼지 못하거나 뭔가를 발견하지 못한다면, 독자들은 십중팔구 그 작품이 밋밋하거나 예측 가능하다고 생각할 거예요."

벤더는 무라카미 하루키 소설을 예로 들었다.

"저는 하루키의 책에서 직관적이고 살아 있는 움직임을 느껴요. 그냥 느껴져요. 제 생각에 하루키의 소설들은 필립 로스의 소설처럼 완벽한 구성으로 촘촘히 짜여 있지는 않은 것 같아요. 그럼에도 불구하고 더욱 마음 깊이 와닿는 건 하루키의 소설들이죠."

탄은 다이내믹한 창작 과정을 다면적이고 복잡한 우주론에 비유했다. 그곳에서는 의도한 상황과 의도치 않은 상황, 기회와 질서, 구조와 놀라움을 모두 발견할 수 있다. 그곳에서 작가는 이야기는 물론 자기 자신까지 새로이 발견하게 된다. 작품은 곧 그 안에서 이야기가 펼쳐지는 '우주 극장cosmic theater'이 된다.[18] 작가는 무엇도 확실하지 않은 채로 글쓰기를 시작한다. 그러나 일단 시작하면, 인물과 인물 사이의 중력, 설명하기 어려운 암흑물질, 절묘한 빛들이 어우러져 팽창하는 우주를 발견한다.

창작자의 준비된 즉흥성

글로 세계를 창조하는 작가의 작업과 다른 예술가들의 작업은 어떤 차이가 있을까? 이를테면 영상과 그림 등 다양한 매체를 활용하는 설치미술가의 작업과 비교해보면 어떤 흥미로운 차이와 공통점을 찾을 수 있을까? 그 차이점과 공통점 사이에서 창의성의 본질을 엿볼 수 있지 않을까? 감사하게도 나는 이 질문에 답을 찾을 기회를 얻었다. 세계적인 미디어 아티스트 다이애나 세이터와 만나 인터뷰를 진행했기 때문이다. 우리는 작품을 만드는 과정과 독창성을 주제로 심도 있는 대화를 나눴다. 세이터는 종종 영상과 설치미술을 결합한 작품을 만드는데, 그는 두 작업에는 분명한 차이가 있다고 선을 그었다.

"설치미술은 사전에 완벽한 계획을 세워 준비하는 게 불가능해요. 한 공간에 실제로 오래 머물면서 무엇을 어떻게 구현할지 상상하는 시간이 필요하기 때문이죠. 그러나 촬영할 때는 반드시 청사진과 세부 계획이 필요해요."

왜 이러한 차이가 있는 걸까? 분야가 다르면 당연히 필요한 조건 또한 달라지는 걸까? 소설가는 어쩌면 아주 모호한 기준과 가장 광범위한 가능성을 가지고 작업을 시작하여 '발견의 우주론' 안에서 차근차근 구조를 만들어나갈지 모른다. 하지만 영상 제작자는 어떨까? 일단 영상 제작은 글쓰기처럼 혼자서 할 수 있는 일이 아니며, 때에 따라 상당한 규모의 자본과 인력이 투여되기도 한다. 그러므로 영상 제작자는 제작 단계 초반부터 정밀한 계획이 필요할 수 있다. 이러한 다름은 창작making과 앎knowing의 관계에 어떤 차이를 만들까? 두 작업의 시작점은 어떻게 다를까?

이 질문의 답을 구하기 전에, 거의 모든 예술가는 '정해진 시간'이라는 제한 속에서 활동한다는 걸 이야기하고 넘어갈 필요가 있겠다. 이러한 제약은 작품의 한계가 되기도 하지만, 창작의 원동력이 되기도 한다. 예술가 본인들도 이 사실을 잘 알고 있다. 창작자는 드넓은 창조의 바다를 헤매며 최종 결과물이 나오기까지 좁고 험한 길을 제시간 안에 완주해야 한다. 화가는 갤러리의 작품 공개일까지 그림을 완성해야 하고, 소설가는 다음 연재를 위해 마감을 지켜야 한다. 디자이너는 약속한 날짜까지 완성품을 내놓아야 하고 건축가는 일정에 맞춰 설계도를 완성해야 한다.

세이터의 〈현실만큼 과격한As Radical as Reality〉이라는 작품 이

다이애나 세이터, 〈현실만큼 과격한〉, 2017년. 로스앤젤레스 미스테이크 룸 박물관에 설치된 모습.

야기를 해보자. 이 작품은 수단Sudan이라는 이름을 가진, 지구상에 마지막으로 남은 북부흰코뿔소 수컷의 영상을 담은 설치작품이다. 세이터가 코뿔소 수단을 촬영하기 위해 케냐로 간 것은 2016년 3월이었다.

"남아 있는 북부흰코뿔소는 딱 세 마리로, 암컷 두 마리, 수컷 한 마리였어요. 수단이 죽으면 이 종은 멸종하게 될 거였어요. 더 이상 번식 가능성이 없으니까요."

안타깝게도 2018년 3월 수단이 45세의 나이로 죽음을 맞이하면서, 북부흰코뿔소는 정말로 멸종 동물이 되고 말았다. 세이터는 이 아름답고 인상적인 동물의 모습을 그 전에 담아두었다.

촬영이 늘 그렇지만, 〈현실만큼 과격한〉의 제작 과정에는 유난히 까다롭고 복잡한 상황이 많았다. 이 같은 프로젝트를 위해서는 촘촘한 계획이 필요했고, 대체로 그 계획을 충실히 따라야 했다. 영상 제작이 대개 그렇듯, 기술 전문가를 고용하고 카메라 감독과 출연진을 선정하는 등 현실적인 제약들이 따랐다. 자고로 시간은 돈이다. 철저하게 준비하고 예측하지 않으면 프로젝트를 감당할 여력이 안 되거나 아예 진행하기 힘들 터였다. 그렇다면 이런 제약은 만들면서 알게 되는 과정과 무의식적인 발견에 어떤 영향을 미쳤을까? 세이터는 말했다.

"뭔가를 만들기 시작할 때, 제게는 어떤 개념 혹은 이미지가 있어요."

세이터는 작업 초기에 시작점이 되는 '개념 혹은 이미지'를 토대로 생각을 정리하고, 아이디어를 심화하고, 관련 자료를 읽고, 영상을 연구하고, 가능성을 머릿속에 그리고, 연습하고, 영상 제작에 필요한 계획을 세운다.

코뿔소 수단에 대한 프로젝트를 진행할 때는, 멸종을 앞둔 동물의 생명이 꺼져가는 순간을 존엄히 여기고 임박한 상실을 애도하는 콘셉트를 구현하고자 고심했다. 작업실에서 계획을 짜면서 세이터는 자기가 원하는 게 무엇인지 깨달았다.

"코뿔소 뒤로 해가 저무는 장면을 카메라에 담아야겠다고 결심했어요. 어느 종種 위로 해가 저물고 있는 모습, 바로 그거다 싶었죠. 수단이 상징적인 존재가 되기를 바랐어요. 그래서 수단의 옆모습 전체를 담아야겠다고 마음먹었죠."

촬영 지침이 될 만한 확실한 이미지가 있었지만, 실제 촬영 현

78

장에서 생각한 이미지를 바로 찍을 수 있었을까? 어떤 변동은 없었을까? 있었다면 그런 것은 즉석에서 결정했을까? 그렇게 만든 변화는 미미한 것이었을까 중대한 것이었을까? 사전에 계획할 때는 몰랐던 무언가를 현장에서 알게 되기도 했을까? 세이터는 이렇게 설명했다.

"현장의 풍경과 빛의 세기, 코뿔소가 서 있는 자세와 석양의 각도, 수단의 행동 등 예측 불가능한 요소들에 적응해가는 과정에서 작지만 의미 있는 변화를 만들어냈어요. 촬영하면서 카메라를 어느 곳으로 옮길지, 어떤 각도나 거리에서 촬영해야 할지 결정해야 했죠."

빛과 원근이 영상에 미치는 미묘한 효과를 비교하고자 해가 뜰 때의 장면도 추가로 촬영했다.

"처음에는 노을을 배경으로 서 있는 수단의 모습을 담으려 했지만, 결국은 해가 뜰 때와 질 때 모두 촬영하게 됐어요. 각 영상에 수단이 어떻게 담기는지 보고 싶었죠."

세이터는 이렇게 그 순간의 기록이자 동시에 발견인 장면을 얻게 됐다. 세이터는 〈현실만큼 과격한〉보다 훨씬 즉흥적이었던 다른 작업에 대해서도 들려주었다.

"비디오 설치작품 〈체르노빌〉(2012)을 준비할 때는 프로젝트 청사진을 그리기 전에 먼저 현장에 갔어요. 그곳에서 하루를 꼬박 보내고 돌아와서 세부적인 계획을 세웠어요. 〈고삐 풀린 세상A Runaway World〉을 작업할 때는 케냐의 치울루힐스로 가서 그 지역에 사는 야생 코끼리 떼를 촬영했죠. 2017년 3월이었어요. 저는 환경보호 활동가와 경비대원들과 함께 코끼리들을 추적했지요. 그럴 때는 세부적인 촬영 계획은 세우지 않아요. 어떤 장면을 어떻게 찍게 될지 전혀 모르니까요. 제가 원하는 게 무엇인지는 알고 있었지만, 어떤 장면을 담게 될지는 전혀 몰랐어요."

"원하는 걸 알고 있었다는 게 무슨 뜻인가요?"

"완벽한 장면은 언제나 있어요. 그걸 상상해보는 거예요. 내가 그걸 찍을 수 있을지 질문해보고요."

"상상 속에서 완벽한 장면이 보이나요?"

"네, 보여요. 체르노빌에 갔을 때 저는 방사능으로 오염된 환경에 사는 야생마 무리를 촬영했어요. 제가 원했던 장면은 버려진 도시의 길거리에 홀로 서 있는 야생마를 담는 거였어요. 그런데 정말로 그런 장면을 찍을 수 있을지 누가 알았겠어요? 그곳에 도착해보니 야생마가 있더라고요. 그것도 도로 위에요."

그녀는 길 위에서 마주한 기회를 잡아야 했다.

"도로에 있는 말 무리를 발견했는데, 그때 제가 갖고 있었던 건 작은 라이카 카메라뿐이었어요. 아쉬운 대로 그걸로 찍었지요."

세이터의 설명을 들어보면, 치밀한 계획과 청사진이 우선되는 영상 작업이라고 해서 미리 생각해둔 비전을 그대로 실현하는 것은 아니라는 걸 알 수 있다. 그가 체르노빌에서 야생마 무리를 촬영했던 일화는 창작자의 '준비된 즉흥성'이 무엇인지 보여준다. 체르노빌에서 세이터가 경험한 것에서 우연히 찾아온 멋진 기회를 포착하려면 역설적이게도 촘촘한 계획이 꼭 필요하다는 사실을 알수 있다. 즉흥연주를 훌륭하게 해내기 위해서는 훈련과 경험이 꼭

다이애나 세이터, 〈고삐 풀린 세상〉, 2017년. 로스앤젤레스 미스테이크 룸 박물관에 설치된 모습.

필요하듯이 말이다.

예술가들의 경험, 기술, 교육, 가치관 등은 창작 과정에서의 발판이 되어준다. 체르노빌과 멸종 위기 코뿔소에 관한 작품을 만드는 과정에서 세이터는 상상 속에서 그렸던 장면, 즉 비전을 포착할 수 있었다. 완벽한 통제가 불가능한 실제 현장에서 그것이 가능했던 건, 즉흥성을 발휘할 수 있을 만큼 다양한 상황에 준비가 되어 있었기 때문이다.

창작과 앎에 이르기 위해서는 불확실성과 계획되지 않은 것에 대응할 준비가 꼭 필요하다는 걸 알 수 있다. 루이 파스퇴르가 이렇게 말하지 않았는가. "기회는 준비된 자에게 찾아온다."

나는 케냐에서 코끼리를 촬영했던 이야기로 돌아가서, '창작을 위한 준비'에 관해 질문을 이어갔다.

"〈고삐 풀린 세상〉을 찍을 때, 야생 코끼리를 촬영하면서 현장에서 즉흥적으로 대응할 일들이 많았을 거 같은데요. 촬영 과정에서 어떤 것들이 도움이 되었나요?"

"지금까지 해온 경험과 제가 아는 모든 것이 도움이 됐죠. 야생동물들과 어울려 작업했던 모든 경험이요. 저는 결국 원하던 장면을 찍었어요. 머릿속에 그리던 장면이었죠. 저는 환경보호 활동가들과 함께 촬영했는데, 그분들이 빅라이프Big Life라는 기업 본사에 있는 수영장을 알려주었죠. 수코끼리들이 물을 마시러 오는 장소였어요. 저는 코끼리만 영상에 담을 계획이었거든요. 활동가들은 코끼리들이 놀라지 않게 가림막을 설치하고 매일 밤 그 안에 들어가서 몸을 숨기고 촬영하는 게 좋겠다고 조언해주었어요. 그래서 매일매일 카메라를 들고 가림막 안으로 들어갔어요. 몇 시간이고 코끼리가 올 때를 기다렸죠. 수영장 가장자리에 걸터앉아서 물을 마시고 쉬고 있는 코끼리들을 촬영하기도 했어요. 그렇게 해서 결국 원하는 장면을 찍게 됐죠."

레베카 멘데스도 세이터와 비슷한 이야기를 들려주었다. 멘데스는 기다림이 대체 불가능한 창조적 행동이라고 했다. "핵심은 그저 닥치고 있는 거예요. '모르는 상태not knowing'는 우리가 항상 생산력이 있는 존재는 아니라는 사실을 일깨워주죠. 늘 서두를 필요 없다는 사실도요." 멘데스는 이렇게 말하며 113그램밖에 안 나가는 작은 북극제비갈매기의 비행을 담은 영상 작품 〈태양을 도는, 철새의 이동 1CircumSolar, Migration 1〉을 예로 들었다. 북극제비갈

레베카 멘데스, 〈태양을 도는, 철새의 이동 1〉. 2013년 캘리포니아 산타모니카에서 열린 예술 행사 글로우 Glow에 설치됨. 모래 위쪽으로 들어 올려 설치한 원형 트러스(truss, 지붕이나 교량을 떠받치는 구조물 - 옮긴 이)에 지름 7.6미터짜리 스크린을 설치하고 30분짜리 영상을 영사한 작품.

매기는 전 지구 생물 중 가장 긴 구간을 이동하는 종으로, 해마다 북극에서 남극으로 날아갔다가 다시 북극으로 돌아온다.

"새들을 촬영하러 북극에 갔을 때, 정말 오래 기다려야 했어요. 한 장소에서 무언가를 그토록 오랜 시간 기다려본 적이 없었죠. 그러나 예상치 못한 행운과 마주하게 됐죠. 그 기다림은 자연의 일부가 되는 경험이었어요. 기다렸던 시간 덕분에 내 모든 부분으로 자연을 느끼고, 감각이 열린 상태에서 사물을 새롭게 보는 단계에 도달할 수 있었거든요."

멘데스는 기다림이 앎에 이르는 하나의 길이라고 했다. 기다림은 고독한 창조의 공간이기도 하다.

"외로우면 세상이 다르게 보이죠. 기다림은 자연과 함께하는 방법이었을 뿐 아니라, 견디기 가장 힘든 존재인 나 자신과 함께하는 방법이기도 하다는 걸 알았어요. 사람들은 존재하기being와 행동하기doing를 종종 혼동해요. 저는 조용하게 존재하고, 기다리는 '나'를 의식하면서, 자신과 정체성에 대한 감각, 저와 세상을 나누는 경계가 해체되는 순간에 도달하기를 기대해요. 결국은 그것들과 하나가 되는 거지요. 풍경과 하나가 되고, 바람과 하나가 되고, 새들과 하나가 되고, 제가 알고자 하는 것과 하나가 돼요. 그래서 기다리고, 기다리다가, 그런 상태에 이르면 저라는 존재는 사라지는 거죠."

"그렇다면 기다림은 수동적인 행동이 아니군요."

"맞아요! 적극적인 행동이죠. 그렇지만 기다림은 곧 '알지 못하는 상태'를 뜻하기 때문에, 무서울 수 있어요. 기다림 속에서는 상처받기도 쉽고요."

역설적으로 느껴지지만, 기다림은 불확실성에서 출구를 찾는 방법이 되기도 한다. 세이터는 원하는 영상을 찍기 위해 코끼리들을 기다리던 이야기를 들려주면서, 그 기다림 덕분에 더 큰 발견을 하게 되었다고 했다. 그는 야생동물을 찍는 작업을 '소설가들이 자기 소설의 등장인물이 하고 싶은 말을 하겠다며 고집 피우는 걸 목격하는 상황'에 비유했다. 세이터는 동물들(작품의 '등장인물')이 원하는 말을 할 수 있도록 공간을 마련하고, 그들의 말을 들을 준비를 한다. 작업실로 돌아와 촬영 결과를 확인할 때도 편집과 제작 등 다음 단계에서 새로운 것을 발견할 수 있다는 열린 마음을 갖는다. 그러면 '들으려는 마음'이 계속 이어진다.

"편집실에 앉아서 '좋아, 내가 뭘 찍어왔지?'라고 생각해봐요. 천천히, 깊이 들여다보면 항상 새로운 뭔가를 발견하게 되지요."

새로운 발견은 다음 단계인 설치 작업의 발판이 된다. 설치 단계야말로 만들면서 알게 되는 과정이다. 세이터는 3D 모델링 소프트웨어 프로그램인 스케치업SketchUp을 사용해 그림을 그리는데, 이것이 전시를 준비하는 첫 번째 단계다. 그는 여러 가능성을 시험하면서, 디지털 세상에서 만들면서 알게 되는 원리를 체험한다.

"먼저 종이에 그려보고 그다음에 스케치업으로 디지털 모형을 만들어요. 그리고 텅 빈 공간에 실물 모형을 만들죠. 가능하다면 전시장에 직접 가서 이런저런 시도를 해보기도 해요. 하지만 거의 스케치업에서 디자인한 대로 나온다고 보면 돼요. 저는 건축학을 전공해서 그런지, 3차원 모델링을 아주 좋아합니다. 공간 속에서, 공간과 어우러져서 작업하는 것이 아주 쉽고 편해요. 제작 단계에서는 작품이 끊임없이 변하죠. '다른 재료를 쓰면 어떨까?', '저렇게 해봐야지', '거꾸로 바꿔봐야지' 이렇게 이것저것 시도하는 과정을 거쳐야만 원하는 것을 찾을 수 있어요. '아, 이제야 괜찮아 보이네'라는 생각이 드는 모습을 찾는 거지요."

예컨대 코뿔소 수단을 촬영하고 돌아왔을 때, 세이터는 방금 설명한 절차에 따라 설치 작품을 디자인하고, 서로 다른 구도에서 수단을 촬영한 영상을 나란히 놓은 스크린 두 개에 영사했다. 두 개의 영상을 활용해서 코뿔소의 옆모습을 더 섬세하게 형상화하고 싶었기 때문이다.

"관람자의 주관성과 작품의 주관성이 동등하게 만나기를 바랐어요. 코뿔소 영상을 화면에 충분히 크게 담아서, 수단의 눈과 관람자의 눈높이가 거의 일치하도록 했어요. 그러면서도 코뿔소의 크기가 너무 커서 사람들이 압도되지 않도록 조심했고요. 수단의 영상과 관련된 주관성은 복잡한 문제였어요. 저는 작품을 설치하는 과정에서 이 문제를 해결하고자 했고, 여러 방법을 시도했죠. 마치 전시 공간 안에서 춤을 추는 것 같았죠."

세이터가 찾은 해법은 스크린 두 개를 교차하여 설치하는 것이었다. 그런데 막상 스크린을 교차하게 설치해보니, 생각했던 모습이 아니었다. 그는 만드는 과정에 다시 돌입했다. 구성을 조정하고, 위치를 이동하고, 영상을 교체하고, 부분적인 요소들의 관계를 바꿔보았다. 탐색 과정의 어느 시점엔가, 세이터는 스크린 하나를 거꾸로 뒤집기로 했다.

"그렇게 해서 이미지가 반대 방향으로 보이게 했어요. 효과가 있더라고요. 마치 분리된 것처럼 보이기도 했고요. 그 모습을 보자 그게 정답이라는 걸 알았죠."

원했던 것이 무엇이었는지, 세이터는 그렇게 만들면서 알게 됐다. 얼마 뒤, 동료들이 작업 과정을 살피러 작업실에 들렀다. 그들은 거꾸로 뒤집은 스크린을 보고 작품을 설명할 표현을 제안해주었다.

"'공간을 접었네'라고 동료들이 말해줬어요. 맞는 말이었죠. 코뿔소를 양쪽에서 동시에 볼 수 있고, 이미지는 반대 방향으로 뒤집히니까요. 동료들은 '스크린을 뒤집는 아주 단순한 방법으로 공간을 접는 데 성공했어'라고 말했지요. 정말 딱 맞는 설명이었어요!"

세이터는 이야기를 이렇게 마무리했다.

"설치 작업을 그렇게 하게 될 줄은 전혀 몰랐어요. 만드는 과정
에서 예기치 못했던 것들과 좋은 아이디어를 발견할 수 있었죠. 이
경우에는 공간을 접거나, 사람들이 공간을 접었다고 느끼게 만드
는 아주 단순한 방법이었고요."

공간을 접는다는 콘셉트를 발견하고서, 세이터는 이 새로운
방식에 고무되어 다음 작품을 탐구해나갔다.

"이번 작품에서 알게 된 것들이 다음 작품의 시작점이 됐어요.
전혀 계획하지 않았던 것이 나타나고, 결국 새로운 아이디어를 만
들어냈죠."

시나리오 작가들의 일

영화 시나리오 작가의 작업은 소설가나 영상 매체를 다루는
창작가의 작업과 어떻게 다를까? 이들의 창작 과정을 살펴보면서
모호한 백지 위에서 어떻게 한 발을 내디딜 수 있을지 힌트를 얻어
보자. 시나리오 작가들은 대개 구조가 있는 틀 안에서 작업을 시작
한다. 분량은 2시간 남짓이어야 하고, 영상으로 구현할 수 있는 이
야기여야 하며, 배우 섭외 등의 문제도 고려해야 한다. 나는 시나리
오 작가이자 소설가인 로스 라마나에게 소설을 쓰는 일과 시나리
오를 쓰는 일의 차이점을 설명해달라고 부탁했다. 라마나는 이렇

게 대답했다.

"저는 소설보다는 영화 시나리오를 쓰는 게 조금 더 수월해요. 시나리오는 일정한 틀 안에서 작업해야 하니까, 가능성을 좁힌 채 시작할 수 있죠. 영상으로 구현할 수 있을지, 할 수 있다면 그게 얼마나 효과적일지 함께 고민해야 하므로 애초에 쓸 수 있는 소재가 소설보다는 제한적이에요. 그렇지만 그게 좋기도 해요. 분량을 120쪽 정도로 맞추고, 3막 구조three-act structure(스토리 전개를 위한 기본 설정, 갈등의 대립, 갈등의 해결로 이루어진 영화 시나리오의 기본 구조―옮긴이)를 지키고, 영웅과 빌런이 어떻게 행동할 것인지 정했다면, 그 외에는 원하는 걸 마음껏 시도해볼 수 있거든요. 이런 정해진 틀과 조건 안에서 새로운 뭔가를 만들어내는 만족감도 커요."

영화감독 장뤼크 고다르는 "영화에는 시작과 중간과 끝이 있어야 하지만, 반드시 이 순서대로 나열되어야 하는 것은 아니다"라고 말하기도 했다. 라마나는 시나리오의 형식과 한계 안에서 최대한의 창의성을 발휘하려 애쓴다. 일정한 틀을 갖춘 채 작업을 시작하므로 완전한 백지 위에서 출발하는 건 아니지만, 그 또한 글을 쓰며 길을 찾고 새로운 발견을 경험한다.

라마나와 시나리오에 관한 대화를 나누다 보니 각색에 대해서도 궁금해졌다. 소설이나 연극 등 완성된 작품을 영화화하기 위한 각색 작업은 어떻게 진행되는 것일까? 이미 존재하는 텍스트를 각색하는 시나리오 작가들의 작업 방식은 소설가나 시인의 작업과는 크게 다를 것 같다는 생각이 들었다. 각색에서 시작점은 어떻게 찾을까? 어떻게 작품의 구조를 만들고, 변형하고, 단순화하는 걸까? 영화 이론가 피터 울렌은 『영화에서의 계시와 의미Signs and Meaning in the Cinema』에서, 각색과 연출의 관계에 관해 이렇게 설명한다.

"원작을 각색해 영화를 만들 때도 감독들은 종종 원작과 상당히 다른 결과물을 내놓을 때가 많다. 이런 경우 원작은 영감의 역할을 할 뿐이다. 감독은 원작에서 매력적인 어떤 부분을 떼어와 자기생각과 미학으로 완전히 새로운 작품을 만든다."[19]

울렌의 논점에 따르면, 각색자는 창작의 시작점으로 원작을 활용할 뿐, 최종 결과물은 원작의 자장에서 벗어나 새로운 작품이 된다(물론 원작을 충실히 옮기는 데 중심을 두는 각색도 있다). 얼핏 생각하기에 각색은 완전한 백지 위에서 시작하는 창작과는 다른 것처럼 느껴지기도 한다. 그러나 각색 또한 만들면서 알게 되는 원리가 똑같이 작용한다. 멜로디의 리프riff(반복 악절)를 연주하는 재즈음악가들의 즉흥연주를 생각해보자. 즉흥연주는 멜로디와 주제부를 즉석에서 변형해서 연주하는 것이다. 울렌의 표현을 빌려서 말해보자면, 즉흥연주자는 한 작품의 멜로디에 영감을 얻어 자기만의 새로운 연주를 만들어내는 것이다. 그러므로 각색은 독창성 없는 모방이 아니다. 원작을 정확히 옮기는 것이 각색의 목적이 아니기 때문이다. 소설을 영화화하는 감독이나 모차르트의 음악으로 즉흥연주를 하는 재즈 음악가에게 각색이란 원작에서 무언가를 발견하고, 자기만의 방식으로 그것을 해석하고 변주하여 세상에 없던 무언가를 만들어내는 작업이다.

찰리 카우프만이 각색을 맡고 스파이크 존즈가 연출한 영화

〈어댑테이션〉은 수전 올리언의 책『난초 도둑』을 원작으로 한다. 아카데미 시상식과 골든글로브 시상식에서 각본상을 수상한 이 영화의 시나리오 작업 과정은 각색이 얼마나 창의적이며 흥미로운 일일 수 있는지 보여준다.

작가이자 영화 제작자 롭 펠드가 쓴『각색: 촬영 대본 Adaptation: The Shooting Script』에는 존즈와 카우프만의 인터뷰가 실려 있다. 펠드는 카우프만에게 어떤 계기나 방법으로 시나리오를 쓰기 시작하느냐고 묻는다. 카우프만은 이렇게 답한다.

"때에 따라 달라요. 어떤 사건을 보고 영감을 받을 때도 있고, 특정한 주제를 떠올리고 글을 쓰기 시작할 때도 있죠. 영화 〈어댑테이션〉의 경우 수전 올리언의 책이 시작점이 되었죠. … 저는 자유로운 게 좋아요. 그래서 너무 많은 걸 알고 있는 채로 시작하는 걸 좋아하지 않죠. 그보다는 자연스러운 흐름을 따라가며 새로운 걸 발견하고자 합니다."[20]

카우프만은 '자신을 놀라게 하려고' 글쓰기에 몰두한다고 덧붙인다.

"어떻게 끝날지 모르니까 조금 무섭긴 한데, 재미있죠. 덕분에 흥미를 잃거나 포기하지 않고 계속 작업해나갈 수 있어요."

카우프만은 일단 초고를 완성한 다음, 그것을 수정하고 구체화하면서 구조를 발견하게 된다고 설명한다. 그는『난초 도둑』의 각색을 맡았을 때도 처음에는 시나리오를 어떻게 만들겠다는 구상이 딱히 없었다는 점을 강조하며 이렇게 설명한다.

"저는 그저『난초 도둑』이 식물에 관한 이야기였기에 관심이

갔어요. 극적인 요소는 거의 없는 책처럼 보였지요."

그러나 각색 작업에 본격적으로 들어가자 그는 곧 좌절에 휩싸였다고 한다. 그만두고 싶은 마음이 굴뚝 같았다. 카우프만은 "그때 영화사에서 작업비 일부를 선지급하지 않았더라면 프로젝트를 때려치웠을 수도 있었을 것"이라고 설명한다. 과연 카우프만은 어떤 어려움을 겪었고 결국 어떻게 이토록 독창적인 시나리오를 완성할 수 있었던 것일까? 펠드는 책에 이렇게 적고 있다.

…『난초 도둑』은 수전 올리언이 보호 습지대에서 희귀 난초를 불법 채취한 혐의로 체포된 존 라로슈라는 남자의 이야기를 취재하며 겪은 일을 담고 있다. … 그러나 책의 각색을 시작하려던 카우프만은 곧 딜레마에 빠지고 만다. 망할 난초를 가지고 어떻게 드라마를 만들 것인가? 영화사에서 선금으로 받은 수표는 이미 써버렸고, 감독은 각본을 기다리고 있었다. 쓴 글을 전부 지우고 처음부터 다시 시작하는 일을 여러 차례 반복하다 마침내 카우프만은 해결책을 찾아냈다. 그건 바로 시나리오 작가 찰리 카우프만이 수전 올리언의 책『난초 도둑』을 각색하는 이야기를 시나리오로 만드는 것이었다. 영화〈어댑테이션〉의 주인공이자 니콜라스 케이지가 연기하는 '찰리 카우프만'은『난초 도둑』의 각색을 맡게 된 시나리오 작가다.[21]

펠드는 "영화〈어댑테이션〉은 다른 이의 경험을 자신의 글로 표현해보려는 어느 작가에 관한 이야기다"라고 말했다.[22] 카우프만은 여러 번의 시행착오를 겪은 끝에 올리언의 논픽션에 카우프만이라는 가상의 인물을 추가하면서 각색의 돌파구를 찾았다. 〈어댑테이션〉 속 카우프만은 메릴 스트립이 연기하는 올리언과 함께 『난초 도둑』의 각색 방향을 논의하기도 한다. 각색이라는 뜻의 제목 〈어댑테이션〉이 몹시 적절한 듯하다. 아주 개인적이면서도 창의적인 각색으로 완성된 〈어댑테이션〉의 시나리오는 창작 과정이 작품의 내용에 어떤 영향을 미치는지, 둘은 서로 어떻게 연결되는지 잘 보여주는 사례다. 관객들은 원작과 각본 사이를 오가며 영화를 감상하게 된다. 카우프만은 이렇게 설명했다.

"〈어댑테이션〉은 이야기를 만드는 이야기에요. 실존 작가들을 영화 속 인물로 만들었고, 관객에게 그들이 글을 쓰며 영화의 이야기를 만들어가는 과정을 보게 했죠. 이렇게 하면 관객들은 계속해서 이야기 바깥으로 빠져나오게 돼요. 끊임없이 '이게 진짜인가? 픽션인가?'라는 의문을 갖게 되지요. 그런 효과가 마음에 쏙 들었어요."

카우프만의 설명에서 우리는 만들면서 알게 되는 과정의 또 다른 원리를 발견할 수 있다. 〈어댑테이션〉의 이야기가 실제와 픽션이 뒤섞여 역동성을 갖듯, 예술가 또한 창작의 과정에서 무언가를 발견하고 깨달으며 그러한 역동을 느낄 수 있다. 카우프만식으로 말해보겠다. "당신이 직접 쓰는 사람이자, 글의 대상이 되어보라. 글을 쓰며 당신이 쓴 글에서 무언가를 깨닫게 되는 경험을 해보라. 그러면 이런 의문을 갖게 될 것이다. '이건 창작인가, 앎인가?'"

과정이 곧 결과물이 되는 것, 이것이 곧 만들면서 알게 되는 가장 균형 잡힌 방식일 것이다. 이런 관점에서 영화 〈어댑테이션〉만큼 만들면서 알게 되는 과정을 잘 보여주는 예도 드물 것이다.

〈저스티스 리그〉, 〈맨 오브 스틸〉 등을 연출한 영화감독 잭 스나이더를 만나 각색 과정에 관해 물었다. 그는 아주 솔직히 답했다.

"원작을 영화라는 매체로 옮겨 새로이 탄생시키려 애쓰지는 않아요. 원작에서 감탄스러운 일부분, 제가 신경 쓰는 부분을 찾아내려고 하지요."

우리가 대화를 나눌 당시 그는 에인 랜드가 1943년에 발표한 소설 『파운틴헤드』를 10부작짜리 TV 미니시리즈로 각색하고 있었다. 이 소설은 1949년 당시 최고의 배우 게리 쿠퍼를 주연으로 영화화되었는데, 원작자 랜드가 직접 각본을 썼다. 스나이더는 랜드가 쓴 각본의 초고를 살펴보고 있었다. "워너 브라더스 영화사 기록보관소에서 랜드의 초고를 찾았어요. 사본도 아닌 원본이죠. 380페이지 분량인데, 이 원고를 바탕으로 각본을 쓰고 있어요."

인터뷰가 무르익으면서 스나이더가 무엇에 '신경을 쓰는' 것인지 조금씩 이해할 수 있었다. 그것은 카우프만을 포함한 많은 시나리오 작가가 이야기했던 '원작의 목소리'였다. 스나이더는 이렇게 설명했다.

"각색 작업에 들어가기 전에 『파운틴헤드』를 열 번도 더 읽었을걸요. 어떤 부분은 거의 외울 정도였죠. 그런데도 각본을 쓰기 시작하자 제가 전에는 보지 못했던 많은 것을 원작 속에서 발견하게 되더라고요…. 각색할 때는 언제나 원작의 목소리를 잘 담아내려고 노력해요. '내가 목소리를 포착할 수 있을까?', '그걸 느낄 수 있을까?'라고 생각하지요. 조금 낭만적으로 말하자면, 저는 『파운틴헤드』와 함께 공연을 준비하는 파트너가 된 것 같아요. 우리는 멋진 춤을 추기 위해 스텝을 맞춰보고 있죠. 그래서 극의 흐름에서 뭔가를 바꾸거나 옮기고 싶을 때도 제 마음대로 움직이지 않아요. 반드시 원작의 본래 흐름과 자연스럽게 이어지도록 신경 쓰죠."

스나이더는 원작에는 없는, 그가 만든 새로운 장면을 시나리오에 추가했는데, 며칠 뒤 다시 원고를 읽었을 때는 그 사실을 까맣게 잊고 있었다. 그는 자기가 추가한 부분을 알아보지 못했다.

"새로운 장면을 추가할 때, 원래 있던 장면들과 매끄럽게 연결되어 이음새가 눈에 띄지 않게 만들려 고심합니다."

스나이더는 놀라움을 찾기 위해 글을 쓴다. 그 또한 다른 많은 예술가처럼 날마다 규칙적으로 작업한다. 그는 아직 세상에 없는 새로운 무언가를 만들어야 한다는 생각이 부담스럽고 심지어는 무서울 수 있다면서 이렇게 덧붙인다.

"예술가라면 그 공포를 잘 알 거예요. 하지만 창작을 하려면, 최대한 자주 그 두려움에 맞서는 게 좋아요."

나는 스나이더에게 그러한 창작의 두려움을 무릅쓰고 일을 시작하게 하는 것이 무엇인지 물었다.

"눈에 들어오는 모든 게 시작점이 될 수 있어요. 그림이나 사진일 수도 있고, 어떤 진실한 순간일 수도 있고요. 영화를 만들 때를 예로 들면, 저를 사로잡은 아이디어나 상상을 줄지어 나열해봅니다. 그 생각은 시간과 공간 속에 존재하고 살아 움직이죠. 생각이 이어지는 대로 끝까지 가봐야 원하는 게 뭔지 알 수 있어요. 하나의 아이디어가 불꽃을 일으키면, '저건 왜 그런 거지?', '무엇을 원하는 거지?' 같은 질문들을 해봅니다. 이때 생각이 충분히 무르익었다면 질문이 연쇄적으로 이어질 거예요. 그걸 토대로 길을 만들 수 있습니다. 물론 길은 계속 바뀌고, 진화하죠."

앞서 강조한 것처럼 '알기 위해 만드는 것'은 '즉흥적으로 만드는 것'이 아니다. 어떤 매체이든 창작자의 기술, 경험, 교육, 윤리, 적극적인 태도는 작품의 질에 직접적인 영향을 주며, 창작 과정의 발판이 되어준다. 스나이더도 이와 관련하여 자신이 깨달은 것을 들려주었다.

"글을 쓰다 보면 어느덧 '몰입'의 순간을 경험해요. 그 순간 덕분에 계속해서 쓰게 되죠. 골프하고 비슷해요. 어느 순간 좋은 샷을 하나 날리게 되는 거예요. 딱히 골프를 좋아하진 않지만, 우연히 『리틀 그린 골프 북』이라는 책을 보게 됐어요. 이 책은 운을 잡기 위해서는 먼저 충분한 실력을 갖춰야 한다고 얘기하죠. 어쩌면 아주 기본적이고 당연한 얘기처럼 들릴 수 있지만, 저는 사람들이 이 부분을 과소평가한다고 생각해요. 일정 수준의 기술을 배워두어야 기회를 잡을 수 있는 '상태'가 돼요. 그래야 뜻밖의 기회가 왔을 때 부응하고 그것을 실현할 수 있죠. 어떻게 해야 하는지 알고 있을 테니까요. 누구든 위대한 아이디어를 실현할 수 있어요. 그렇지만 먼저 기회를 잡을 준비가 되어 있어야 하죠."

스나이더는 시나리오 원고를 완성하면, 그것을 다시 구체적인 스토리보드로 만든다.

"일단 대본을 마무리하면 저는 그 대본을 그림으로 옮겨 그리면서 스토리보드를 만들어요. 시나리오의 처음부터, 1페이지부터 시작하죠. 컷 순서대로 모든 장면을 그립니다. 그래서 컷백(한 화면에 같은 장소의 다른 시간대를 보여주거나, 같은 시간에 여러 장소에서 일어나는 일을 보여주는 편집 기법—옮긴이)을 해서 전에 나왔던 과거 장면이 또 나와도 그걸 다시 그려요. 이 과정에는 보통 몇 달이 걸리죠."

스나이더는 영화 〈왓치맨〉의 스토리보드, 그림이 가득한 스케치북, 시각효과에 관한 아이디어 노트, 틈틈이 찍어서 모아둔 사진들을 보여주었다. 많은 스태프와 효율적으로 소통하기 위해서 스토리보드는 필수적이다. 물론 현장의 상황에 따라 뭔가를 즉흥적으로 결정하고 변경해야 하기도 하지만, 스토리보드가 있어야 우왕좌왕하지 않을 수 있다. 스나이더는 그림과 스토리보드가 글로 쓴 대본을 더 정밀하게 표현하는 수단이라고 설명했다. 그림을 그리며 스토리보드를 만드는 동안, 대본에 한 겹의 해석을 덧붙이며 깊이를 더할 지점을 찾게 된다는 것이다.

"저는 항상 다층적으로 해석할 수 있는 이야기에 끌려요. 그래서 이야기에 여러 층위를 두려고 하죠. '이 장면은 왜 필요한가'라는 질문도 늘 합니다. 대본을 토대로 그림을 그릴 때 가장 세심하게 신경 쓰는 건 두 가집니다. 단어들과 이미지가 잘 어우러지는가. 촬영 계획에는 차질이 없는가. 저는 〈왓치맨〉이 문학적으로 굉장히 중요한 작품이라고 생각했기 때문에, 각색할 때 신중히 접근했어요. 그림에는 언외言外의 의미, 즉 서브텍스트를 표현하는 힘이 있지요. 촬영일에 배우가 지각하거나 장비가 문제를 일으켜 시간이 부족해지면 우왕좌왕하다가 서브텍스트를 제대로 담아내지 못할 수 있어요. 하지만 스토리보드가 있으면 그런 걱정을 덜 수 있죠."

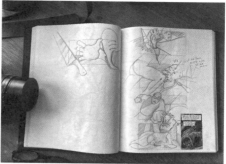

잭 스나이더가 영화 〈왓치맨〉을 위해 작성한 스토리보드

　　스나이더는 시각적인 사고를 하는 사람이다. 그는 그림을 그리며 영화에서 중요하게 다루고자 하는 것이 무엇인지 알게 된다.

　　"대본을 그림으로 표현할 때 뭔가를 정말로 만들고 있다는 생각이 들어요. 그래서 저는 그림을 그리면서 영화 만들기를 시작한다는 얘길 자주 합니다. 스토리보드를 그리는 건 대본의 글을 채색하는 것과 같아요."

　　바로 이런 것을 '기회를 잡을 준비'라고 볼 수 있겠다.

　　스나이더는 흥미로운 여담도 들려줬다. "얼마 전에 아내가 말했어요. '대본을 안 쓰고 전체 내용을 그림으로만 그려보는 건 어때?' 흥미로운 생각이었죠. 한번 시도해보고 싶긴 하지만, 영화사에서 별로 좋아하지 않을 것 같아요."

　　스토리보드 속 그림의 묘사가 상당히 세밀하기 때문에, 간혹 배우나 스태프들이 애를 먹기도 한다. 예를 들어 스나이더는 그림을 기준으로 연기할 것을 배우에게 요청한다.

"배우들에게 이렇게 부탁하죠. '여기에 서야 해요. 봤죠? 내가 그린 것처럼 여기에 이 자세로 서볼래요?' 어떤 배우들은 이런 세밀한 조율을 힘들어해요. 그래도 프로들이라 곧 익숙해지죠. 때로 제 의견에 반대하기도 하고요."

세트나 의상을 담당하는 미술부 디자이너들과도 스토리보드를 펼쳐 두고 옥신각신한다.

"제가 생각한 그림과 다르게 제작이 되거나 준비가 되지 않았을 경우 날카로워지죠. 특히 현장에서는요. '문의 경첩을 왼편에 그렸잖아요. 그런데 오른편에 설치해주셨네요. 다음 촬영을 저기서 해야 하는데, 문이 완전히 가로막았잖아요!' 이렇게 언성을 높이게 되는 일도 있죠."

스나이더는 '상세한 그림이 있어야 그만큼 꼼꼼하게 생각할 수 있다'고 덧붙였다. 현장에서 스토리보드에서 벗어나 즉흥적으로 결정하는 부분은 얼마나 되느냐고 물었더니, 스나이더는 '절반 정도'라고 대답했다.

"영화는 결국 시간과 공간의 예술이에요. 살아 움직이는 인간의 모습을 담아야 하죠. 아무리 스토리보드를 완벽하게 그렸더라도, 배우와 촬영 스태프들과 함께 세트장에 자리를 잡으면 카메라 안에 잡히는 영상에 집중해야 해요. 그림은 청사진일 뿐이에요. 그래도 청사진이 우리를 조금 더 자유롭게 하죠. 그림 없이는 꼭 필요한 것들을 체계화할 수 없거든요. 현장에서 일어날 수 있는 변수까지 예측해서 현실적으로 스토리보드를 만드는 게 중요하죠."

언제 수정을 멈추고 마침표를 찍어야 할까

작품은 권태, 만족, 제출의 필요, 죽음이 일어나지 않는 한 절대 완성되지 않는다. 창작자에게 작품의 현재 상태란 줄곧 변화하는 자기 내면의 일부를 반영한 것이기 때문이다.

— 폴 발레리[23]

퇴고를 이야기하지 않는 작가는 없다. 퇴고, 즉 수정은 거의 모든 창작 과정의 중심이며, 다양한 시기에 다양한 형태로 이루어진다. 아예 처음부터 다시 시작하는 것부터 편집, 문장을 다듬는 윤문까지 모두 수정이다. 만들면서 알아가는 과정에서 수정 작업은 어떤 역할을 할까? 수정은 고쳐서 더 낫게 만드는 과정이니, 곧 앎에 이르는 방법이라고 할 수 있을 것이다. 잠시 곱씹어 생각해보자. 작가들에게 수정revision이란 무엇일까? '새로운 시각new vision'이나 '변화한 시각changed vision'을 갖는 것? 혹은 '다시 상상하는visioning again' 것일까?

톰 스턴이 들려준 『사라지는 내 쌍둥이 형제』의 집필 과정을 다시 생각해보자. 스턴은 글을 쓰는 과정에서 소설 속 등장인물을 이해하게 됐고, 잠든 아내를 바라보며 침대에 앉아 있다가 불현듯한 이미지를 떠올리게 됐다. 자신의 쌍둥이 형제를 임신한 남자의 모습이었다. 스턴은 이렇게 얘기했다.

"그날 밤 이미지를 보기 전까지 제가 써둔 거라곤 주인공 남자에 관한 얼마 되지 않는 글뿐이었죠. 다음 날 아침에 저는 책상에 앉아서, 이 개념에 집중했어요. 중심 상황을 너무 명확하게 밝히거나 확인하려 들지는 않으려고 했지만요."

나는 스턴이 말할 때 쓰는 표현에 주목했다. 그는 떠올린 이미지를 '개념'과 '중심 상황'이라고 표현했다. 나는 그에게 질문했다.

"그래서 중심 상황은 어떻게 구상해냈나요?"

"그때 인물 중심으로 40~50페이지 정도 되는 글을 써뒀었죠. 이미지를 떠올린 후로는 1페이지로 돌아가 처음부터 다시 쓰기 시작했어요. 이야기의 전반적인 방향과 모양을 다시 잡았지요. 써뒀던 내용을 수정하기도 했어요. 전에는 등장인물이 특정한 방식으로 반응하는 게 자연스러웠지만, 새로운 중심 상황을 설정하고 난 후에는 그가 그렇게 반응하지 않을 거라는 걸 알게 됐죠. 그리고 그가 여자친구와 말다툼을 벌인 진짜 원인은 자신이 임신했다는 사실을 받아들이기 힘들었기 때문이라는 것도 이해하게 됐어요."

스턴은 글을 써나가면서 주인공이 자기혐오에 사로잡혀 있음을 알게 됐다. 주인공의 성격은 각 장면과 분위기의 색깔이 되었고, 작가는 이에 맞춰 소설을 전개해나갔다.

"주인공은 자신의 쌍둥이 동생을 임신하고 있었는데, 그 동생은 천재이자, 굉장한 사업가 기질이 있는 인물이었죠. 동생에 관한 자세한 이야기는 초고를 완성한 뒤 수정하면서 쓰게 됐어요. 새로 만들어낸 이야기를 토대로 전체 줄거리의 퍼즐을 맞췄죠. 그러고는 맨 처음으로 돌아가서 다시 쓰기 시작했어요."

스턴은 글을 쓰며 중심인물의 특성과 이야기의 줄기를 발견했다. 그는 책상에 앉아 글에 몰두하기도 했지만, 글 쓰는 일과 상관

없는 일을 하고 있을 때 불현듯 소설에 대한 통찰을 얻었다. 그리고 새로 알게 된 것을 가지고 처음으로 돌아가 이야기에 한 겹을 덧입혔다. 그 과정에서 새로운 중심 요소를 추가로 발견하고 다시 처음부터 수정하기 시작했다. 소설 쓰기는 이러한 발견과 수정의 연속이며, 만들면서 알게 되고 새롭게 다시 만들면서 알게 되는 과정이다.

소설가이자 시인인 디 프리스코는 나와의 인터뷰에서 이렇게 말했다.

"저는 모든 원고를 퇴고 과정에서 스물다섯 번 정도 처음부터 다시 썼어요. 제가 출간한 모든 책은 그런 과정을 거쳤죠. 어쩌면 스물다섯 번보다 더 많이 썼을지도 몰라요."

디 프리스코의 말을 듣자 '다시 쓰기'를 반복했던 스턴의 이야기가 떠올랐다. 나는 그에게 퇴고 과정에 대해 구체적으로 질문했다.

"초고를 끝까지 다 쓴 뒤 처음으로 돌아가서 글을 수정하나요? 아니면 몇 페이지를 쓰고, 수정하고, 다시 몇 페이지를 더 쓰는 식인가요?"

"둘 다인 것 같아요. 글 쓰는 일은 아주 유동적이거든요. 어떤 날은 아침에 마음에 드는 아이디어나 문장이 떠올라요. 그러면 곧바로 책상에 앉아서 그 개념이나 문장을 한동안 곱씹어보지요. 그러고 나면 이야기가 풀리기 시작해요. 마치 페르시아 양탄자에서 한 땀을 풀어내면 전체 무늬가 바뀌는 것처럼 말이에요."

디 프리스코는 『지금의 전부All for Now』를 쓸 때의 일을 말해주었다. 그의 경험은 스턴의 경험과 아주 비슷하게 들렸다. 그 또한 글을 수정하며 발견과 창작을 계속 이어갔다.

"수정하는 과정에서 새로운 뭔가를 계속해서 알게 됐어요. 사실 『지금의 전부』의 초고를 다 쓸 때까지 이게 어떤 이야기인지 잘 몰랐어요. 일단 초고를 마친 뒤에 주인공이 왜 이런 생각과 행동을 하는 사람이 되었는지, 그에게 영향을 미친 사건들은 무엇인지 알아내고자 처음부터 끝까지 다시 검토했죠. 이렇게 해서 감춰져 있던 것들을 알게 되면 엄청나게 흥분돼요. 저는 글의 처음으로 돌아가 빈 공간을 모두 채웠어요."

완전히 완성할 때까지는 자기 작품에 대해 정확히 설명하지 못하는 예술가들이 많은데, 디 프리스코의 사례를 통해 왜 그러한 것인지 알 수 있었다. 창작자도 자신이 만드는 것을 알아가고 있기 때문이다. 창작자는 자신이 만드는 것과 일종의 대화를 시작하고, 그 대화 속에서 작품의 깊이와 넓이는 더욱 확장된다.

디 프리스코는 퇴고 과정에서 자기가 만든 인물들의 완전히 새로운 모습을 알게 되기도 했다며 이렇게 말했다.

"수정이라는 건 없고, 다시 쓰기rewriting만 있는 건 아닐까요? 어쩌면 이렇게 단순한 건지도 모르겠어요. 그냥 계속 쓰는 거예요. 써놓은 글을 고치는 게 아니라, 새로운 눈으로 다시 보고, 다시 쓰는 거죠."

에이미 벤더는 퇴고가 '예리하게 듣는 과정'이자, '독자의 눈으로 글을 보는 것'이라고 설명했다. 물론 작가는 작품 속 환경부터 인물의 작은 성격적 결함까지 모두 만들어낸 장본인이므로, 정말로 독자가 된 것처럼 객관적으로 보기란 쉽지 않다. 그러려면 잠시 글이 아닌 다른 것에 주의를 돌려야 한다. 벤더는 '날카로운 눈으로 다시 볼 수 있도록' 자기가 쓴 글의 익숙함에서 벗어나려 노력한다. 마치 난생처음 보는 글처럼 읽어봐야 한다. 가능한 일일까? 나는 방법을 물었다.

"어떻게 하면 그렇게 볼 수 있지요?"

벤더는 다양한 전략을 쓴다고 했다. 예를 들어 컴퓨터로 글을 썼다면 초고를 마친 뒤에는 종이로 출력해서 본다. 또는 수전 벨이 『솜씨 있는 편집The Artful Edit』에서 제시한 것처럼 글꼴을 바꿔서 읽어보기도 한다.[24] 다양한 방식으로 원고를 여러 번 읽으면서, 그는 문장을 명료하게 고치고, 이야기에 자의식 과잉이나 사각지대가 있지는 않은지 확인한다. "'소중한 것을 죽여라kill-your-darlings.' 제가 퇴고할 때 늘 되새기는 말이죠. 습관적으로 즐겨 쓰는 표현을 의식하고 없애기 위해서요."

벤더의 얘길 듣자 디 프리스코가 했던 말이 떠올랐다. 그는 "작가의 일에는 일종의 용기가 필요한데, 그건 버릴 줄 아는 힘에서 나온다"라고 했다. 실제로 나와 인터뷰했던 많은 작가가 글을 덜어내는 과정에서 통찰을 얻는다고 했다. 벤더는 계속 설명했다.

"수정이 잘 될 때도 있지만, 영 안 풀릴 때도 많아요. 잘 된다면 퇴고 작업은 거의 편집에 가까워지죠. 글을 대폭 잘라내기도 해요. 주된 흐름은 그대로 유지하지만요. 잘 안 풀릴 때는 작업을 아예 안 해요. 잘 안 되는 걸 억지로 되게 할 수는 없다고 봐요."

"그러면 그 원고는 어떻게 하나요?"

"일단 내버려 둬요. 그러다 나중에 시간이 좀 생기면 원고를 꺼내서 들여다보고, 관심이 생기면 그때 다시 쓰기 시작하죠. 이렇게 묵혀둔 글은 다른 이야기나 소설을 쓸 때 저도 모르게 조금씩 변주해서 써먹기도 할 거예요. 하지만 저는 눈치채지 못하겠죠. 새로운 글을 썼다고 느낄 테니까요. 다른 각도에서, 전과는 다른 신선한 표현을 사용한다면 새로운 글이 되죠."

"퇴고란 어떤 것인가요?"

"한 줄 한 줄, 더 발전시킬 수 있다고 생각하는 곳을 채워나가는 과정이에요. 제가 가장 신경 쓰는 건 문장의 리듬이에요. 속도감과 운율을 주의 깊게 살피죠."

"퇴고를 글을 쌓아가는 과정으로 보시나요? 예전 글 위에 새로운 글의 벽돌이 차곡차곡 놓이는 것처럼요."

"그렇죠. 소설이란 감각과 기억, 언어의 조각으로 지어 올린 하나의 세계니까요. 퇴고할 때는 겹겹이 쌓인 글을 살피면서 너무 어수선한 느낌은 아닌지, 줄여야 할 곳은 없는지 봅니다. 독자가 정보를 어떻게 소화할지 가늠해보고요. '이 글을 처음 보는 사람이라면 이만큼의 정보로도 이해할 수 있을까?', '너무 질주하는 느낌인가?', '한꺼번에 너무 많은 정보가 쏟아지는 건 아닌가?', '어떤 순서로 정보를 드러내는 게 좋을까?' 등을 생각해봐요."

벤더의 얘길 들으면서, 나는 각색과 퇴고에 유사한 점이 있다는 걸 발견했다. 찰리 카우프만의 인터뷰를 보며 우리는 각색 또한 백지 위에서 시작하는 글쓰기 못지않게 완전히 새로운 작품을 만드는 창작 과정이라는 걸 깨달았다. 퇴고와 각색은 같은 원리로 진행되는 게 아닐까? 초고를 완성하고, 퇴고하여 두 번째 원고를 만들고, 다시 퇴고하여 세 번째 원고를 만든다. 마치 초고를 쓸 때와 마찬가지로, 작가는 다음 단계의 원고를 볼 때마다 뭔가를 발견하고 수정하고 다시 만들어나간다. 퇴고란 초고를 쓸 때와는 다른, 새로운 관점과 시작점을 찾는 과정일지도 모른다.

벤더는 이러한 해석에 공감했다.

"각색과 퇴고에는 정말 비슷한 점이 있네요. 둘 다 원작과 초고에서 시작해서 새로운 목적지로 향해 가는 거니까요. 각색한 시나리오가 원작과는 완전히 다른, 새로운 작품으로 탄생하듯 초고와 최종 원고도 완전히 다르거든요. 환골탈태를 거쳐 원고는 완성되죠."

작가들이 탈고와 함께 자주 이야기하는 게 바로 '실패'였다. 초고를 쓸 때까지는 참신하고 흥미로운 뭔가를 만들어냈다는 생각이 든다. 그렇지만 원고를 다시 검토하면 기대했던 것만큼 좋은 글이 아니라는 사실을 알게 된다는 것이다. 디 프리스코는 이렇게 말했다.

"컴퓨터에 미완성 원고들이 수두룩해요. 많게는 100페이지까지 쓰고서, 더 나아가지 못해서 묵혀둔 것들요. 부끄럽지만 사실이에요."

"그게 왜 부끄럽지요?"

"시간과 노력을 들였지만 완성하는 데 실패했으니까요. 이야기를 놓친 거죠. 좋은 기회를 날린 거예요."

톰 스턴 역시 실패를 이야기했지만, 디 프리스코와는 관점이 달랐다.

"글 쓰는 건 좋지만 쓴 글을 고치는 건 싫다고 하는 이들도 있죠. 그건 말도 안 되는 소리예요. 사실 글쓰기와 퇴고는 똑같거든요. 처음에는 백지 위에서 글을 쓰기 시작하죠. 저는 한 문장을 쓰고 나서, '이건 좀 아닌데. 처음부터 다시 써야겠다'라고 생각해요. 제게 글쓰기는 뭔가를 써낼 때까지 실패하고, 실패하고, 또 실패하면서 나아가는 과정이에요. 수정은 끝나지 않는 작업이죠. 그러나 완전히 만족하지 못하더라도 언젠가는 고치기를 멈추고 마침표를 찍어야 해요. 마감이나 다른 현실적인 제한이 있으니까요. 그런 의미에서 제 작품은 모두 미완이라고 할 수 있어요."

스턴은 미국 남부 문학의 대표 작가 플래너리 오코너를 존경한다면서, 언어로 표현할 수 있는 것 이상의 뭔가를 책에 담고 싶다고 했다.

"책 속 문장들의 총합으로 제가 말할 수 있는 것 이상을 전달하고 싶어요. 제 작품들은 불완전해요. 유쾌한 방식으로요. 저는 완전함에 이르는 걸 목표로 하진 않아요. 갈 수도 없다고 생각하고요. 다만 전보다는 더 멀리 나아가려 하죠. 그래서 궁극적으로는 늘 실패했다고 느끼지만, 그게 다시 글을 쓰게 하는 원동력이기도 해요. 저는 정말로 끝내지는 못해요. 그저 할 수 있는 만큼 최대한 멀리까지 가는 거지요."

시인 W. H. 오든은 폴 발레리를 인용해 이렇게 말했다. "시는 결코 완성되지 않는다. 다만 단념될 뿐이다."

스턴의 말처럼 언젠가는 고치기를 멈추고 마침표를 찍어야 한다. 그렇다면 마침표를 찍는 건 언제일까? 작가들에게 퇴고를 끝내는 순간은 언제인지 물었다. 스턴은 "더 이상은 밀어붙이기 힘들다고 여겨지는 지점에 도달했을 때"라고 답했다. 반면 벤더는 조금 다른 답을 들려주었다.

"제겐 작품 속 각 인물의 감정을 명확히 담아내는 게 중요해요. 그 작업이 만족할 만큼 완성되면, 끝내요. 글쓰기를 테라리엄(유리 용기 안에 식물과 흙으로 꾸민 작은 생태계—옮긴이)에 비유한 적이 있어요. 이야기를 짓는다는 건 하나의 생태계를 만들어내는 거니까요. 이야기 속 존재들이 생명력을 갖고 살아 움직여야 하죠. 생태계가 안정적으로 돌아가는 것 같으면 제 할 일은 끝나요."

롤랑 바르트는 『언어의 바스락거림The Rustle of Language』에서 '소설이란 감정의 진실the truth of affects을 산출하는 창작'이라고 썼다. 그는 결과물product에서 실행practice으로, 즉 만드는 것 자체로 관심을 옮긴다.

"그리고 결론적으로, 나는 방법을 되찾는다. 나는 뭔가에 대해 이야기하는 주체가 아니라, 뭔가를 만드는 주체이다. 결과물을 연구하는 것이 아니라, 제작을 맡는다. 이제 내게 세상은 대상object이 아닌 글쓰기로, 즉 실행으로 느껴진다. 나는 다른 유형의 지식으로 나아간다. 과감하게 가설을 세우고 탐구하며, 그에 따르는 많은 것들을 발견한다."[25]

우리는 백지 위로 걸어 들어가 시작점을 찾고, 초고를 써내고, 퇴고를 거듭하며 더 멀리 나아간다. 창작자는 늘 만드는 과정에 있으며, 결코 완벽한 상태에는 이르지 못한다(그러나 더 많은 창작을 구상하고 실행할 수 있다). 그저 어떤 시점에 이르러 창작을 중단할 뿐이다. 작가가 독자들에게 글을 공유할 준비가 되면, 그 지점에서 창작은 멈춘다.

3장

그림과 추상의 세계

: 화가, 시각예술가,
일러스트레이터

가끔은 아무런 목적 없이, 그저 종이에 뭔가를 그리고 싶다는 욕구만으로 선과 모양을 그리고 색을 채워나간다. 그러다 내가 그리는 게 무엇인지 알게 되고, 생각이 확실해지는 순간에 다다르면, 차츰 통제와 질서가 자리를 잡기 시작한다.

헨리 무어[1]

내가 무엇을 하고 있는지 모른다. 그렇기 때문에 재미있는 것이다.

필립 글라스[2]

무엇을 하는지 잘 모르는 상태에 더 능숙해져야 한다.

딘 영[3]

창작자는 창작 재료와 어떤 관계를 맺을까? 소설가인 톰 스턴은 글의 방향과 의미를 찾기 위해 "단어를 이리저리 움직여 본다"고 했다. 그렇다면 화가, 음악가, 시각예술가, 일러스트레이터는 어떨까? 이들은 무엇을, 어떤 목적으로 '이리저리 움직'일까? 창작자에게 창작 재료는 새로운 가능성과 발견의 길을 열어줄 단서가 되는 걸까?

인터뷰했던 예술가들의 말에 따르면 그들은 다양한 재료를 이리저리 사용해보면서 미묘한 차이를 느끼고, 작업을 시작할 방법을 찾고, 최종 결과물의 모습을 그려본다. 점토의 질감, 캔버스의 표면, 페인트의 두께, 공연의 무대, 그 장면의 조명. 이것들은 모두 드넓은 창작의 가능성 사이에서 창작자가 선택하는 실마리이며, 작품의 잠재적인 모습을 엿볼 수 있는 창구다.

2017년 11월, 나는 예술가 앤 해밀턴의 스튜디오를 찾았다. 해밀턴은 내가 '만들면서 알게 되는 과정'의 개념을 잡을 때 도움을 준 사람이다. 그녀는 시각예술가이며, 글을 쓰는 작가이기도 하다. 해밀턴은 「모르는 상태를 만들기Making Not Knowing」라는 아주 훌륭한 소논문에 이렇게 썼다. "목적지를 반드시 알아야만 … 그곳에

도착하는 것은 아니다. 모든 창작 과정에는 전에 존재하지 않았던 뭔가가 드러난다."[4]

해밀턴은 팟캐스트 '온 빙'에 출연하여 이렇게 말했다. "일단 작업을 시작한 후에도, 제가 뭘 만들고 있는지 모를 때가 많아요. 그 '알지 못하는 상태'를 견딜 수 있어야 하죠. 불안하거나, 누군가에게 질문을 받거나, 어떻게 될지 성급히 알아야겠다는 마음이 들면, 지금껏 발견하려고 애써온 가능성을 놓칠 수 있어요."[5]

해밀턴에게 '알지 못하는 상태'는 창작을 위한 준비 기간이자, 창작 재료와 소통하는 시간이다. 그녀는 이 시간이 인식의 폭과 깊이를 더 넓힐 수 있는 일종의 훈련이라고 설명한다. "알지 못하는 상태는 무지의 상태가 아니에요. 우리는 모르는 걸 두려워하지요. 그러나 '아직' 모르는 상태라는 걸 잊지 말아야 해요. 결과 없이도 가능성을 믿고, 가능한 모든 방법을 고려하는 거예요. 계속 실행해 나가는 게 우리가 할 일이죠."

나는 해밀턴에게 '인식recognition'과 '놀라움surprise'을 같은 의미로 받아들이는지 물었다. 인식과 놀라움은 여러 예술가가 창작 과정에서의 발견에 대해 말할 때 썼던 표현이다. 그녀는 인식과 놀라움이 다르다고 확실히 선을 그었다.

"창작 과정에서 인식에 도달하려면, 자기를 의식하지 않아야 해요. 그래야 처음의 의도에 매몰되지 않고, 새로운 가능성을 포착할 수 있어요."

해밀턴이 말하는 바를 이해할 수 있었다. 창작 과정에서 '나'를 의식하지 않으려 노력할 때, 새로운 앎을 얻을 수 있었기 때문이다.

해밀턴은 설명을 보탰다.

"가령, 작업을 시작하면 결과물에 대한 어떤 예감이 들잖아요. 그런데 그 예측대로 실현되지 않아요. 우린 그저 그쪽으로 가는 길을 만드는 것 뿐이죠. 만드는 과정에서 질문을 만들고 답을 찾아야 해요. 그게 해야 할 일이죠. 그러다 보면 그다음 단계로, 또 다음 단계로 넘어갈 수 있어요."

예술가이자 디자이너인 레베카 멘데스에게도 비슷한 질문을 해보았다. '만드는 경험'이 인식이나 놀라움을 끌어내는지 묻자, 멘데스는 "창작 과정이란 곧 아름다운 인식으로 향하는 것"이라며 열정적으로 대답했다. 멘데스는 자신의 작업 방식을 설명하며 '일부러 잊어버린다unlearn'는 표현을 썼다.

"자기가 가진 제한된 지식으로 상황을 이해하려 들면 창의성을 펼치는 데 방해가 돼요. 어떤 아이디어나 대상에 깊이 몰두하고 싶다면, 뭔가를 처음 해볼 때처럼 완전한 호기심을 갖고 접근해야 해요. 만일 스스로 잘 안다고 생각하면, 자기가 가진 얼마 안 되는 정보로 그 아이디어나 대상을 판단할 거예요. 그래서 저는 아이 같은 궁금증과 호기심을 유지하려 노력하고, 초심자의 마음으로 작업 대상에 다가가죠."

"인식에 도달하려면 초심자의 태도가 꼭 필요하다고 보시나요?"

"네, 그렇다고 생각해요. 그렇지 않으면, 제가 안다고 생각하는 뭔가를 자꾸 내세울 테니까요. '잘 알고 있다'는 생각은 대단히 파괴적이에요. 가령 10년 전의 저와 지금의 제가 같지 않기 때문에,

똑같은 주제를 두고 작업을 한다 해도 완전히 다른 작품을 만들게 될 거예요. 모든 진실은 특정한 좌표와 요소, 시간과 장소에 달려 있다고 했던 프랑스 철학자 질 들뢰즈의 말을 아주 좋아해요. 알지 못하는 상태로 지내는 시간과 일부러 잊어버리는 것, 두 가지가 인식에 다다르는 데 도움이 되는 것 같아요. 대상을 있는 그대로 보면서 낡은 이해의 필터를 걷어내야 하죠. 열린 태도로요."

"창작을 아름다운 인식이라고 말하셨죠. 그렇게 보는 이유는 뭔가요?"

"인생이란 무엇인지 기억할 필요가 있어요. 우리 인간은 믿기 힘들 만큼 수용적이잖아요. 평생 뭔가를 배우고, 받아들이고, 또 받아들이지요. 새로운 앎과 탐구를 가로막는 건 사실상 작아진 자아와 역할에 대한 편협한 규정뿐이에요. 창작은 인식의 문제에요."

창작자는 창작 과정에서 인식과 놀라움을 경험한다. '놀라움'은 예상치 못한 것에 느끼는 경이와 경악을 뜻한다. 놀라움이라는 뜻의 영어 단어 'surprise'는 'sur-(~위에)'와 'prendre(가져가다)'가 결합해서 만들어진 프랑스어 'surprendre'와 어원이 같고, 'prehendre'의 축약형 'prendere'가 붙은 라틴어 'superprehendre(잡다, 쥐다)'와도 어원이 같다. 놀라움은 우리를 사로잡고, 엄습한다.

'인식'할 때, 우리는 이전에 봤거나, 들었거나, 알았던 것을 식별하게 된다. 이는 예기치 못한 '놀라움'과는 뚜렷이 다르다. 인식이라는 영어 단어 'recognition'에는 '수용'이라는 뜻도 있다. '수용'은 창작자가 창작 과정에서 경험하는 또 다른 요소다. 만들면서 알게 되는 것들을 '받아들이기' 때문이다. '인식하다'라는 영어 단어 'recognize'는 고대 프랑스어 'reconoistre'에서 유래했는데, 인식, 즉 'recognition'은 언어학적으로 '다시 아는 것', '마음속에 떠올리는 것', '인정하는 것', '식별하는 것'과 관련이 있다. 라틴어 어원에서의 의미는 미묘하게 다르다. 라틴어에서 '인식하다'라는 단어는 'recognoscere'로, 're-(다시)'와 'cognoscere(알게 되다)'가 결합한 것이다. 다시 말해 인식에 이르면, 우리는 '다시 알게 될' 기회를 얻는다. 기억해내는 것이다.

톰 스턴은 그가 쓰는 글이 자신의 쌍둥이 형제를 임신한 어느 남자에 관한 이야기로 이어져 '놀라움'을 느꼈으며, 그 놀라움이 곧 소설 전체에 '엄습'했다. 반면 앤 해밀턴은 '반응하기'를 실천했다. '반응하기'란 소재와 관계를 맺고, 공간과 마주하고, 형태를 잡고, 이해하는 것과 관련이 있다. 해밀턴은 설치작품 〈이벤트 오브 어 스레드the event of a thread〉의 작업 과정을 예로 들었다. 이 작품은 2012년에 뉴욕의 개성 있는 미술관인 파크 애비뉴 아모리에 전시됐다.

"아모리에서 프로젝트를 진행할 때, 그곳 엔지니어가 저를 도와줬거든요. 어느 날 그분이 트럭을 몰고 하역장 문으로 들어오고 있었어요. 전시홀 한쪽 끝에 트럭들이 자재를 들여오고 내가는 하역장 문이 있었죠. 저는 그분을 맞이하려고 문으로 걸어 나가다가, 열린 문틈으로 렉싱턴 애비뉴를 보게 됐어요. 저는 그 순간 퍼뜩 '맞아, 바로 이게 필요했어'라는 생각이 들었어요. 중요한 뭔가가 빠져 있다는 걸 알고 있었고, 그걸 찾아야 한다고 생각하긴 했지만,

앤 해밀턴, 〈이벤트 오브 어 스레드〉, 2012년 12월 5일~ 2013년 1월 6일, 파크 애비뉴 아모리에서 의뢰한 작품.

아직 실마리를 찾지 못한 상황이었죠. 그런데 하역장 문이 열리고 트럭이 들어오는 순간, 전시 공간에 굵은 빛줄기가 필요하다는 걸 알게 됐어요. 그건 인식의 순간이었어요. 내가 알고자 했던 사실을 마침내 알게 되었다고 할까요."

해밀턴은 웃으면서 설명했다. 그것은 인식을 인지하는 과정이 었다.

공간이라는 재료

해밀턴은 화가가 캔버스를 다루고, 조각가가 철사를 다루고,

활자 디자이너가 활자를 다루는 것처럼 공간을 다룬다. 그에게 공간은 작품의 근본적인 요소다.

해밀턴은 시카고대학교에 있는 특이한 강당, 중국에 있는 작은 오페라 극장 등 몇몇 장소를 예로 들며 공간에 대한 열정을 내비쳤다. 그는 공간을 느끼고 이해하려면 직접 그곳에 가야 하며, 이론적으로만 아는 것은 전혀 도움이 되지 않는다고 설명했다. "공간의 작동법을 알아야 해요. 시작할 수 있는 유일한 방법은 걷고 느끼는 것뿐이죠. 공간에 내게 어떤 질문을 떠올리게 하는지 촉을 곤두세우고요. 온종일 그곳에 머물면서, 만족스러울 때까지 바꾸고, 수정하고, 바뀐 것들을 조율하는 시간을 거치죠. 실제로 해봐야 나아갈 방법을 알 수 있기 때문이에요."

해밀턴은 이미 존재하는 공간에 들어선다. 자신이 설계한 공간은 아니지만, 그 안에서 새로운 것을 창작하거나 배치하는 일을 통해 인식의 가능성을 찾게 된다. 해밀턴은 아주 신중히 고른 표현들로 이야기를 계속했다.

"공간 안에서 어떻게 구조를 만들까요? 이를테면 저는 바닥에 천 조각을 내려놓아요. 그러고서 생각하죠. '이게 결국 뭐가 될까? 종이일까? 정사각형일까? 흰색일까?' 아주 단순한, 어쩌면 바보 같은 이런 질문들을 해보면, 내가 아무것도 아는 게 없다는 사실을 이미 알고 있었다는 걸 깨닫게 되죠."

해밀턴은 웃으면서 설명을 이어갔다.

"아주 디테일한 부분까지 들여다보면서 '미세 조정'을 해봐요. '아니, 저게 아니야. 이것도 아니야.' 그러다 보면 어떻게든 그 작은 조각들이 의미 있는 변화를 만들어내요. 어떤 결정을 내릴 때면, 수많은 선택지가 있다는 걸 항상 염두에 두어야 해요. 더 나은 대안이 어딘가에 있을 수 있거든요. 내가 내린 선택이 즉각적이고 특별한 효과를 거두지 않을 수 있다는 것도 명심해야 하죠. 창작자는 작품 완성까지 절반쯤 남았을 때까지도 자기가 어떤 기대를 하고 있는지조차 모를 수 있어요. 그저 잘 반응할 수 있는 상태면 돼요."

해밀턴의 이야기를 듣다 보니, 연극을 연출할 때의 경험이 떠올랐다. 어떤 사물이나 사람이 공간에 들어설 때 극적인 순간이 조성되는 걸 목격한 적이 있기 때문이다. 해밀턴의 작업에는 여러모로 연극적인 측면이 있다고 느껴왔는데, 그 또한 그렇게 생각하고 있었다. 바닥에 천 조각을 놓고 질문을 시작한다는 해밀턴의 이야기는 영국의 연극 연출가 피터 브룩이 제시했던 '빈 공간'이라는 개념을 떠올리게 했다. 브룩은 이렇게 썼다. "어디에 있든, 어떤 것이든, 빈 공간은 곧 텅 빈 무대와 다름 없다. 빈 공간에 누군가 걸어 들어가고, 그 모습을 다른 누군가가 바라보는 것. 이것이 연극을 구성하는 데 필요한 전부다."[6] 이 개념은 해밀턴이 새로운 발견과 인식을 위해 '공간이라는 재료'를 준비하고 구축한다고 했던 것과도 깊은 관련이 있다.

존 헤일펀은 『새들의 회의The Conference of the Birds』에서 1970년대에 피터 브룩과 그의 극단이 사하라 사막과 나이지리아를 돌면서 펼쳤던 공연을 소개한다. 브룩의 극단은 다양한 장소를 여행하며 탁 트인 야외에서 공연했는데, 언제나 관객 앞에 카펫을 펼치며 가상의 무대를 만들어냈다(해밀턴이 전시 공간에서 작업에 시

피터 브룩(가운데)이 헬렌 미렌(오른쪽)을 포함한 극단 단원들과 즉흥 공연을 펼치고 있다. 1973년, 아프리카. © 메리 엘런 마크Mary Ellen Mark

동을 걸기 위해 천 조각을 바닥에 놓았던 행위가 떠오르는 대목이다). 중요한 것은 공간의 물질적 잠재력에 몰두하고, 즉흥적으로 연기하며 공연을 만들어나가는 것이었다. 아프리카 대륙 한복판을 발견의 공간으로 바꾸는 이런 흥미로운 설정은 헤일펀의 작은 토막극 〈신발 쇼The Shoe Show〉에서도 찾아볼 수 있다.

> 신발 한 켤레(배우의 부츠)가 원 한가운데 놓여 있다. 그 부츠는 마법의 신발이다. 왕을 노예로, 노인을 청년으로, 외다리인 사람을 두 다리를 가진 사람으로 변신시킨다.[7]

바닥에 놓인 천 조각, 사막의 모래 위에 그린 원 안의 신발은 창작으로 들어가는 시작점이다. 이것들은 공간을 활성화하고, 즉흥적인 공연을 시작하게 하고, 설치미술의 실마리가 되는 하나의 마술적 도구다. 창작자들은 이 도구를 통해 그 자리에서 이야기를 뽑아낸다. 브룩은 그가 '즉석 극장'이라고 부르는 공연을 통해 공연 자체에 관한 근본적인 무언가를 탐구하고자 했고 해밀턴은 '반응하는 공간'의 가능성을 탐색하고자 했다. 해밀턴은 이렇게 말했다.

"질문은 질문을 낳죠. 계속 질문을 이어가는 것, 그게 제가 하는 일의 전부예요."[8]

시간이라는 재료

에드거 아르세노는 회화, 공연, 영화 등 다양한 분야에서 활동하는 예술가다. 나는 그의 작품과 그가 제기하는 통찰력 있는 문화적 역사적 질문을 흠모한다. 해밀턴이 공간을 재료 삼아 창작에 임했던 것처럼, 그는 시간의 구조를 활용해 창작물을 만든다. 그는 이렇게 설명했다. "역사는 반복된다고 흔히 얘기하죠. 제가 역사를 좋아하는 이유도 여기에 있어요. 긴 시간의 흐름 속에서 비슷한 일이 여러 번 일어나요."

아르세노의 작품 〈아직, 아직, 아직Until, Until, Until…〉은 1981년 로널드 레이건 대통령 취임 축하 행사로 배우 벤 베린이 했던 '블랙페이스blackface(흑인 이외의 출연자가 흑인을 연기하기 위해 하는 분장이자 그 분장을 한 공연자와 공연을 의미한다. 흑인 배우 또한 블랙페이스로 연기

에드거 아르세노, 2015~2020. 〈아직, 아직, 아직…〉 공연 사진.

하기도 했다.—옮긴이)' 공연에 얽힌 사건을 소재로 다룬다. 당시 텔레비전에 방영된 이 공연의 편집본은 심각한 논란을 불러일으켰다.[9] 베린은 공연의 말미에 이르러 민스트럴 쇼minstrel show(블랙페이스를 한 백인이 흑인의 노래와 춤을 희화화했던 공연—옮긴이)의 역사를 비판하며, 공연을 통해 진짜로 전하고 싶던 메시지를 말한다. 그런데 텔레비전에 방영된 편집본에는 이 부분이 삭제되고 말았다. 공연의 핵심이자 비판적 맥락이 삭제된 그 편집본은 '그로테스크하며 굴욕적'이었고 시청자들은 베린이 흑인 예술가로서 굴복하는 모습을 보였다며 분개했다. 베른은 매우 당혹스러웠다.

〈아직, 아직, 아직…〉은 세 가지 시간대가 교차하는 작품이다. 관객들은 처음에 베린의 블랙페이스 공연을 보게 되고, 이어서 1981년에 텔레비전으로 방영됐던 그 문제의 공연을 시청하는 사람들의 사진을 본다. 그 공연에서 베린은 블랙페이스 분장을 하고, 20세기 초에 활동했던 보드빌vaudeville(노래와 음악을 곁들인 희극 —옮긴이) 배우인 버트 윌리엄스에게 경의를 표한다. 이렇게 현재, 1981년, 보드빌과 블랙페이스의 시대를 오가며 시간의 메아리가 만들어진다.

이 작품의 중심은 여러 시간대의 장면을 보는 '관객'이다. 아르세노는 〈아직, 아직, 아직…〉을 '뜻밖의 발견'을 통해 구성하게 됐다고 전한다. '뜻밖의 발견'이란 해밀턴이 하역장 문이 열리던 순간, 즉 작품과는 아무런 상관이 없어 보이던 그 순간을 통해 무대에 빛줄기가 필요하다는 것을 '인식했던' 것과 비슷하다. 아르세노는 우연한 행운처럼 찾아온 뜻밖의 발견에 대해 들려주었다.

"공연 준비와 대본 작업이 아직 안 끝났던 때였어요. 아마 그때까지 연습을 한 번도 안 했을 거예요. 저는 롱비치 커뮤니티 칼리지에서 강연을 해야 했죠. 강연 끝 무렵에, 현재 이러이러한 작품을 준비하고 있다는 얘길 했어요. 아직 작품이 어떻게 나올지 잘 모르는 상태라 상당히 불안하고 초조했는데, 저도 모르게 '벤 베린의 10분짜리 공연 영상이 있는데, 한번 보실래요?'라고 물었죠. 그리곤 사람들에게 영상을 틀어줬는데, 그렇게 많은 사람과 함께 영상을 본 건 그때가 처음이었어요. 저는 좌석에 앉아서 청중들이 영상을 보는 모습을 지켜보았는데, 제 옆에 앉은 한 여성이 눈물을 흘리더라고요. 바로 그 순간, 제가 준비하는 공연의 주제가 '관객'이며 '보고 있는 사람을 보는 것'이라는 생각이 들었어요. 그 사실을 깨닫고 곧장 집으로 돌아와 구상을 시작했어요. 이른바 '관객에 대한 공연'이었죠. 여러 사람과 함께 영상을 본 경험 덕분에 관객을 구경

에드거 아르세노, 와츠 하우스 프로젝트, 2008년, 와츠 타워 건너편에 있는 집을 프로젝트 팀원들이 꽃으로 단장하고 있다.

와츠 하우스 프로젝트.

꾼에서 참가자로 바꿀 방법을 찾아야 한다는 걸 깨달을 수 있었습니다."

아르세노는 와츠 하우스 프로젝트Watts House Project를 진행했던 이야기도 들려주었다. 와츠 하우스 프로젝트는 그가 로스앤젤레스의 남부 도시 '와츠'에서 주도한 재개발 사업으로, '지역 사회 프로젝트를 가장한 예술 작품'이자 '지역 사회 개발에 관한 설치미술'이다. 아르세노는 이번에도 시간과 역사에 대한 질문을 통해 작업을 시작했다.

"와츠는 역사적으로 소외됐던 동네예요. 저는 '자동차로 10분 거리에 있는 다른 동네는 모든 인프라가 갖춰져 있는데 왜 이곳은 그렇지 않을까?', '무엇이 이곳의 환경을 좌우하는 걸까?' 하는 의문을 가졌죠. 저는 와츠라는 동네가 현재의 모습이 되기까지 어떤 시간을 거쳐왔는지 살펴봤어요. 그리고 대략 50년 전의 결정들이 지금 그곳의 많은 것을 구성했다는 걸 깨닫게 됐죠."

아르세노가 장소의 시간성에 더욱 주목하게 된 건 프로젝트를 진행하던 곳과 멀지 않은 곳에 있는 와츠 타워Watts Towers에 대해 알게 되면서부터였다. 와츠 타워는 이 지역의 상징이자 지역을 대표하는 기념비적인 건축물로, 이탈리아인 이민자 사이먼 로디아가 무려 33년에 걸쳐 자기 집 뒤뜰에 세운 것이다. 아르세노는 이렇게 표현했다.

"로디아가 만든 와츠 타워는 건축물이 아니예요. 20세기를 통틀어 가장 중요한 조각 작품 중 하나예요."

와츠 타워는 아르세노의 재개발 프로젝트에서 나침반과 같은

사이먼 로디아가 만든 와츠 타워. 로스앤젤레스 남중부의 와츠Watts에 자리한 이 철탑은 1921년부터 1954년까지 로디아가 단독으로 설계하고 건설했다. 그는 주운 물건들로 알록달록한 모자이크를 만들어 구조물의 표면을 덮었다.

역할을 했다. 건축가 프랭크 게리가 나와의 인터뷰에서 지적했듯 (4장에서 더 자세히 설명할 것이다), 시간의 재료를 활용한 창작 과정에는 과거의 건물과 구조물을 깊이 이해하고 대화를 나누는 것이 중요하다. 아르세노가 만들면서 알게 되는 과정의 필수 요소로 꼽는 것이 바로 대화다.

"자기가 만드는 것과 대화를 나누세요. 그래야만 창의성을 발휘하게 됩니다. 최종 결과물이 어때야 하는지도 대화를 통해 알 수 있어요. 때로는 원하는 방향과 완전히 반대되는 대답을 듣게 될 수도 있죠. '대비되는 요소가 많은 걸 원할까?', '투명도가 더 높은 걸 원할까?', '스타카토가 있어야 할까?', '규모에는 어떤 차이가 있어야 할까?', '모든 것들이 산산이 흩어져 있어야 할까?', 아니면 쭉 이어져야 할까?' 이런 것들을 하나하나 묻다 보면, 애쓰지 않아도 형태를 잡을 수 있어요. 이런 묻고 답하는 과정을 통해서만 물질적인 실현이 가능합니다. 그리고 이를 통해 기하학적 구조와 형태를 그려볼 수 있어요."

그림의 재료

실제로 재료를 다루는 과정에서 방법을 깨우치게 된다.

니티콜 님쿨랏[10]

디자이너는 재료가 걸어오는 말에 귀를 기울이고, 발견에 이르게 된다.

로잔 소머슨[11]

화가들은 창작을 위해 다양한 재료를 탐구한다. 나와 인터뷰했던 미술가 스티븐 빌은 아르세노의 창작의 언어인 '대화'와 비슷한 개념을 들어 재료와 창작의 관계에 관해 설명했다.

"사람들은 창작 과정에서의 절차나 실패에 관해 이야기하죠. 그러나 제게 중요한 건 재료와의 대화예요. 뭔가를 만들기 시작할 때 하게 되는 대화지요."

재료를 탐구하는 것이 그에게는 곧 작업의 시작점이 된다는 걸 알 수 있다.

작업실에서의 스티븐 빌.

"첫 단계에서 필요한 건 아이디어가 아니에요. 그보다는 재료를 민감하게 살피고 그것과 관계를 맺는 게 중요합니다. 제 창작 과정의 중심은 재료가 가진 결을 파악하고, 그것을 알맞게 사용하는 것에 있어요. 나무를 가지고 작업하든 그림을 그리든 말이죠. 제 작업에서는 모든 과정이 다 중요해요. 캔버스를 고정할 나무 틀을 만들고, 캔버스 천을 준비하는 것까지요."

그는 스튜디오 벽에 걸려 있는 그림들을 가리켰다.

"직물의 질감과 짜임 등 재질의 고유한 특성을 최대한 살려서 만든 작품들이에요. 저는 사용하는 재료의 특성을 최대한 파악하려 하죠. 전에는 점묘법으로 엄청나게 많은 그림을 그리기도 했어요. 물감 특성을 파악하는 구조를 만들었던 거죠."

빌의 이야기를 듣자 일러스트레이터 앤 필드가 말했던 '재료와의 접촉이 주는 영감'이 생각났다. 필드는 이렇게 말했다.

"저는 재료를 좋아해요. 어떤 것이든 그 본능적인 성질을 느껴보려 하죠. 촉감이 중요해요. 붓, 초크chalk, 막대기, 잉크의 필압을 느끼고, 소리를 들어요. 냄새도 반드시 맡아야 해요."

빌은 애그니스 마틴이라는 화가의 사례를 소개했다. 마틴은 30센티미터 자와 연필을 들고 180센티미터 캔버스에 선을 그렸다.

"마틴은 한 번에 30센티미터씩 죽죽 선을 그었어요. 거친 캔버스 표면과 연필심이 만나 독특한 질감이 표현됐죠. 마틴이 연필의 흑심과 캔버스와 관계를 맺는 방식이 작품의 핵심적인 방향을 결정했죠."

창작자는 창작 과정에서 재료(연필심, 캔버스, 30센티미터 자)와 호응하며 함께 끊임없이 변화하고, 작품을 완성한다. 창작 과정에서만 경험할 수 있는 상호작용이다.

빌은 재료와 관계를 맺는 창작 과정이 시간과 공간에 대한 감각을 어떻게 바꾸는지 설명했다.

"뭔가를 만들다 보면 시간 감각이 달라져요. 제 몸도 다르게 느껴지죠. 그림을 그릴 때는 평소와는 다른 특정한 방식으로 집중하게 돼요. 주로 시각에 모든 감각이 쏠리죠. 마치 시간이 느리게 흐르는 느낌이예요. 그림을 그리는 건 하나의 놀이에요. 전 그림 속 공간에 대한 지각을 실시간으로 바꿔요. 그런 변화무쌍한 경험이 그림이라는 놀이의 중심이죠. 제가 바꾸는 재료에 따라 그림 속 공간이 조금씩 변화하는데, 그걸 잘 포착해야 해요."

앤 해밀턴이 썼던 표현을 빌려보자면, 빌은 작품 속 '공간을 걸어 다니며' 새로운 발견을 위한 안테나를 세운다.

"그림과의 상호작용은 끊이지 않아요. 그림을 그리다 어느 시점에 이르면 '이만하면 됐다. 충분하다'는 생각을 할 때도 있어요. 하지만 사흘 후나 일주일 후, 아니면 석 달 후에 다시 그 작품을 보면 여전히 미완이라는 사실을 깨달아요. 그러면 다시 이젤 앞에 앉아 재료를 가지고 뭔가 해보죠. 하루 이틀 그리다보면 새로이 뭔가를 발견해요. 다 끝났다고 생각할 수도 있어요. 하지만 다음 날 아침엔 다른 눈으로 보게 될지도 몰라요."

빌은 작품 속 공간으로 들어가 창작을 진전시킨다.

"예를 들어 '여기에 분홍색 사선을 넣으면 여기 이 초록색이 더 완벽해 보일 거야'라고 단순하게 생각할 수는 있죠, 그러나 정말 그럴까요? 실제로 해보기 전에는 알 수 없어요. 창작은 이런 반복적인 과정을 통해 진행됩니다."

미술가 알렉사 미드는 아주 특별한 캔버스를 사용해 독창적인 작품 활동을 한다. 미드의 캔버스는 그가 그리는 대상 그 자체다. 다시 말해, 캔버스 위에 사람을 그리는 게 아니라, 사람 위에 물감을 발라 그를 그림으로 만든다. 미드는 2013년 테드TED 강연에서 이렇게 설명했다.

"저는 캔버스 위에 그림을 그리지 않아요. 사람, 옷, 의자 등 제가 그리려는 것이 무엇이든, 그 위에 물감을 발라 그림으로 바꿔놓죠. 그렇게 해서 3차원 그림을 만들어냅니다."[12]

알렉사 미드, 〈제안: 우리는 길을 건넌다A Proposal–We Cross the Street〉. 몸에 물감을 바른 미드의 3차원 그림 모델들이 거리와 사람들 사이에 섞여 활보하는 모습.

미드는 우연히 3차원 그림에 대한 아이디어를 '발견'했다(심지어 그는 미술을 전공하지도 않았다). 빛과 그림자의 매력에 푹 빠져 있던 어느 날 미드는 친구를 의자에 앉혀두고 그의 그림자를 그리고 있었다. 그러다 친구의 몸에 물감을 발라보았고, 이윽고 그를 그림 자체로 바꿔놓았다.

"눈앞에서 뭔가가 어른거렸어요. 제가 보고 있는 게 뭔지 전혀 모르겠더군요. 그러다가 한 발짝 뒤로 물러섰을 때, 마법이 펼쳐졌어요. 제가 제 친구를 그림으로 만들었더라고요. 맨 처음 그림자를 표현하려고 마음먹었을 때는, 이런 식으로 완전히 다른 차원을 끄집어낼 줄은 상상도 못 했거든요…."

재료에 대한 미드의 실험은 상당히 계획적이었다. 그는 공간과 빛을 탐구하며 용기 있게 창작의 세계로 들어갔다.

"저는 과거의 위대한 미술가들을 따라하거나 캔버스 위에 연습을 거듭하면서 그림을 익히고 싶지는 않았어요."

3차원 그림이라는 아이디어를 처음 발견했을 때 미드는 과일이나 토스트, 튀김을 그림의 대상으로 삼았다. 그는 물기가 많은 과일에 물감을 바르느라 고생했다는 에피소드를 들려주었다. 그러다 점차 사람을 그리게 됐고, 그것이 그의 주요 작품이 됐다. 미드는 다른 예술가들과 협업하여 그들과 3차원 그림 작업을 하기도 한다. 우유를 가득 채운 수영장에 누운 공연예술가 세일라 밴드의 그림도 이렇게 탄생했다. 미드는 특이한 재료와 불가분의 관계를 맺으며 상상을 뛰어넘는 환상적인 창작물을 만들어낸다.

슬럼프와 매너리즘의 늪에서 빠져나오는 방법

영감은 아마추어를 위한 것이다. 프로는 그저 자리에 앉아 작업을 시작한다.

척 클로스Chuck Close[13]

화가 톰 넥텔은 예측할 수 없는 다채로운 경로로 창작 과정에서의 '발견'을 경험한다. 그는 루이스 캐럴을 인용하면서, 인식에 도달하려면 처음의 의도에 매몰되지 말아야 한다고 했던 앤 해밀턴의 충고와 비슷한 이야기를 들려주었다.

"예상치 못한 상황에 대한 비유 중 제가 가장 좋아하는 이야기는 『거울 나라의 앨리스』죠. 거울 나라에 도착한 앨리스는 집 밖의 아름다운 정원을 보고 그곳으로 걸어가려 해요. 그런데 길이 계속 구불구불하게 펼쳐지면서, 앨리스가 틀림없다고 생각하는 방향으로 갈수록 오히려 정원과 점점 멀어지게 되죠. 결국 앨리스는 포기한 채 터덜터덜 길을 빠져나옵니다. 그러자 정원 한가운데로 걸어 들어가게 되지요."

넥텔은 앨리스 이야기와 연결되는 또 다른 작품 하나를 소개해주었다. 다큐멘터리 〈척 클로스: 진행 중인 초상화Chuck Close: A Portrait in Progress〉다. 이 작품에서 클로스는 자기 경력의 전환점이 되었던 경험에 관해 털어놓았다. 클로스는 젊었을 때 추상 표현주의 화가 빌럼 더코닝을 더없이 존경했고, '더코닝의 작품을 더코닝보다 더 많이 그리기도' 했다. 그러나 불현듯 더코닝의 그늘에서 벗어나 자기만의 길을 걸어야 한다는 생각이 들었다. 넥텔은 더코닝과는 완전히 다른 그림을 그리는 것을 목표로 삼았다. 그는 추상적 표현과는 거리가 먼 포토리얼리즘photorealism(사물을 사진처럼 극명하게 묘사하는 기법—옮긴이)으로, 여성의 나체를 흑백으로 그려냈다. 더코닝과 완전히 다른 그림을 그리기 위해서였다. 클로스는 거대한 크기의 캔버스에 인물의 얼굴을 그린 포토리얼리즘 작품들을 발표했다. 자기만의 길을 찾은 것이다. 앨리스와 마찬가지로 그 역시 가던 길을 벗어나 방향을 틀면서 비밀의 정원을 발견하게 됐다.

넥텔은 지난 시간을 돌아보면서, 길을 찾기 위해서는 두려움과 당혹감을 극복해야 한다고 말한다. 방향을 틀어도 될지 주저하는 마음 때문에 계속 미로를 빠져나가지 못하고 헤매게 되기 때문이다.

"평소라면 절대로 가지 않았을 뭔가의 안으로 들어갔더니, 웬걸, 찾던 게 바로 거기 있더군요."

불안의 근원과 정면으로 맞서고, 낯선 방식으로 창작에 임하는 것은 만들면서 알게 되는 창작 과정의 필수 요소다. 경력의 많고 적음을 떠나서 예술가가 늘 가져야 할 자세이기도 하다. 특히 발상을 전환하고자 할 때나 익숙해진 기법에서 벗어나 새로운 무언가를 해보고자 할 때도 이러한 자세가 필요하다. 넥텔 또한 어느 시점엔가 자신이 안전한 영역에서만 작업해왔다는 생각이 들었다고 한다. 그는 틀에 박힌 상상력을 넘어서기 위해 '**만들어야**' 했다. 넥텔은 이렇게 설명했다.

"창작자는 자기 고유의 언어를 찾아야 하지만, 그렇게 쌓아온 자기 언어에 너무 익숙해지면, 새로운 발견을 하는 게 점점 힘들어집니다. 인식하지도 못한 채 같은 걸 계속해서 되풀이하게 되지요. 창작이란 앞으로든 뒤로든 계속해서 움직여야 해요. 영화감독 우디 앨런은 이런 비유를 든 적 있죠. '관계란 상어와 같아. 끊임없이 움직이지 않으면 죽고 말지.' 창작도 똑같습니다."

사뮈엘 베케트의 희곡 「고도를 기다리며」의 등장인물 블라디미르는 말한다. "습관은 우리를 완전히 무감각하게 만들지." 지치도록 이어지는 무감각함. 창작 활동에 몸담은 이들이라면 누구나 한 번쯤 느껴본 감정일 것이다. 넥텔은 매너리즘에 빠졌다가 돌파구를 찾았던 경험에 대해 들려주었다.

"상상력의 창고가 텅텅 비었었죠. 뭔가를 찾아야 했어요. 거의

2년 가까이 끙끙대면서 시간을 보냈죠. 그렇게 애를 써서 긍정적인 결과를 얻기도 했지만, 전반적으로 그렇지 못했어요. 일정 범위 안에서 원래 제가 사용하던 언어를 재구성했을 뿐이지, 새로운 언어를 개발하지는 못했죠."

넥텔은 마치 앨리스처럼, 정원에 가까이 가려고 시도할수록 오히려 더 멀어지고 있었다.

"한 번도 사용해본 적 없는 재료를 쓰고, 전혀 시도해본 적 없는 기법으로 여러 점의 그림을 그려봤어요. 그런데 문제는 제가 여전히 우화적인 상징물을 그렸다는 거예요. 그건 제가 여러 해 동안 반복해서 그려왔던 주제였죠."

분위기 전환의 계기는 아주 우연히 찾아왔다. 넥텔은 스탠퍼드대학교 칸토어 아트센터에서 독일 예술가 로비스 코린트가 20세기 초에 그린 작은 드라이포인트drypoint(부식제를 쓰지 않는 동판 조각용 침으로 그린 동판화—옮긴이) 작품을 보게 됐다.

"코린트를 좋아했던 적은 없었어요. 제게 그의 작품은 너무 관념적이었거든요. 그런데 미술관에서 보았던 그 자그마한 드라이포인트는 완전히 달랐어요. 그건 코린트가 거울을 보며 그린 자화상이었어요. 그림 속 그는 슬픔에 압도되어 무너져내리는 듯한 얼굴을 하고 있었죠. 이목구비는 모두 따로 노는 것 같았고요. 저는 살아 있는 존재를 작품의 대상으로 삼은 적은 없었어요. 당연히 자화상을 그려본 적도 없었죠. 그런 걸 싫어했거든요."

"그런 거라니요?"

"살아 있는 존재를 그림의 모델로 삼는 거요. 그럴 기회가 와도

로비스 코린스, 〈자화상〉, 1924년. 드라이포인트 인쇄. 스탠퍼드대학교 칸토어 아트센터, 존 플래더와 재클린 루즈의 기증품.

늘 멀리했죠. 생명체를 그리는 일에는 일정한 도덕적 책임이 따른다고 생각했어요. 안 하다 보니 점점 더 두려워졌고요. 어쨌든 저랑은 맞지 않는다고 생각했죠."

하지만 넥텔은 자기가 두려워하는 길이 바로 자기가 나아가야 하는 길이라는 걸 깨달았다. 그는 가고자 하는 곳과 멀리 떨어진 곳에서 한참 다른 길을 걸은 뒤에야 비로소 오랫동안 저항해왔던 세계로 들어갔다.

"그건 분명히 제가 나아가야 할 방향이었어요."

가보지 않은 길을 가는 것은 예상대로 어려웠지만, 동시에 매혹적이었다. 넥텔은 끈기 있게, 잘해야 형체를 알아볼 수 있을 정도인 작품들을 만들었다.

"그로부터 약 1년 뒤에 열었던 전시회가 생각나네요. 대형 작품 두 점을 만들었는데, 하나는 그런대로 괜찮았고, 나머지 하나는 정말 끔찍했어요. 과거의 습관이 다시 튀어나왔기 때문이었죠. 물론 그때는 그렇게 했다는 걸 몰랐어요."

하지만 넥텔은 두렵고 낯선 방식을 계속 시도했고, 결과적으로 작품 세계를 확장할 수 있었으며 더욱 풍성한 기회를 만날 수 있었다.

매너리즘의 늪에서 빠져나오는 방법은 또 무엇이 있을까. 넥텔은 앞서 우리가 만나본 에드거 아르세노, 스티븐 빌, 다이애나 세이터의 말을 거의 글자 그대로 옮긴 듯한 말을 했다.

"제가 만든 작품이 제게 질문을 하거나, 제가 미처 몰랐던 것을 알게 할 때 가장 흥분돼요. 작품이 제게 말을 걸어오면 전에는 전혀 상상하지 못한 새로운 방식으로 생각하게 되죠."

넥텔은 작품과 나누는 대화 덕분에 포기하지 않고 창작을 지속해나갈 수 있다고 한다. 그는 이렇게 설명했다.

"특히 제가 어찌할 바를 모르고 있을 때 작품이 말을 걸어오면 정말 반갑죠. 그때 제가 할 수 있는 일이라고는 완전히 이해하지 못한 그 무언가를 알기 위해 손을 움직여 만들기 시작하는 것뿐이에요. 작가 버나드 쿠퍼는 새로운 아이디어를 떠올리면 '이걸 뭐하고 같이 먹으면 좋을지 모르겠군'이라고 말했다고 해요. 재미있는 표현이죠. 모호하고 불분명하여 표현하기 어려운 생각들은 사실 대단히 생산적인 무언가가 될 불씨를 품고 있어요. 다음 작품을 시작하게 도와줄 아주 훌륭한 지렛대죠. 작품이 들려준 이야기를 통해 예상치 못한 돌파구를 찾게 되는 건 정말 멋진 일이죠. 덕분에 창작자는 아리아드네의 실타래를 손에 쥔 테세우스처럼, 미로에서 한 걸음 한 걸음을 걸어 나올 수 있어요."

연습과 반복만이 매너리즘의 늪에서 빠져나오는 방법이라고 말하는 창작자도 있다. 그래픽 저널리스트이자 일러스트레이터인 웬디 맥노튼은 작업이 정체될 때면 갑갑한 작업실에서 벗어나 근처 카페로 간다. 그리고 커피잔을 그린다.

"물리적인 이유에서예요. 그저 제 모터를 작동시키고, 손을 움직이게 하려는 거죠. 커피 잔을 그리고, 테이블에 앉은 누군가의 모습도 그리고, 주방에서 일하는 바리스타도 그려요. 그러다 보면 손이 흐르듯 움직이게 돼요. 손이 머릿속에 고정되어 있지 않고, 흐르기 시작하면 아이디어도 흘러들어와요. 만약 제가 계속 작업실에 앉아 있었다면 떠오르지 않는 아이디어를 생각하려고 벽을 보면서 머리카락만 쥐어뜯고 있을 거예요. 그런 식으로는 아이디어가 나오지 않아요. 아이디어는 행동을 통해서 나오지요."

맥노튼은 만들면서 알게 되는 과정이 그에게 어떤 의미인지를 이렇게 요약한다.

"데생은 경험적인 활동이라고 생각해요. 상상한 것을 그대로 그리는 것과는 완전히 다른 활동이죠. 저는 생활 속에서 그림을 그려요. 무언가 얻고 싶다면, 계속 손을 끼적이며 그려야 하죠."

맥노튼은 지금까지 좋은 그림들을 많이 그려왔지만, 틀에 박힌 듯한 기분을 반복적으로 느낀다고 털어놓았다. 그가 말하는 유일한 해결책은 '만드는 것'이다. 그는 카페에 가서 커피 잔을 그리

웬디 맥노트, 〈근무시간Office Hours〉

거나 억지로 세상 안으로, 사람들 속으로 깊숙이 들어간다.

"자리에서 일어나 길거리로 나가서 그림을 그려요. 밖에 나가면 상상도 하지 못했던 기회가 열리거든요. 벤치에 앉아서 사물을 관찰하거나, 펜을 계속 움직여서 무엇이 그려지는지 보거나, 밖에서 만난 사람들과 대화를 나누거나, 그들을 그리거나, 늘 다니던 왼쪽 길 대신에 오른쪽 길로 걸어보거나 하지요. 뭐라도 해봐야 해요. 그러면 전혀 기대하지 않았던 아름다운 일들이 일어나기도 하니까요."

이번에는 화가이자 그래픽노블 작가인 에스더 펄 왓슨을 만나보자. 그는 자기 작품과 인생을 '틀에 박히지 않고, 새로운 리듬을 찾기 위한 지속적인 프로젝트'라고 설명했다.

"제가 창의성을 발휘하는 방식은 삶을 살아가는 방식과 거의 같아요. 무작정 알지 못하는 세계로 뛰어들어서 뭔가를 시도해봐요. 한번은 오래 살던 지역을 떠나 뉴욕으로 이사한 적이 있어요.

단순히 그냥 가서 살아보자고 생각했어요. 창작도 비슷해요. 저는 편한 울타리 안에만 머무르고 싶지 않아요. 경계를 넓히고 예측할 수 있는 것들을 뒤집는 걸 원하죠."

왓슨은 자신의 창작 과정과 인생을 다다이즘Dadaism(20세기 초의 문예·예술 운동으로, 기존의 사회적·예술적 관습을 조롱하고 거부했다—옮긴이)의 실험에 비유했다.

"제 창작 과정은 그림을 마구 잘라서 던져놓고, 바닥에 놓인 그 무질서한 조각들 사이에서 뭔가를 찾아내는 실험적인 행위라고 볼 수 있어요. 어쩌면 제 삶도요. 일정한 체계가 있기는 하지만, 혼돈과 실패, 그리고 여러 다른 일들이 일어날 가능성은 늘 있죠."

왓슨에게 그 '체계'의 본질이 무엇인지 물었다. 그는 원칙, 틀과 같은 일종의 구조가 아닐까 생각한다며 자신이 하는 활동을 '별자리'에 관한 멋진 은유로 이렇게 설명했다.

"저는 허공을 떠다니는 작은 위성으로, **항로를 이탈하려고 애쓰고 있어요.** 저는 운석과 파편들을 피하고, 저를 끌어당기는 것들과 제가 착륙할지 모를 장소들에 관심을 두고 있죠. 그저 그렇게 이리저리 떠다녀요. 하지만 이렇게 자유로운 여정에서조차 진부하고 익숙한 틀에 갇힐 위험은 늘 있어요. 아마도 어느 시점엔가, 지금 올라타 있는 탈것이 더는 작동하지 않을 거예요. 그러면 다른 걸 시도해야죠. 새로운 무언가를 탐색하는 일은 알쏭달쏭한 수수께끼에 직면하는 것과 같아요. 길도 맥락도 너무 많죠. 잘못된 길로 갈 수도 있고, 단번에 옳은 길로 갈 수도 있어요. 위험이 따르긴 하지만 생각하고, 찾아보고, 알아낼 기회를 얻는 거니까 감수할 수 있어요.

이곳에 온 뒤로 저는 풍경화를 그리기 시작했어요. 골동품 상점에서 볼 수 있는 아늑하고 따뜻한 분위기로, 아름다운 미국 시골 풍경을 그렸죠. 우리 부부는 도시를 떠나는 위험을 감수했고, 덕분에 작업에 활력을 주는 변화를 맞이할 수 있었어요. 예술가 존 발데사리는 새로 시작하기 위해서 자기 작품들을 몽땅 가져다가 불태워버렸어요. 제가 도시에서 이곳으로 이사한 것도 그와 비슷한 의미였어요. 과거에 불을 지르는 거였죠. 오래된 나무숲을 태워서 새로운 생명이 싹틀 수 있게 하는 것처럼요."

왓슨은 새로운 장소에서 새로운 작품을 만들겠다는 목표로 가족들과 장거리 자동차 여행을 떠나기도 한다.

나는 왓슨에게 《뉴욕타임스》 같은 큰 언론사에서 일러스트 의뢰가 들어오면 어떤 식으로 일을 진행하는지 물었다. 클라이언트가 있을 때와 없을 때의 작업 방식은 어떻게 다를지 궁금했기 때문이다. 왓슨은 '글을 쓰면서 발견한다'고 말했던 소설가들과 비슷한 맥락의 이야기를 들려주었다.

"저는 큼직한 용지 한 뭉치를 꺼내요. 그리고 그림을 그리기 시작하지요. 그냥 그려요. 맨 처음 떠오르는 아이디어는 형편없다는 걸 잘 알고 있으니까, 신경 쓰지 않고 계속 그려요. 어릴 때는 내 그림이 형편없을 때마다 걱정했어요. 하지만 이제는 오늘이 지나기 전에 뭔가 좋은 게 나올 거라고 믿고 기다리지요. 그날 안에 마음에 드는 그림이 안 나와도, 다음 날 아침에는 좋은 걸 그릴 수 있어요. 그래서 일단 기다려봅니다. 가장 중요한 건, 앉아서 계속 그려야 한다는 거예요. 생각대로 안 풀려도 괜찮아요. 그냥 종이 한 장 구겨

에스더 펄 왓슨, 〈붉은 헛간Red Barn〉. 겐트에서 지내며 만든 작품. 작업실 창문으로 바라보이는 풍경을 그렸다.

버리면 되니까요."

　그는 학생들에게 작품 아이디어를 어디서 얻느냐는 질문을 자주 받는다고 한다.

"아이디어를 찾을 때까지 계속해서 다시 시작한다고 말해요. 무엇을 그릴지 정확히 알지 못해서 시작하지 못하는 학생이 많아요. 저는 정확히 알고 출발하는 경우는 거의 없다는 걸 알려주려고 합니다."

왓슨은 상업적인 작품을 의뢰받더라도 만들면서 알게 되는 과정을 똑같이 거친다고 한다. 그는 재료, 주어진 상황과 관계를 맺는다. 알지 못하는 것부터 알고 있는 것까지 모든 것을 '만든다'.

왓슨은 작품의 완성된 모습을 상상하기보다, 작품을 본 관람자가 어떤 감정을 느끼게 될지에 대해서 생각한다.

"그림이 정확히 어떤 모습으로 나올지 아직 모를 때, 작품과 만나는 일이 관람자에게 어떤 경험일지, 그가 어떤 감정을 느끼며 집으로 돌아가길 바라는지 생각해봅니다. 그러려면 일단 조사도 해보고 스케치도 해야 하죠. '이 작품을 보는 사람이 느꼈으면 하는 감정은 바로 이거야'라는 생각이 들 때까지 계속 시도합니다."

그러나 모든 예술가가 왓슨처럼 작업하는 것은 아니다. 톰 넥텔에게 작품을 보는 사람들이 느끼길 바라는 특정한 감정이 있는지 묻자 그는 "그런 건 전혀 없어요"라고 딱 잘라 말했다.

왓슨은 작품에 대한 관람자의 감상을 미리 설계한다. 그는 텍사스에서 했던 전시회에 관해 들려주었다. 그는 사람들이 역사의 흔적을 느끼길 바랐다고 한다.

"전시를 통해 사라진 것이나 사라져가는 것들에 대한 향수를 느끼길 바랐어요. 자동차 라디에이터가 과열되었을 때 나는 냄새나 아주 오래된 목조 주택에 들어설 때 나는 냄새 같은 것들 말이에요. 제가 그린 게 바로 그런 기억이었거든요."

왓슨은 작품에 대한 비전이 아니라, 작품의 효과에 대한 비전을 품는다. 이는 창작에서의 '비전'에 대한 논의를 한층 풍성하게 한다.

만들고자 하는 충동, 알고자 하는 욕구

영감은 끊임없는 '모르겠다'에서 탄생한다.

비스와바 쉼보르스카[15]

유명한 화가이자 일러스트레이터 앤 필드는 직관에 따라 작업을 시작한다. 마음에 품었던 아름다운 풍경, 사진, 이미지 등 내면의 인식과 관계를 맺으며 시작점을 찾는 것이다. 그에게 창작을 추동하는 강력한 힘은 바로 '매혹'이다. 그는 매혹이 찾아왔을 때를 이렇게 설명했다.

"자석처럼 강력한 무언가가 저를 끌어당기는 느낌이 들어요. 느낌대로 실행할 수 없으면 화가 나고 마음이 불편해지고요. 그 힘이 어찌나 강력한지, 마치 저와 분리된 생각처럼 느껴질 정도죠."

"끌어당기는 느낌이 들면, 어떤 일을 하나요?"

"즉시 만들기를 시작하는데, 계획을 세우지 않고 움직일 때도 있어요. 바로 뭔가를 적어보거나, 그림을 그리고 채색을 하죠."

"그림을 그리기 전에 비전을 갖고 있나요?"

"정확히 말하면 없지만, 마음속에 분명한 각인이 있기는 해요. 하지만 아주 명확하지는 않죠. 그건 '반응'에 가까워요."

"그럼 그런 '반응'에 시각적 형태를 부여하는 건가요?"

"네, 그게 뭔지 저는 정확히 알고 있어요. 사실 좀 성가시죠. 행복한 기분과는 거리가 멀어요. 그래도 제가 알고 있는 그 무언가를 바깥으로 꺼내야 하죠. 그렇게 해야만 해요."

필드는 '끌어당김'을 쫓아 창작을 시작하고, 어느 정도 진척이 되면 객관적인 '편집자 관점'으로 그림을 살핀다. 이때 지금껏 해온 방식대로 더 나아갈지 말지를 결정한다. 그러고 나서 그림을 조금 더 그리고, 다시 편집자 관점으로 살피고, 수정하고, 이를 반복한다.

"반복하다 보면 무엇을 해야 하는지, 어떻게 수정해야 하는지, 균형이 잡혀있는지 어긋났는지가 보여요."

"어느 정도 완성된 그림의 형태를 마침내 마주하면, 그건 놀라움으로 다가오나요?"

"아뇨, 놀라움은 아니에요. 인식이죠."

"앤 해밀턴의 이야기와 정확히 일치하네요."

"네, 저는 그걸 인식해요. 마치 제가 발견할 때까지 그 자리에서 저를 계속 기다린 것만 같죠. 딱히 불확실하지는 않지만, 조준을 잘해야 명중시킬 수 있어요. 때로는 이미지나 디자인이 이미 존재하는 것도 같아요. 제가 만들 때까지 그것들을 보지 못할 뿐이죠."

필드는 숲속에 들어가 그 세계가 주는 느낌에 반응하고, 나무들을 경험하고, 친밀감을 느꼈던 경우를 들려주며 설명을 보탰다.

"나이가 아주 많은 나무는 존재 자체로 경이로워요. 하지만 제 고민은 제가 경험한 친근감과 연결의 느낌을 어떻게 그림으로 구현할 수 있을까 하는 것이었죠. 색깔이나, 빛으로 표현할 수 있겠죠. 오로지 형태로만 표현할 수 있을 뿐이에요. 하지만 제가 '반응'하는 건 나무의 각기 다른 개성이에요. 아름다움도 바로 거기에 있어요. 아름다움은 제가 추구하는 핵심이에요. 저는 제 작품이 아름답길 바라고, 그림을 보는 이들도 그 아름다움에 압도되었으면 해요."

필드는 연구를 계획하고 끊임없이 그림을 그린다. 그리고 마음에 드는 그림 한두 점을 찾아낸다.

"특별한 그림을 찾을 때까지, 80점 이상 그리기도 해요. 그중에는 나무의 형태를 명확히 알아볼 수 있는 그림도 있고, 완전히 추상으로 표현되는 그림들도 있죠." 필드는 음악과 몸의 움직임에 관해서도 이야기했다.

"음악은 제게 막대한 영향을 끼쳐요. 작업할 때는 늘 음악을 들어요. 음악은 제가 갖는 삶의 의미와 기쁨에 대한 감각과 같아요. 음악은 일종의 행동이에요. 춤처럼요."

필드의 이야기를 들어보니, 그의 작품에서 느껴지는 약동의 정체가 무엇인지, 그가 어떤 사람인지 이해할 수 있었다. 필드는 직관적에 따라 세상을 경험하고 내면을 뒤흔드는 앎에 깊이 반응한다. 창작 과정에서 음악을 느끼고, 작품에 그 리듬을 그려 넣는다. 그것은 무언가 만들어가는 순간에만 발견할 수 있는 리듬이다. 그의 작품 속 존재들은 동작 없이 멈춰 있지만, 율동이 느껴진다. 마

치 리듬을 시각적으로 구현한 것처럼 보이기도 한다. 나는 그에게
물었다.

"작품마다 고유의 멜로디가 있나요?"

"오, 맞아요. 제가 생각하기에 완성된 작품은 하나의 멜로디를
이루죠. 아주 훌륭한 비유네요."

"당신의 창작에서 리듬과 멜로
디는 시각적으로 발현되는군요. 그
렇다면 몸은 어떤 역할을 하죠?"

"저는 작업할 때 몸을 많이 써
요. 앉아서 그리지 않고 일어서서
작업에 적절한 몸짓을 취하지요. 제
몸의 움직임에서 생명력을 인식해
요. 일부러 의식적으로 그렇게 하는
건 아니지만, 창작을 완수하려면 제
가 살아 있다는 사실을 순간순간 온
감각을 통해 느껴야 해요."

"그게 당신이 몰입하는 방법인
가요?"

"그림을 그리는 작업은 움직임
이에요. 이를테면 호흡이나 춤과 같
아요. 육체적인 거죠. 이건 다른 어

앤 필드, 〈파란 머리Blue Hair〉

떤 원초적인 것들보다 더 적확해요. 그리고 자유로운 만큼이나 상당히 통제도 잘 되고요."

필드의 작품을 보면서 그의 재능과 기술에 감탄하지 않을 수 없었다. 그 우아함과 부드러운 쾌활함에 마음이 동요했다. 음악, 춤, 직관의 도움으로 그는 인식에 이른다. 이러한 발견(앎)은 만들지 않았다면 미지의 상태로 남아 있었을 것에 형태를 부여한다. 희곡「한여름 밤의 꿈」5막 구절이 다시 떠오른다. 그는 명백히, '존재하지 않는 것에 거처와 이름을 부여하는' 예술가다.

4장

디자인의 세계

: 건축가, 그래픽 디자이너,
자동차 디자이너

디자인은 뭔가를 만드는 바로 그 순간에만 이루어진다는 게 특징이다.

폴 비치 올슨, 로나 히튼[1]

디자인 활동과 불확실성은 독특한 관계를 맺고 있다. 디자인은 아직 존재하지 않는 것에 관한 아이디어를 탐구하는 활동이기 때문이다. 디자인이 무엇인지 이해하려면 먼저 이 관계를 이해해야 한다.

제임스 셀프[2]

디자인에서 '만들면서 알게 된다는 것'은 어떤 의미일까? 변화를 만드는 상상력이란 무엇일까? 신제품을 설계할 때는 어떤 창의성이 필요할까? 공감을 끌어내는 디자인의 핵심은 무엇일까? 이 모든 창작 과정에서 앎에 이르는 방법은 무엇일까?

나는 위 질문에 대한 답을 들려줄 그래픽 디자이너, 산업 디자이너, 프로덕트 디자이너, 자동차 디자이너, 가구 디자이너, 인터랙션 디자이너interaction designer(디지털 기술을 이용해 사람과 작품 간 상호 작용할 수 있게 하는 디자인 분야의 전문가—옮긴이), 소셜 임팩트 디자이너 social impact designer(소외 계층의 생활 조건 개선 같은 인도주의적 문제 해결과 사회 변화를 모색하는 사람들—옮긴이), 건축가 들을 만나 이야기를 나눴다. 이들은 각자의 '디자인 과정'에서 겪은 어려움과 그걸 극복했던 방법, 그 사이에서 발견한 창작과 앎에 대한 통찰을 들려주었다.

문제를 해결하는 디자인

내가 인터뷰한 디자이너들은 자신의 일이 문제 해결에 관한 것이라고 했다.[3] 디자인 프로세스에서는 발명, 발견, 고안, 새로운 가능성을 위한 탐색이 이루어지고, 이는 문제 해결로 이어진다. 문제와 해결책이라는 관점에서 디자이너들의 작업 과정을 살펴보고, 앎에 이르는 방법을 배워보자.

다소 오래된 이야기가 됐지만, 아이팟iPod은 문제를 해결하는 디자인을 가장 잘 보여주는 사례다. 아이팟은 공공장소에서 음악을 듣고 싶어 하는 '문제'를 해결하기 위해 만들어졌다. 아이팟은 처음부터 휴대하기 쉽게 만들어졌고, 아이팟 셔플 4세대에 이르러서는 옷에 달고 다닐 수 있는 가로세로 약 3센티미터 크기의 정사각형 모양으로 출시됐다. 사람들은 공원, 체육관, 지하철에서는 물론이고 호수에서 카누를 타면서도 수천 곡의 노래를 손쉽게 들을 수 있었다.

아이팟 개발과 제작에는 당연히 첨단 공학 기술이 필요했지만, 아이팟 프로젝트의 핵심은 디자인이었다. 기기의 느낌과 외관을 결정하는 일, 고객에게 '왜' 아이팟을 선택해야 하는지 설득하는 일, 사용하기 쉬운 기기로 만드는 일, 대중성을 확보하는 일 등은 모두 디자인이 해결해야 할 문제였다. 세월이 흐르고 기술이 발전하면서 스마트폰이 개발되자 아이팟에 있던 모든 기능과 디자인적 결실은 스마트폰으로 통합됐다.

디자인을 가르치는 사람들은 오래전부터 디자이너의 작업을 이런 식으로 설명했다.

"주변을 둘러보세요. 눈에 보이는 모든 것은 누군가 디자인한 것입니다. 여러분이 입고 있는 옷, 앉아 있는 책상, 음식을 담은 접시, 손에 들고 있는 전화기까지 모두 다요. 누군가가 이것들에 대해 골똘히 생각한 결과로 만들어진 거예요. 어떻게 사용할지, 어떻게 하면 가장 이상적으로 기능할지, 느낌은 어떨지, 최적의 재료는 무엇일지, 만드는 데 어떤 자원이 필요할지, 지속 가능한 디자인인지 등을 고려한 결과인 거지요."

각각의 요소는 디자이너가 해결하려는 더 큰 문제의 일부다. 예를 들면 몸을 보호하는 문제(의류), 일하는 공간에 관한 문제(책상), 신속한 커뮤니케이션 문제(스마트폰) 같은 것들 말이다.

디자이너 앤 버딕은 코카콜라 병을 디자인하는 과정을 예로 든다.

"점토나 3D 프린터로 프로토타입을 만들고 있다고 가정해볼게요. 작업하면서 콜라병이 운송용 박스에 잘 들어갈지, 손에 들었을 때는 어떤 느낌일지 고민하겠죠. 대량생산 제품, 그중에서도 콜라병처럼 널리 쓰이는 물건을 디자인할 때는 다양한 사안을 고려해야 해요. 예컨대 병의 두께를 조금 두껍게 하면 운송용 박스에 담기는 병의 개수가 변하게 돼요. 병 모양에 변화를 줄 때는 브랜드 정체성에서 너무 멀어지지 않도록 신경써야 하고요. 요즘은 트렌드에 따라 조금 더 친환경적인 디자인을 고민하고 있어요."

디자이너가 디자인 과정에서 내리는 각각의 선택은 광범위한 영향을 미친다. 디자이너는 그저 '보기 좋은' 모양을 만드는 사람이 아니다. 사물을 보기 좋게 만드는 게 디자이너의 일이라는 생각은 가장 일반적으로 퍼져 있는 오해다. 디자이너는 브랜드 정체성, 글로벌 공급망, 폐기물 관리, 심지어 주주들의 이익과 같은 중요한 사안과 직결되는 문제에 중대한 영향을 미치는 존재다.

디자인은 만듦making을 통한 앎knowing이라고 정의할 수 있다. 내가 만난 디자이너들은 디자인 과정의 핵심은 여러 번의 실패를 통한 깨달음에 있다고 입을 모아 이야기했다. 디자인은 본질적으로 '탐구 활동'이다. 따라서 디자인 과정에서 뜻밖의 발견을 하고, 자신이 가지고 있던 해묵은 생각을 재검토하게 되는 것은 일견 당연한 결과다.

로고 디자인에 담긴 브랜딩

그래픽 디자이너 숀 애덤스는 케이블 방송사 VH1 네트워크의 로고를 디자인하며 문제를 해결해나갔던 흥미로운 이야기를 들려주었다.

"먼저 VH1 채널부터 살펴보았어요. 뭔가 부족하다는 건 금방 느낄 수 있었죠. VH1은 형편없는 기획 특집과 질 나쁜 코미디 프로그램 리뷰, 한물간 옛 프로그램 재방송으로 버티고 있었어요. 한때는 좋은 음악 방송을 내보내는 방송사로 나름의 브랜드 파워를 구축했었는데, 어쩌다 이렇게 됐나 싶었어요. 저는 임원진과 마주 앉아서 VH1의 정체성이 뭐라고 생각하느냐고 물었어요. 그들의 첫 번째 대답은 '우리는 MTV의 자매 채널입니다'였어요."

애덤스는 VH1 임원진이 그들 방송사의 정체성을 타 브랜드와의 비교를 통해 겨우 규정하고 있으며, 송출하는 프로그램 품질이 낮은 것은 둘째 치고 방송사의 핵심 가치나 목적도 불분명하다는 사실을 알 수 있었다. 그는 좀 더 근본적인 문제를 해결하는 게 우선임을 깨달았다. 문제는 단순히 로고를 만드는 것이 아니었다. 정체성에 대한 근본적인 질문을 해야 했다. 이 문제를 지적한 사람이 디자이너였다는 데 주목하자.

"임원진은 로고만 만들면 된다고 했어요. 그럴듯한 로고만 있으면 모든 문제가 다 해결되기라도 할 것처럼요. 물론 멋진 로고가 있으면 좋지만, 그것만으로는 별 의미가 없을 거예요. 시청률은 계속 떨어졌겠죠. 혹시나 시청률 하락이 로고가 매력적이지 못한 탓이라고 비난할 수도 있잖아요? 그러면 제가 문제를 해결하지 못한 게 되는 것이고요."

애덤스는 VH1이 해결해야 하는 질문을 던졌다. 'VH1의 정체성은 무엇인가?' 그것을 계기로 임원진 사이에서 대화가 시작되었다. 애덤스는 그 과정을 이렇게 회상했다.

"그들은 VH1이 미국 팝의 역사를 다룰 수 있는 채널이라는 사실을 깨달았습니다. MTV는 그럴 수 없었죠. MTV는 새로운 음악과 젊음의 상징이니까요. 하지만 VH1은 고전 팝도 소개할 수 있었어요. 그런 발견이 VH1의 정체성을 특징지었고, VH1 마크가 들어간 로고 아래에 '뮤직 퍼스트Music First'라는 문구를 넣기로 결정했어요. 음악이 중심인 채널이라는 사실을 한눈에 알 수 있도록요. 결국 채널의 핵심 목표가 무엇인지 정리한 셈이에요. 이후 방송사의 가치에 부합하지 않는 불필요한 프로그램들은 퇴출됐죠."

로고 디자인은 브랜드의 핵심 가치와 그들이 생산하는 콘텐츠

손 애덤스, VH1 로고 디자인, 1998년.

를 깊이 이해하는 데서 시작한다는 걸 알 수 있다.

성공하는 브랜드는 모두 정체성이 뚜렷하다. 애덤스는 디자이너로서 브랜드의 성공에 크게 기여한 셈이다. VH1은 그 이후 〈음악 너머에Behind the Music〉, 〈세기의 콘서트Concert of the Century〉 같은 프로그램이나 팝의 역사에 관한 프로그램들을 기획했다. 애덤스는 그가 했던 작업의 본질을 명쾌하게 정리했다.

"'해결하려는 문제는 무엇이며, 그것에서 어떤 효과를 기대하는가?', '문제를 해결하려는 진짜 의도는 무엇인가?' 같은 질문을 해야 해요. 그저 적당한 이미지를 가져다 붙이는 것으로는 아무 변화도 만들어낼 수 없어요."

볼보의 소규모 실험실

보통 연구 과정에서 해결해야 할 문제가 무엇인지 이해하게 된다. 그러나 이 책을 쓰기 위해 인터뷰했던 디자이너들은 '연구'를 문제를 식별하는 과정으로 한정하지 않았으며, 연구를 많이 한다고 해서 문제를 더 잘 파악하게 되는 것도 아니라고 설명했다. 연구를 이후 이루어질 제작의 준비 단계로 여기지도 않았다. 디자이너들은 연구와 문제 파악 모두 역동적인 창작 과정의 일부로 보았다. 연구 과정에서는 문화적 맥락, 시장의 요구, 기술 가능성, 사용자 경험, 예산의 제약, 경제 상황, 환경 규제, 물질적 측면의 가능성 등을 탐구하고, 제작 과정에서 생길 수 있는 질문에 답을 마련해나간다. 디자인에서 연구는 비선형적으로 이루어진다. 아이디어를 개발하는 과정에서 추가 연구가 촉발되고, 기존의 결정을 뒤엎고, 다양한 사람(엔지니어, 사업 파트너, 사회혁신가, 마케팅 담당자 등)과의 새로운 대화와 협력이 이어진다. 이 과정 곳곳에서 새로운 아이디어가 나온다. 만화경을 돌리면 새로운 모양이 나오는 것처럼 아이디어도 겹겹이 쌓이며 새로운 비전으로 탄생한다.

전 볼보 인테리어 디자인 부문 수석 티샤 존슨은 볼보에서 계획적으로 조직하는 한 프로젝트팀에 관한 이야기를 들려줬다. 기업 내의 '소규모 실험실'로 통하는 이 팀에서는 신제품 개발을 위한 연구뿐만 아니라, 제품 개발로 이어질 새로운 연구 경로를 발견하는 데도 주력한다. 연구 활동 자체를 창조적인 수단으로 활용하는 것이다. 모든 시스템과 공정이 엄격한 자동차 디자인에 이런 즉흥적이고 유연한 팀이 존재한다는 사실이 흥미로웠다. 존슨이 설명했다.

"그런 프로젝트팀에는 사실상 명확한 업무가 없어요. 개발연구를 통해서 디자인해야 하는 것이나 해결해야 할 것들을 발견하고, 그것이 그들의 업무가 되지요. 어떤 가정을 미리 세워두고 시작하진 않아요. 처음에는 아주 광범위하게 출발하죠. 예컨대 특정 세대의 특성이나 떠오르는 신기술에서 영감을 받아 시작하기도 합니다. 자료를 읽고, 연구하고, 이야기를 나누면서 정보와 지식을 축적합니다. 그러다 보면 자연스럽게 집중할 요소를 추리게 되고, 때로는 그것들을 융합하기도 해요."

고도로 구조화된 거대 규모의 자동차 산업에서 명확한 결과를 보장하지 않는 연구와 실험을 장려하고, 단순히 상품을 만들기 위해서가 아니라 문제를 찾아내기 위해 창조적인 연구 활동을 활용한다는 것이 대단히 놀라웠다. 직관에 반하는 것으로 느껴질지 모르지만, 디자이너에게 연구란 제작 준비를 위한 활동이라기 보다는 만드는 과정 전반에 녹아들어 있는 창조적인 활동이라고 할 수 있다.

군살 없는 테슬라 모델S 디자인의 비밀

테슬라 수석 디자이너 프란츠 폰 홀츠하우젠도 연구와 창작의 관계에 관해 존슨과 비슷한 이야기를 들려주었다. 폰 홀츠하우젠은 불확실성에 직면하여, 근본적인 질문을 던지는 방법과, 필요한 영감을 얻는 방법을 설명해주었다.

"제가 테슬라에 합류한 때가 2008년이에요. 여름의 끝자락인 8월이었어요. 테슬라에 들어오자마자 모델S를 어떤 자동차로 만들지 알아보는 과정에 착수했어요. 사실 그때까지 결정된 것이 거의 없었죠. 소설을 써야 하는데 눈앞에 백지만 있는 것과 마찬가지였어요. 벅찬 도전이었지요. 하지만 모델S의 기본 원칙을 생각해보고, 무엇을 지침으로 삼을지 찾아낼 기회이기도 했지요. 저는 디자인할 때마다 그 프로젝트의 기본 정신부터 찾거든요."

"테슬라 모델S의 디자인 방향은 어떻게 찾게 되었나요?"

"2008년에는 전기자동차라고 하면 우주선 같은 디자인을 생각했어요. 바퀴가 세 개거나, 일반적인 자동차와는 다른 기이한 모양을 하는 식이었죠. 얼리 어답터들은 좋아했을지 모르지만, 그것 말고는 딱히 장점이 없었어요."

아무것도 정해진 게 없는 백지상태였기 때문에, 일단 시작점을 찾는 게 필요했다. 폰 홀츠하우젠은 테슬라의 사명을 떠올리고, 테슬라가 목표로 하는 것은 효율적인 전기차라는 점을 생각했다. 다른 많은 예술가나 디자이너와 마찬가지로 폰 홀츠하우젠도 그런 근본적인 질문에서 시작점을 찾았다.

"테슬라의 사명을 어떻게 자동차로 보여줄 수 있을까? 테슬라를 어떻게 시각적으로 묘사할 수 있을까? 테슬라가 중시하는 효율성이란 무엇일까? 작동 방식, 운행, 생산에서의 효율성이란 어떤 것일까? 얼마나 빠르게 달릴 수 있을까? 얼마나 친환경적으로 만

테슬라 모델S, 2009년.

들 수 있을까? 이런 것을 어떻게 시각 언어로 구현할지 고민했죠."

이런 질문들로 추진력을 얻은 폰 홀츠하우젠은 자신의 취미인 자전거를 활용해 연구를 시작했다.

"때마침 투르 드 프랑스Tour de France(매년 7월 프랑스에서 개최되는 프랑스 일주 사이클 대회—옮긴이)가 막 열렸을 때였어요. 어느 날 자전거를 타고 달리는데 문득 이런 생각이 떠올랐어요. 프로 자전거 선수들에게는 효율성이 생명이라는 거죠. 선수들은 아주 정교하게 정비된 기계와 마찬가지예요. 예를 들어 선수들은 분야에 따라 체격이 달라요. 필요한 능력에 따라 몸을 만들기 때문이죠. 스프린터라면 단거리 질주에 능한 근육을 단련하고, 마라토너라면 장거리를 뛸 수 있는 몸을 만들죠. 이렇게 해서 선수들은 평범한 사람은 할 수 없는 일을 해냅니다. 훌륭하게 만들어둔 신체 조건 덕분에 가능한 거예요. 우연히 자전거 선수를 보며 얻은 깨달음이 모델S 디자인의 중심이 되었어요. 저는 군살 없이 다져진 근육질 몸과 같은 자동차를 디자인하려 했어요. 펜더fender(바퀴에서 튀어 오르는 흙탕물을 막기 위해 철판을 둥글게 씌운 부분—옮긴이)의 곡선을 좀 보세요. 군살이라곤 없지요. 이건 곧 효율성을 의미해요."

효율성에 집중하는 것은 테슬라 모델S의 연구에서 가장 중요한 부분이었다.

내가 만났던 디자이너 중 다수가 어떤 분야든, 무엇을 디자인하든 상관없이, 연구 과정에 관한 확고한 인식이 있었다. 연구를 프로젝트의 준비 단계로만 보는 사람은 거의 없었다. 창조 활동이 머릿속의 '비전'을 실행하는 데 그치지 않는 것과 마찬가지로, 디자인에서 연구는 프로젝트의 준비 단계에 그치지 않고, 창작 과정 전반에 영향을 미친다. 연구와 아이디어 개발은 비선형적으로 이루어지며, 서로 영향을 주고받는다.

디자이너들은 연구를 일종의 대화dialogue라고 설명하기도 했다. 디자이너들은 연구를 하며 동료 디자이너, 엔지니어, 시장, 역사, 문화와 대화를 나눈다. 폰 홀츠하우젠이 모델S를 디자인할 때도 마찬가지였다. 그는 당시 이미 존재했던 전기 자동차들과 '대화하면서' 모델S의 디자인을 발전시켜나갔다.

"지금도 그렇지만, 그 당시 전기차들은 굉장히 육중했어요. 다들 '이렇게 거대한 차로는 장거리를 달릴 수 없을 거야'라고 생각했죠. 저는 효과적인 균형감과 아름다운 라인으로 차체를 가벼워 보이게 했어요. 그래서 테슬라 모델S에는 군더더기가 하나도 없어요. 정교하게 조율하고 세심히 가다듬어서, 늘씬하고 단단하게 느껴지지도록 했어요. 그래서 가만히 서 있을 때조차 역동적인 움직임이 느껴지죠."

폰 홀츠하우젠은 경주마, 달리는 치타, 하늘을 나는 독수리의 움직임에서도 영감을 받았다.

"경주마, 치타, 독수리의 움직임은 정말 완벽하죠. 자동차 디자인에도 그들의 특징을 표현하려고 했지요. 그 결과물이 오늘날 도로에서 볼 수 있는 테슬라 자동차입니다. 저는 테슬라가 현재 시장에 나와 있는 자동차 중에서 가장 공기역학적으로 디자인됐다고 생각해요. 마치 스프린터 같죠. 효율이라는 말을 구현해낸 것 같아요."

거장 건축가 프랭크 게리의 호기심

빌바오 구겐하임 미술관, 로스앤젤레스 월트 디즈니 콘서트 홀 등을 설계한 현대 건축의 거장 프랭크 게리와 만났다. 그는 젊은 세대 건축가들이 예술적 전통을 등한시하고 있다고 한탄했다.

"요즘 건축가들은 자신이 예술가라는 사실을 망각하고 있어요. 그래서 점차 건축의 세계가 축소되고 있죠."

게리는 예술가란 쉬운 답을 내릴 수 없는 심오한 질문을 두고 씨름해야 하며, 그 과정에 예술의 핵심이 있다고 주장한다. 그는 건축과 예술적 유산 사이의 단절 때문에 아름다운 건물이 지어지지 않는 것이라고 덧붙였다. 게리는 건축가가 반드시 갖춰야 할 덕목으로 호기심을 꼽는다. 깊은 호기심에서 발현된 질문은 불확실한 창조적 공간으로 들어가는 시작점이다. 그는 그러한 질문을 연구의 뼈대로 삼는다.

"호기심에서 모든 것이 시작돼요. 제가 사용하는 건 탈무드 모델이에요. 탈무드 모델은 '질문으로 이어지는 질문'이 핵심이지요. 여기에는 뭐가 적합할까? 이곳은 어떤 종류의 공간인가? 주변 공간과 어떻게 조화시킬까? 사람과 공간이 어떤 관계를 맺을까? 이런 질문들을 끊임없이 던집니다."

게리는 경험과 교육이 질문을 구체화하고, 질문을 통한 행동을 촉발한다고 설명했다. 게리의 견해는 경험, 교육, 가치, 우선순위, 윤리, 재능이 창작자에게 발판이 되어준다는 이야기와 같다. 예술가의 경험과 배경은 모호함을 해결해주거나 질문에 답을 내주지 않는다. 그보다는 창조적인 발견에 도달할 수 있는 실질적인 방법이 되어준다. 좋은 질문은 가능성을 열어준다. 그리고 경험은 그 범위를 더 넓혀준다.

디자이너 프리도 베이저트 역시 디자이너의 근본적인 특성으로 호기심을 꼽았다. 베이저트는 로스앤젤레스에서 콘셉트 디자인 컨설턴트로 일하고 있다. 그는 비디오게임을 개발하고, 언더그라운드 DJ로 일하고, 3D 소프트웨어를 이용한 디자인 학습을 주제로 책을 쓰는 등 광범위한 활동을 해왔다.

"저는 항상 질문에서 출발하죠. 그리고 질문은 대개 '만약'으로 시작해요. '만약 내가 이렇게 한다면 어떻게 될까?'라는 식이죠. 이런 질문은 제게 방향을 제시하고 움직일 힘을 줘요."

디자이너에게는 새로운 질문, 새로운 가능성, 새로운 문제를 탐지하기 위해 사용하는 일종의 레이더가 있다. 베이저트도 끝없는 호기심과 질문에 대해 이야기한다.

"저는 지금 이 방에 앉아 있는 것만으로도 아이디어가 생겨요. 사물을 관찰하기 때문이죠. 호기심이 저를 아이디어로 이끌어줘요. 매일 아내와 저녁을 먹으면서 대화를 나누는데, 그때마다 아이디어가 10~12개씩 생겨요. 곰곰이 생각해보고, 깊이 파헤쳐보고, 업무에 활용하거나 다른 프로젝트를 위해서 더 깊이 탐구해볼 가치가 있는 아이디어들이죠."

베이저트는 호기심에서 나온 질문으로 삶을 가득 채운다. 독창적인 질문으로 정형화된 대답을 넘어 훨씬 멀리 나아간다.

작품과 나누는 대화에 길이 있다

디자이너들과의 인터뷰에서 얻은 가장 신선한 통찰 중 하나는 대화에 관한 것이었다. 디자이너들은 만들면서 알게 되는 과정에서 여러 대화에 참여한다. 디자이너들은 공감과 사용자 경험user experience, UX이 모든 디자인의 근본이라는 말을 한다. 제품의 최종 사용자가 겪을 문제와 그들의 요구를 인식해야 하기 때문이다. 이 사실은 특별히 새로운 것은 아니다. 하지만 '알게 되는 과정'을 탐구하면서, 어떤 종류의 디자인에서든 UX 연구는 다양한 형태의 대화로 이루어진다는 사실을 새롭게 알게 됐다. 디자이너들은 연구 조사의 기본 구조를 대화를 통해 만든다.

디자이너들은 엔지니어, 고객, 개발자, 마케팅 담당자들과 대화를 나누지만, 현재 사용되는 기술, 색상이나 소재의 동향, 다른 디자이너의 작품이나 상품, 그리고 문화, 역사, 시장 같은 개념화된 대상들과도 대화를 나눈다.

볼보의 수석 디자이너 티샤 존슨은 학생 때 들었던 인체 소묘 수업에서 겪은 일을 이야기해주었다.

"수업을 듣기 시작한 지 며칠 지나지 않았을 때, 선생님은 예술 가들이 재료와 어떻게 대화를 나누는지 설명해주셨어요. 선생님은 그림을 그릴 때 최종 결과물이 머릿속에 명확히 떠오르지 않을 수 있다고 하셨어요. 그런데 그림 도구를 손에 쥐고 그림을 그리는 과정에서 어떤 일이 일어난다고 하셨어요. 그림 도구, 우리의 경우 목탄이었는데, 목탄이 종이를 스치는 순간 대화가 시작된다는 거였죠. 선생님은 목탄이 '오, 너는 그렇게 하고 싶어? 그럼 이건 어때?' 라고 말을 걸어올 거라고 하셨어요."

존슨은 그것이 그에게 정말 중요한 가르침이었으며, 디자이너 로서 활동하는 지금까지도 여전히 깊은 영향을 받고 있다고 설명 했다.

"그 가르침 덕분에 만드는 과정에서 마주하는 발견의 순간을 편히 받아들일 수 있게 됐어요. 답이 보이지 않을 때도 불안해하지 않을 수 있었고요. 창작 과정에 영향을 미치는 미지의 요인은 수없이 많고, 그런 요인들로 인해 창작의 방향은 계속 틀어지죠. 그러니 머릿속으로 정해놓은 답에 매달리는 것은 의미가 없어요."

게리는 건축물을 설계하면서 주변 건물이나 도시와 상호작용한다고 했다. 그는 주변 건물들이나 건축물이 들어설 장소와 '대화를 나눈다'.

그는 자신의 고향인 토론토에 짓고 있는 건축물에 관해 이야기했다. 그는 작은 창고 건물의 역사적 중요성을 두고 토론토시와 팽팽한 의견 대립을 겪었다. 게리는 그 건물에만 관심을 집중한 나머지 '디자인에 필요한 대화'는 하지 못했다고 설명했다. 그는 마치 작가처럼 등장인물들(다른 건물들, 풍경, 주변 시설 등) 사이에 일종의 대화를 끌어냈다.

"제가 보고 자란 토론토의 유니언 스테이션, 로열 요크 호텔, 국회의사당을 예로 들며 역사적 건물의 중요성을 주장했죠. 이 건물들이 토론토라는 도시의 이미지를 만들었거든요."

결국 그는 '옛 토론토에 말을 거는' 디자인에 초점을 맞췄다. 건축물이 주변 건물들과 '대화한다'면 건축가의 일은 소설가나 극작가의 일과도 비슷하다고 할 수 있다. 등장인물들끼리, 그리고 등장인물과 작가 사이에서 오가는 교류와 상호작용은 모두 창조적 우주론의 일부이며, 발견을 위한 자극이 된다. 게리는 뉴욕, 빌바오, 아부다비에 세운 건축물들을 예로 들었다.

"8 스프루스 스트리트(뉴욕 맨해튼에 있는 고층 빌딩으로 비크먼 타워 Beekman Tower, 뉴욕 바이 게리New York by Gehry라고도 불린다—옮긴이)는 울워스 빌딩, 브루클린 다리와 함께 살펴봐야 해요. 주위 구조물들과 어울려 **앙상블**을 이루거든요. 구겐하임 미술관을 짓기 위해 빌바오

프랭크 게리, 토론토 킹 스트리트 빌딩 프로젝트. 디자인 과정은 2018년에 시작했다. 위 이미지는 소라 Sora의 작품이다. 게리 파트너스Gehry Partners, LLP.

프랭크 게리, 8 스프루스 스트리트와 맨해튼의 스카이라인. 2011년. 게리 파트너스, LLP.

에 갔을 때는 그곳의 역사와 문화를 공부하고 싶었고, 실제로 그렇게 했어요. 덕분에 현지 사람들과 소통하고, 어울려 일할 수 있었어요. 그들의 환경을 존중하는 게 중요하다고 생각했습니다."

건설이 오래 지체됐던 구겐하임 아부다비 미술관 디자인은 게

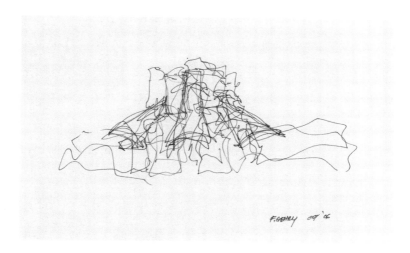

프랭크 게리, 구겐하임 아부다비 미술관 스케치와 모형. 디자인 과정은 2006년에 시작됐다. 게리 파트너스, LLP.

리가 고안했던 10~15개의 모델 중 하나였다. 최종 디자인은 작업의 콘셉트를 잡는 단계에서 만들어졌다. 게리는 늘 고객들과 대화를 나누는 한편 도시와 문화, 역사와 대화를 나누었다. 아부다비 사람들은 게리가 '그들의 문화를 근본적으로 이해한다고 믿었기 때문'에 미술관의 최종 모델을 채택할 수 있었다. 구겐하임 미술관의 디자인은 광범위하고 다차원적인 대화의 결과였다.

디자이너와 순수예술가의 차이는 무엇일까? 많은 이가 고객의 존재 여부를 들었다. 산업 디자이너 앤디 오그던은 고객과 나눈 대화가 작업의 근본이 되고, 문제 해결에도 깊은 영향을 미친다는 점을 집중적으로 설명했다.

"저는 순수예술 분야에서 활동을 시작해서 흥미 있는 것, 아니면 그냥 만들고 싶은 걸 만들었어요. 무슨 문제를 해결하려는 것도 아니었고, 다른 누군가의 니즈를 충족시키기 위한 것도 아니었죠. 그런데 경험해보니 저는 어떤 문제를 해결하는 작업이 더 잘 맞고, 그런 활동에 흥미를 느끼는 편이더라고요. 마치 퍼즐이나 게임을 하는 것 같아서 재미있고요."

오그던은 퍼즐을 풀기 위해 고객이나 협력자와의 대화가 반드시 필요하다고 이야기해주었다.

"저는 제 앞에 어떤 목표가 주어졌을 때 고객이나 회사가 추구하는 가치를 늘 참고해요. 디자이너는 이해당사자의 가치를 염두에 두고, 그것을 기반으로 자신의 작업을 발전시켜 나가야 해요. 고객이 추구하는 가치, 그들 안에 있는 의미 있는 것이 제 작업에 추진력을 보태주지요."

흥미로운 것은, 만들면서 알게 되는 과정이 한쪽에서만 일어나지 않는다는 점이다. 디자이너가 만들면서 알게 되는 만큼, 고객도 그 과정에 전적으로 참여하면서 알게 된다. 오그던은 이렇게 설명한다.

"만들면서 알게 되는 과정은 특정 사람만 경험하는 게 아니라, 누구나 겪게 되는 진실인 것 같아요. 디자인을 맡긴 고객이 그걸 의식하든 하지 않든, 그들도 같은 과정을 겪게 돼요. 고객들이 디자이너에게 작업을 의뢰하는 이유 중 하나는 그들도 만드는 과정에서 조금씩 알게 되기 때문인 것 같아요."

이런 견해를 받아들이면, 디자인을 한층 다층적으로 바라보게 된다. 디자인에 있어 타인에 대한 고려, 즉 '공감 근육'을 개발하는 것이 중요하다는 데에는 논란의 여지가 없다. 실제로 디자이너들은 흔히 이런 방식으로 작업을 발전시키고 사용자의 만족을 도모한다. 인터랙션 디자이너인 매기 헨드리는 이렇게 말한다.

"제가 생각하는 이해에는 공감이 포함돼요. 저는 제가 디자인한 기술을 사용하는 사람들의 소소한 기쁨, 좌절, 찡그린 얼굴을 이해합니다. 상대방의 감정을 함께 느끼는 것이 이해죠."

사용자에 대한 이해와 공감이 바탕이 되면 좋은 디자인이 탄생할 가능성이 커진다. 오그던과 마찬가지로 헨드리도 고객과 나누는 다양한 종류의 대화까지 디자인 과정이라고 본다. 이때의 대화는 단순히 공감을 형성하기 위한 것이 아니다. 헨드리는 이 대화가 "참여적인 디자인과 의미의 공동 창조"라고 설명한다. 그는 작업에 임할 때마다 고객에게 직접 디자인 과정에 참여하게 될 것이라는 점을 이해시키려고 노력한다.

디자인은 이처럼 협력을 근본으로 한다. 작가와 시각예술가는 창조적 발견의 장이 되는 불확실성과 소극적 수용력의 공간으로 들어간다. 주로 이들은 홀로 상상력을 발휘하여 창작에 임한다. 반면 디자이너는 고객이나 사용자(그리고 그 밖의 많은 사람과 사물들)와 대화하며 창작을 시작한다.

디자이너 닉 하퍼마스는 샌디에이고 국제공항에 자리한, 폭이 약 500미터에 이르는 렌터카 센터 건물의 외벽을 디자인했던 대즐 Dazzle 프로젝트에 관한 흥미로운 이야기를 해주었다. 이 사례는 디자이너가 다양한 '대화 상대'와 의견을 교환하고 깊은 대화를 나누는 것이 얼마나 중요한지 극명하게 보여준다.

프로젝트 초기, 하퍼마스는 의뢰인이 '그저 건물 외벽을 예쁘게 보이게 하려고' 자신을 고용한 건 아닌지 의심스러웠다고 한다.

"의뢰인이 산정한 예산은 넉넉했어요. 건물을 그 지역의 랜드마크가 될 만한 예술 작품으로 만들기에 충분한 돈이었죠. 그런데 아무도 적당히 보기 좋은 외관 이상의 어떤 가능성도 생각하지 않더라고요. 외벽을 특별하게 만들 어떤 시도도 없었어요. 그냥 있다가는 문 옆에 두는 거대한 화분이나, 거대한 깃발 같은 뻔한 것들만 만들게 될 것 같았어요."

하퍼마스는 상투적인 디자인은 하고 싶지 않았다. 그렇다고 특별한 '비전'이 있었던 것도 아니었다. 그는 특별하고 흥미로운 결과물은 만드는 과정을 통해 발견해야 한다는 것을 알고 있었다. 이를 위해서는 고객과 함께 구체적인 창작 과정을 거쳐야 했다.

대즐 전함: FFS Gloire, 1944년.

"'어떻게 하면 분위기가 완전히 바뀔까?' 궁리했지요. 제대로 해낼 확실한 방법이 아니면 관심도 두지 않을 작정이었어요."

그는 전체적인 체계를 뒤집는 '파괴적인' 방안을 도입했다. 하퍼마스는 그런 접근을 '파괴적인 장난기subversive playfulness'라고 묘사했다. '장난기'라는 표현이 중요하다. '장난기'라는 단어는 연극의 열린 대화를 함축하기 때문이다.

"파괴적이면서 장난기 넘치는 접근법이었죠. 개방형 실험을 진행했어요. 일종의 역할극이기도 했어요. 고객과 이해당사자들을 참여시키기 위한 방책이었죠."

하퍼마스는 전통적인 방식에서 벗어난 파격적인 디자인을 했다. 고객과의 '공연'에서, 그는 대즐 위장 무늬dazzle camouflage 개념을 발견했다. 대즐 위장 무늬는 양차 세계대전에서 군함 위장에 쓴 방식으로, 영국 예술가 노먼 윌킨슨이 영국 해군으로 있을 때 고안했다. 함선에 기하학적인 선을 교차해서 그려 넣는 방식으로, 굉장히 특이하고 눈에 띈다. 흔히 생각하는 은닉을 위한 위장이 아니었다. 그보다는 함선을 적군의 표적 범위에서 벗어나게 하고, 속도와 방향을 교란하기 위한 목적이 더욱 컸다. 이 위장술의 목적은 "눈에 잘 안 띄게 하려는 게 아니라, 함선의 형태를 파괴해서 적군이 표적으로 삼기 어렵게 하려는 것"이었다.[4]

하퍼마스는 이와 비슷한 의도에서 대즐 위장 무늬로 공항 벽면을 장식하면 좋겠다고 생각했다. 외관을 감추기 위해서가 아니라, '외관을 뒤죽박죽으로 만들고' 평범한 디자인에서 초래되는 문제를 해결하기 위해서였다. 그는 외벽 디자인뿐 아니라 건물 자체가 낯선 느낌을 주길 바랐다.

"저는 건축가에게 이렇게 말했어요. '이미 건물의 틀을 정해두셨는데, 저는 그 틀에서 벗어나보고 싶어요. 인간의 지각에 도전하는 디자인을 할 겁니다.' 놀랍게도 건축가는 제가 제안한 콘셉트를 마음에 들어 했어요. 대즐 위장 무늬를 추진해도 좋다고 했지요."

"어떻게 그런 생각이 떠올랐나요?"

"《인터섹션 매거진Intersection Magazine》이라는 독일 자동차 잡지를 훑어보다가, 전혀 뜻하지 않게 대즐 위장 무늬에 관한 작은 기사를 발견했어요. 이 무늬를 움직이는 함선이 아니라, 움직이지 않는 건물에 그려보면 어떨까 하는 호기심을 갖게 됐어요. 겉모습을 감추는 디자인이 아니라 지각을 뒤죽박죽으로 흔드는 디자인이라 관심이 가더라고요."

"뜻밖의 발견이었다는 말인가요?"

"네, 그래요. 하지만 다른 한편으로 생각하면, 새로운 디자인을 만드는 데 완전히 몰두해 있었기 때문에 발견할 수 있었던 것 같아요. 떠오르는 아이디어는 뭐든 받아들였지요."

이 사례 역시 많은 예술가와 디자이너가 창작 과정에 대해 언급하는 '뜻밖의 발견'이라고 할 수 있다. 그런데 앞에서 언급했듯이 '뜻밖의 발견'이라는 표현은 부적절하다. 에이미 탄이 지적했듯이, 창작 과정에서 예술가는 우연한 행운처럼 보이는 일들을 겪는다. 마치 일종의 법칙이 있기라도 하듯이 말이다. 해밀턴은 예술가에게는 그런 현상에 대응하는 자세, 즉 준비가 필요하다고 지적했다.

하퍼마스는 아이디어를 찾은 다음에는 적합한 재료를 찾는 실험과 프로토타입 제작에 힘을 쏟았다. 하퍼마스는 건물 정면을 단순히 색칠한다는 생각을 떨쳐버렸다. 그는 윌킨슨이 썼던 방식대로 줄무늬를 그리지 않았다.

"그건 값싸게 위장무늬를 만드는 방법일 뿐이었죠."

하퍼마스는 건물의 전면에서 생동감과 움직임이 느껴지길 바랐다. 그는 빛을 반사하는 검은 필름으로 실험해봤다.

"건물 옆을 지나가는 차들의 헤드라이트 빛에 건물이 움직이는 것처럼 보이게 만들고 싶었어요. 프로토타입을 만들어서 시도해봤는데, 기대했던 효과가 좀처럼 나오지 않더라고요."

하지만 뜻밖의 기쁜 일(또 다른 행운)이 생겼다.

"전자책 디스플레이인 킨들을 만드는 E 잉크E Ink Corporation에서 연락을 받았어요. 제가 그동안 만든 작품을 봤고, 마음에 든다고요. 자기네 회사에 1.5킬로미터 이상을 덮을 수 있는 전자 잉크가 있는데, 그걸로 뭘 하면 좋을지 몰라서 제게 전화했다고 했어요. 저는 수화기를 든 채로 이렇게 말했어요. '네, 어떻게 하면 좋을지 제가 알 것 같아요!' 일단 공항으로 돌아가서 의뢰인에게 건물 전체를 살아 움직이는 것처럼 보이게 만들면 어떨지 물어봤지요. 그리고 전자 잉크가 어떤 효과를 낼 수 있는지 설명했어요. 외부 영향에 따라 다르게 보이는 디스플레이가 될 거라고요. 검은색과 흰색으로 자유롭게 바뀔 수 있으니까요. 그런 걸 건물 외관에 적용하면 어떨지 한번 상상해보라고 했죠."

하퍼마스는 나사NASA 제트추진연구소에 근무하는 데이비드 델가도, 동료 예술가 댄 굿즈와 협력해서 전자 잉크가 외부에서 장시간 버틸 수 있는 방법을 찾아냈다. 장기간의 연구개발과 프로토타입 제작을 통해서 마침내 수백 개의 타일로 구성된 독특한 외벽을 완성했다. 태양광 발전 소재에 날씨의 영향을 받지 않도록 특수 보호 처리한 전자 잉크 패널을 전략적으로 배치한 디자인이었다. 건물 앞면 전체에 이런 타일을 붙이려면 비용이 너무 많이 들었기 때문에, 최소한의 양으로 최대의 효과를 내는 것이 관건이었다. 사진으로도 확인할 수 있듯이, 효과는 확실했다. 하퍼머스는 자신 있게 말했다.

"500여 미터나 되는 건물에 이 기술을 적용한 사례는 지구상에 또 없을 겁니다. 이 타일은 100퍼센트 태양광으로 구동되기 때문에 전기 케이블이 없어요. 타임스스퀘어처럼 빛 공해를 발산하지도 않죠. 친환경 기술로 빛을 내는 벽이에요."

샌디에이고 공항 렌터카 센터의 대즐 프로젝트, 2017년.

만들면서 알게 되는 과정에는 이처럼 다양한 이들과의 다층적인 대화가 수반된다. 고객과 디자이너, 그리고 디자이너와 건축가 사이의 대화는, 이 프로젝트에 관여한 예술가들과 엔지니어들 사이의 대화만큼이나 중요하다. 그런데 대화는 여기서 그치지 않는다. 하퍼마스는 자신의 작품과 유사한 다른 작품과도 대화를 나누었고, 새로운 조합과 사용법을 찾기 위해 다양한 소재와도 대화를 나누었다고 지적한다.

신기하게도, 하퍼마스의 이 작품은 샌디에이고 역사와의 대화도 촉발했다. 하퍼마스의 연구에 따르면 대즐 위장 무늬를 맨 처음 시험한 장소가 샌디에이고 앞바다였다. 또한 공항에는 '공기와 물이 만나는 곳'이라는 의미도 있었기 때문에 대즐 프로젝트는 움직이는 것과 멈춰 있는 것, 숨겨진 것과 보이는 것, 빛과 어둠, 흡수와 반사에 관한 대화가 됐다. 또 하퍼마스가 인터뷰를 마무리하면서 주장했던 것처럼 "예술사, 노먼 윌킨스, 대즐 위장 무늬라는 개념에 영향을 준 입체주의적인 영감에 관한 대화"이기도 했다.

대화 속에서 이루어지는 디자인의 또 다른 사례는 데이비드 모카스키가 디자인한 군록Gunlocke의 의자가 있다. 모카스키는 이 의자로 상도 받았다. 고객은 모카스키에게 '개성 있고 단순한 굽은 나무 의자'를 만들어달라고 요청했다. 모카스키는 모호한 고객의 설명이 답답했지만 곧 돌파구를 찾아냈다. 모카스키의 사례는 디자이너가 고객이 인식하지도 못한 니즈를 충족시킬 수 있다는 증거이다. 오그던의 설명처럼, 고객도 디자이너와 함께 만들면서 알게 되는 여정을 경험하게 된다.

모카스키는 역사와의 대화로 디자인을 시작했다.

"미시간과 노스캐롤라이나에 정착한 유럽 장인들의 목공과 공예의 역사를 살펴봤어요. 미국 가구의 역사가 거기서 시작되었거든요. 특히 단순한 제작 과정에 집중했어요."

미국 초창기 목공 역사 연구는 1920년대 샤넬의 '리틀 블랙 드레스Little Black Dress(길이가 짧고 디자인이 단순한 검은색 이브닝 드레스─옮긴이)'와의 대화로 바뀌었다. 이 과정은 하퍼마스가 대즐 위장 무늬를 발견한 상황과 비슷하다.

"리틀 블랙 드레스의 간결한 실루엣에 대해 생각하게 됐어요. 간소하면서도 균형 잡힌 디자인이 아주 마음에 들었거든요. 옷을

데이비드 모카스키, 2017년 군록에서 제작한 티아Tia 의자.

입은 사람이 어떤 사람인지 드러내주는 드레스인 동시에, 그들을 통해 어떤 이 옷이 어떤 옷인지 알려지게 되었죠."

모카스키는 아이디어를 구체화하면서 목공, 그리고 다목적으로 활용할 수 있는 비싸지 않은 패션 디자인과의 대화에 몰두했다. 그는 눈에 보이는 대상이나 보이지 않는 대상들과 대화를 나누면서 작업을 전개해나갔다.

"모든 것이 동시에 일어났어요. 순차적인 전개가 전혀 아니었죠. 한 질문에 대한 답이나 가능성은 항상 여러 가지예요. 작업과 관련된 맥락, 다른 브랜드나 디자이너에 관한 생각이 끊임없이 떠

1926년 《보그》에 실렸던 샤넬의 '리틀 블랙 드레스' 일러스트 © 콘데 나스트Conde Nast

오르고요. 그림을 그릴 때면 그 모든 것들이 마음속에서 왔다 갔다 하지요. 그림에 때로는 한 단어, 때로는 몇 단어로 이루어진 구절을 덧붙여요. 그런 방식으로 아이디어를 이리저리 시험해보는 거예요. 제가 아이디어에 말을 거는 과정이지요. 그러다 보면 아이디어가 제 말에 대꾸를 해줘요. 그럴 때 마법이 일어납니다. 창조적인 발현이 이루어지는 시점이지요. 문제가 해결되고, 일종의 혁신 을 발견하게 돼요."

디자인에서 만들면서 알게 되는 과정은 스케치, 모델링, 글쓰기, 가벼운 실험으로 행해지며 담화, 사회운동, 연구, 토론, 협상 등을 통해 이루어진다. 이 과정은 문화 및 역사와의 소통이자 대화이기도 하다. 동료 디자이너, 엔지니어, 사업 파트너와의 협업이기도 하다. 고객, 협력사, 사용자들과의 대화도 이루어진다. 베이저트는 이렇게 말했다.

"제게 중요한 건 매체의 변형이에요. 어떤 아이디어가 완성되어가는 과정을 지켜보면, 작품이 되기까지 여러 단계의 진화를 거친다는 것을 알 수 있어요. 애벌레가 나비가 되려고 탈바꿈하는 것과 비슷하지요. 매체를 바꿀 때마다 잔뜩 흥분하게 돼요. 그에 따라 많은 것이 변하기 때문이죠. 생각했던 아이디어를 버릴 때도 있고, 반대로 아이디어가 더 크게 발전하기도 해요."

또는 버딕이 말하는 것처럼 디자인에서 창작은 사물, 텍스트, 그리고 다른 사람들과의 대화라고 할 수 있다. 버딕은 "제 일의 협력자는 둘이에요. 하나는 사람이고, 다른 하나는 텍스트죠"라고 말하기도 했다.

이 책을 쓰기 전에는, 디자이너들이 창작 과정에서 얼마나 많은 대화를 하는지(창작 과정의 여러 요소가 어떻게 서로 '이야기'하는지) 제대로 이해하지 못했다. 디자이너들은 수만 가닥의 대화를 통해 문제 해결의 실마리를 찾는다. 소크라테스식 대화법이나 문제 해결 전략과 비슷하지만, 물리적으로 뭔가를 만들어가는 과정에서 진행된다는 점이 다르다. 처음부터 해결책을 알고 디자인에 임하는 디자이너는 별로 없었다. 현실적인 비전도 없는 경우가 많았다. 그저 그런 상태로 역동적이고 때로는 변증법적인 창작 과정에 들어갈 뿐이다.

이런 대화는 연극적이기도 하다. 디자이너들의 작업 방식은 극작가들의 일과 닮은 점이 있다. 그들은 다층적인 대화를 나누며 장면과 인물을 관리한다. 내가 만들면서 알게 되는 개념에 집중하기 전에는, 연극과 디자인의 창작 과정이 비슷하다는 생각은 전혀 하지 못했다. 햄릿의 유명한 독백이 떠오른다. "연극이 바로 그 수단이다The play's the thing". 정말 그렇다.

스케치로 생각하기

내 손이 손안에서 일어나는 일을 내게 일러준다.

솔 스타인버그[5]

먼저 만들기 making가 있고, 그다음에 맞추기 matching가 있다.

에른스트 곰브리치[6]

디자이너들은 디자인 작업에 다양한 물리적 도구와 디지털 매체를 이용한다. 아이디어를 스케치하고, 모델을 만들고, 샘플을 만들어 시험한다. 건축가들은 블록을 이용해 3차원으로 형태의 관계를 탐구하기도 하고, 3D 모델 제작 프로그램을 활용하기도 한다. 많은 디자이너가 제작의 핵심 수단으로 프로토타입을 만든다. 그들은 발견하기 위해 만들고, 물리적인 형태를 통해 생각한다. 재료를 통해 배우고, 만들면서 알아가는 것이다.

건축가 마이클 말찬은 제작 과정에서 앎이나 깨우침의 계기가 되는 수많은 대화가 이루어진다고 밝혔다. 말찬은 게리와 마찬가지로, 맥락을 인식하는 디자인이 '그 장소의 특성'을 드러내고 의미를 찾을 수 있다는 사실, 즉 건축이 그 장소에 '말을 걸 수 있다'는 사실을 확실하게 알고 있었다. 말찬은 디자인을 시작하려면 물리적 선언이 필요하다고 말한다. 물리적 선언이란 '종이나 아이패드에 그린 스케치 같은 것'이라고 했다. '형상화 physicalizing'라 할 수 있는 이 과정은 상대방을 알기 위한 대화였다. 재미있는 것은, 그가 자신의 아이디어를 묘사하며 사용한 '취약한'이라는 단어였다.

"저는 기꺼이 제 취약한 면을 드러내려고 해요. 디자인 프로세스는 100퍼센트 확신하지 못하는 것을 두고 고심할 때 시작되거든요. 확신할 수 없는 것을 두고 소통하는 과정은 궁극적으로는 더 많은 결실로 이어지지요."

"많은 예술가가 작업의 초기 단계를 더 깊이 있는 작업을 위한 토대를 만드는 과정이라고 이야기하더군요. 선생님도 그렇게 생각하세요?"

"그렇죠. 저는 물리적 선언이 그 단계인 것 같아요. 제 안의 불완전한 것을 밖으로 드러내는 거죠. 내면이 너무 꽉 차 있으면 작업을 할 수 없거든요. 머릿속에 있던 것을 밖으로 꺼내는 순간 작업을 시작할 수 있게 돼요. 제 능력과 기술, 경험으로 구성된 하나의 인물을 꺼내서 대화를 나누는 거예요. 진짜로 대화가 돼요. 제게 대꾸를 해주거든요."

취약한 아이디어가 대화를 통해 실체화되기 시작하면, 말찬은 2차원의 스케치를 3차원의 모형으로 만들며 다른 수준의 대화를 도모한다고 했다.

"2차원의 아이디어를 3차원으로 옮기려고 노력해요. 단순할 때도 있고, 좀 더 살이 붙은 형태가 되기도 하지만요. 꼭 크게 만들 필요는 없지만 반드시 물리적인 형태가 있어야 해요. 건축가가 이런 말을 하면 약간 이상하게 들릴지 모르지만, 저는 건축물 자체보다 그 사이와 주변 공간을 중요하게 생각하거든요. 건축물이 존재하는 맥락(건물 안이나 아래, 또는 위에 있는 공간)에 의미와 서사가 있다고 생각해요. 쉽게 이해하거나 감지할 수 있는 건 아니지만, 그걸 놓치지 않으려고 해요."

물리적 형태에 대한 관심, 그것들과 나누는 대화, 건축물과 주변의 관계는 상당히 계획적으로 표현된다.

"저는 제가 추구하는 것이 무엇인지 느끼지만, 그것을 구현하려면 어떻게 해야 하는지 늘 알지는 못해요. 맨 처음 만드는 물리적 형태에는 제 포부가 제대로 담기지 않곤 하죠. 정확한 외관, 확실한 미적 목표를 알지는 못하지만, 그 건물로 무엇을 성취하고 싶은지는 알고 있어요."

"모델링modeling은 적합한 아이디어를 알아내기 위한 방법일까요? 아니면 해서면 안 되는 것을 알아내는 방법일까요?"

"모형을 만들면서 적합하지 않은 것을 알게 되는 경우도 아주 흔해요. 다음 단계에 대한 대체적인 아이디어를 주기도 하고요. 모델링한 아이디어를 완전 폐기할 때도 있지만, 수정해서 다음 단계에 활용하는 경우가 더 많아요."

이런 대화를 통해, 말찬에게는 반복적인 제작 과정, 즉 대화를 통해 조사하고 연구하는 과정이야말로 창작의 근본이라는 사실을 알게 됐다.

"단순히 건물을 얘기하는 게 아니에요. 아이디어, 신념, 포부 등이 연결된 모든 과정에 관한 거죠. 디자인에서 고정된 건 없어요. 그래서 저는 건축 현장에 나가서 공사 과정을 지켜보는 걸 별로 좋아하지 않아요. 디자인을 수정하고 싶어도 여러 경제적이고 현실적인 벽에 막히니까요. 부분적으로 수정할 수는 있지만 큰 변화를 꾀하지는 못하죠. 그런데도 현장에 나가 있으면 피치 못하게 바꾸고, 변화를 주고 싶은 부분이 생겨요. 하지만 그런 변경은 중단해야 하지요."

말찬은 '더는 바꿀 수 없음을 깨달았을 때' 작업의 진화가 끝난다고 본다.

마지막으로 말찬은 디자인 과정의 특징 하나를 짚어주었다. 디자인 과정의 각 단계는 서로 맞물려 있으며 반드시 순차적으로 진행되는 것은 아니라는 점이다. 그는 스케치와 3차원 모델의 관계를 예로 들어 설명했다.

"스케치를 그린 다음에 그 스케치를 기반으로 모델을 만든다고 생각하지만, 사실은 스케치와 모델링 작업을 동시에 진행해요. 마치 모델로 조각을 하듯이 말이에요."

말찬은 그렇게 해서 2차원과 3차원 사이에 대화의 물꼬를 튼다. 그는 이 과정을 통해 작업을 옳은 방향으로 이끌어간다.

프랭크 게리 역시 3차원 모델을 만들며 작업한다. 게리는 이렇게 말했다.

"저는 현장을 봐야 해요. 제 디자인과 그게 있을 실제 장소의 관계를 봐야 하죠. 사진으로는 충분하지 않거든요. 사진은 그 장면을 완벽하게 담아내지 못해요."

'프랭크 게리는 영감을 얻기 위해 종잇조각을 구겨서 던진다'는 유명한 전설이 있다. 그러나 이는 사실과는 거리가 먼 얘기였다. 게리는 이 전설이 만들어진 계기에 대해 웃으며 이야기해주었다.

"그게… 한 TV 애니메이션에서 그런 에피소드를 만들어 방송했거든요. 제작자의 발상이었죠."

<심슨 가족>에 출연한 프랭크 게리(시즌 16, 에피소드 14), '세븐 비어 스니치The Seven-Beer Snitch', 2005년. <심슨 가족> © 2005. 20세기 폭스 텔레비전.

"<심슨 가족>이죠?"

"네, 제 캐릭터가 출연한 에피소드가 있었죠. 거기서 저는 마을의 콘서트홀을 디자인해달라는 편지를 받게 돼요. 그리곤 그 편지를 구겨서 바닥에 던져버리는데, 구겨진 종잇조각의 모양이 꼭 콘서트홀처럼 보이죠. 저는 그걸 집어 들고서 '프랭크 게리, 넌 천재야'라고 말하죠."

게리는 그 에피소드에 직접 더빙도 했다. 하지만 스스로 천재라고 추켜세우는 대사를 힘들어해서 애니메이션 제작자들을 애먹었다고 한다.

"제작자들이 원했던 것처럼 확신에 찬 말투로 대사를 할 수가 없었어요. 그렇게 믿지 않으니까요. 그런데 그 에피소드가 방영된 이후에는 모두 제가 종이를 구겨 던지는 사람이고, 그게 제가 디자인하는 방식이라고 생각하더군요. 한동안 사람들이 길에서 저를 보면 종잇조각을 구긴 다음에 거기에 사인을 해달라고 부탁하곤 했어요."

현실에서 게리는 스케치와 모델링을 통해 실험하고 수정을 거듭한다. 게리는 스케치에 대해 이야기하면서 인상적인 말을 꺼냈다. 처음에는 지나가는 말인 줄 알았지만 잠시 곱씹어보니 얼마나 중요한 말인지 깨달았다.

"저는 스케치를 많이 해요. 하지만 제 스케치는 다른 사람들에게는 의미가 없을 수 있어요. 명확하지도 않고, 봐도 이해가 잘 되지 않을 테니까요. 전 스케치를 하면서 사물에 대해 생각하기 시작해요. 다른 사람에게 보여주려고 그리는 게 아니에요. 생각하기 위한 상징을 만드는 거지요."

디자이너 프리도 베이저트는 디자이너의 스케치를 보면 그의 개인적인 특성을 읽을 수 있다고 주장한다. 스케치는 불확실한 창조의 공간에 진입하기 위해 디자이너들이 사용하는 '다듬어지지 않은 초기 공정'이라고 할 수 있다. 이 맥락에서 스케치는 소설가들의 초고와도 닮아있다. 스케치와 초고 모두 개념적인 아이디어가 실질적인 뭔가로 발전해나가는 과정으로, 창작자들이 공유하는 활동이다. 알렉산더 칼더가 철사를 가지고 생각하는 것도 이와 같다.

스케치는 아주 개인적인 작업이기도 하다. 예술가와 디자이너들은 스케치를 그리면서 작품만이 아니라 자기 자신에 대해서도 알게 된다.

작가 조앤 디디온은 남편이 갑작스럽게 사망하고 1년 반 뒤에 딸까지 세상을 뜨는 아픔을 겪었을 때 이런 자기발견을 강력히 실증했다. 디디온과 오랫동안 함께 일했던 편집자 셸리 왕거는 디디온에 관한 다큐멘터리에서, "조앤은 자기 생각을 알기 위해서 글을 썼다"[7]라고 말했듯이 말이다. 디디온은 실제로 "내 마음을 한 부분이라도 들여다볼 수 있었다면, 글을 쓸 이유는 없었을 것이다"라고 말했다.[8] 그는 남편을 잃은 상실감 속에서 에세이 『상실』을, 딸의 죽음과 그에 따른 참을 수 없는 고통 속에서 회고록 『푸른 밤』을 써냈다.

이런 견지에서 '자기 자신을 알기 위한 창작'이라는 관점을 제기하고 싶다. 디자이너들은 직접적으로 이런 표현을 하지는 않지만, 그들도 작가들처럼 창작을 하며 개인의 관점을 드러낸다. 물론 디자인은 순수예술의 창작과 다른 면이 있다. 실제로 많은 사람이 디자인도 '자신을 알기 위한 창작'이라는 이야기를 들으면 곧바로 이 부분을 지적한다. 하지만 디자이너의 창작물에는 고객(또는 업계, 수익, 생산성 등)이라는 고려 사항뿐만 아니라 디자이너의 개인적 관심과 식견이 포함된다. 디자인계에서는 이에 관한 논의가 활발하진 않지만, 실제로 훌륭한 디자인에는 만든 사람의 감성, 가치, 신념, 경험이 반영된다. 다시 말하자면 훌륭한 디자인을 하기 위해서는 작품에 디자이너 개인의 개성을 녹여내야 한다는 말이다. 디자인 결과물에는 디자이너의 확신과 생각이 담겨 있다. 다만 언뜻 봐서는 눈에 들어오지 않고, 알아보기 힘들 수도 있다. 그렇다 해도 디자이너의 개인적인 측면은 디자인에 대한 애착과 디자인의 품질에 어떤 식으로든 영향을 미친다. 만들면서 알게 된다는 개념은 개인의 특성이 어떻게 디자인의 일부가 되는지 이해하는 데 도움을 준다.

　뉴욕의 레트로 디자인을 이끈 세계적인 디자이너 폴라 셰어는 스케치를 하는 동안 나타나는 '잠재의식적인' 발견에 대해 말해주었다.

　"작업에 착수하면, 처음에는 제가 원래 갖고 있던 생각에서 나온 다소 경직되고 부자연스러운 그림을 그리게 돼요. 작업을 해나가는 과정에서 뭔가를 보게 되지요."

　셰어는 그 발견이 일종의 개인적인 이화異化 작용이라고 설명한다. 즉 자기 내면의 뭔가를 다른 맥락에서 바라봄으로써 앎에 이르는 방법이다. 다음과 같은 말에서 그가 만들면서 알게 되는 과정을 따른다는 것을 알 수 있다.

　"만드는 과정에서 촉발되는 것이 있어요. 새로운 틀을 통해서, 제가 이미 알고 있던 지식을 재발견하는 거죠. 디자이너들은 보통 타이포그래피나 메시지에 관해 이미 알고 있는 많은 것을 재고하게 돼요. 새로운 틀로 바뀌는 과정에서 엄청난 발견이 나타나지요."

　"그런 새로운 틀은 어떻게 나타나는 거죠?"

　"저는 자유낙하 또는 자유로운 작용free play이라고 설명해요. 자신의 신념과 평소에 쓰던 요령, 잘 안다고 생각하는 것과 모른다고 생각하는 것을 보류해두는 거예요. 그러면 잠재의식적인 발견이 이루어질 상태가 되지요. 저는 스케치 작업을 통해서 그런 상태에 이르곤 해요."

　우리가 이미 다른 예술가들에게서도 들어온 것처럼, 셰어는 샤워나 운전 중에 자신 안에서 아이디어를 찾는 '작용 상태state of play'가 된다고 설명했다.

"아이디어가 **잠재의식**에서 나타날 수 있게 하려면 '작용 상태'나 '창작 상태', 또는 반半집중 상태가 되어야 해요. 구체적으로 예를 들자면, 저는 담배를 피울 때 아이디어가 잘 떠올라요. 예컨대 편지를 쓰고 잠깐 쉬면서 담배를 피우는데, 담배 말고는 다른 일에 관심을 집중하지 않기 때문에 많은 아이디어가 떠올라요. 그런데 요즘에는 담배 피우면서 자꾸 스마트폰을 확인하는 습관이 생겨서 문제예요. 이메일을 읽는 데에는 의식적인 에너지가 사용되거든요. 우두커니 서서 아무것도 안 하고 담배를 피울 때 창조의 공간이 열렸던 거죠. 즉, 아무것도 하지 않을 때 **모든 일**이 일어날 가능성이 열리는 거예요."

셰어는 스케치 작업을 통해 어떻게 작용 상태에 이르는지를 설명해주었다.

"이 인터뷰를 하기 전에도 해결책을 찾아야 할 일이 있었어요. 이번에도 스케치북에 그림을 그렸죠. 스케치하다 보면 답을 찾게 되니까요. 스케치하면서 방법을 찾는 건 언제든 효과가 있어요."

그는 어떻게 효과가 나타나는지 구체적으로 설명했다.

"예를 들어 로고 같은 걸 디자인할 때, 종이에 완벽하게 그리기는 힘들죠. 어설퍼 보이거든요. 그럴 때는 담배를 피울 때처럼 열린 마음 상태가 되려고 해요. 그러면 작용 상태에 이르면서 발견이 시작돼요. '생각 없는 상태'에서 스케치가 발전하고 깔끔해져요. 아무 생각 없는 활동을 하는 동안 도달하는 바로 그 지점이 제가 뭔가를 발견하는 곳이에요."

셰어는 스케치를 그리는 활동 자체가 그를 작용 상태로 이끌어주며, 개인적인 해결책을 찾게 된다는 것을 깨달았다.

이런 절묘한 설명에서, 셰어가 자신에 대해 잘 알고 있는 경험 많은 디자이너라는 것을 엿볼 수 있다. 자기 자신의 내면에 접근하기 위해, 즉 자기가 어떻게 생각하는지 알기 위해 의도적으로 작용 상태(또는 '아무 생각이 없는' 상태)를 만든다는 설명은, 디자이너 앤 버딕의 설명과도 통하는 부분이 있다. 버딕은 이렇게 설명했다.

"저는 회의를 하면서 펜으로 뭔가를 끼적거려요. 그게 제가 귀기울여 듣는 방법이에요. 그렇게 하면 뇌의 특정 영역이 집중을 하게 돼서, 나머지 영역은 활동 부담에서 해방되거든요. 운전하거나 샤워할 때도 비슷한 상태가 돼요. 기계적으로 반복하는 활동을 하고 있기 때문이죠."

손에 잡히는 가능성을 만드는 소거법

디자인은 사회적, 기술적 제약의 범위 내에서만 나올 수 있다.

폴 비츠 올슨, 로나 히튼[9]

모형과 프로토타입에는 아이디어를 시험하는 것 외에 다른 기능도 있다. 사람들은 이 기능을 잘 인식하지 못하는데, 바로 제약 조건을 통합하고 한계를 찾는 기능이다.

빠듯한 마감 기한, 공간적 한계 등 제약 조건을 흔히 부정적인 의미로 생각하지만, 내가 만났던 디자이너들은 제약 조건이 꼭 필요하며, 필수적인 요소로 활용될 때가 많다고 말한다. 연극 연출자로 일한 경험이 있는 나는 이들의 주장을 충분히 이해할 수 있었다. 모든 연극은 공연 시작일이 정해져 있다. 나는 이 제약 조건에 얼마나 엄청난 창조적 힘이 있는지 아주 잘 알고 있다. 마감 시한은 그 자체로 창작 과정을 추동한다. 때로는 그 안에 어떤 마법이 있는 것처럼 느껴지기도 한다. 나 또한 연극을 연출하며 정식 무대 리허설을 하는 마지막 주까지 완전히 엉망진창이다가 개막일이 되어서야 그럴듯하게 완성하는 경우가 얼마나 많았는지, 일일이 셀 수도 없다.

제약은 상상력을 키우고 집중을 강화한다. 어떤 프로젝트든 예산, 인력, 일정, 관련 규제 등 현실적인 제약 조건이 있다. 이런 조건들은 디자이너가 주의를 집중하고 너무 방대한 가능성 사이에서 헤매지 않도록 도움을 준다. 디자이너들은 이런 제약 조건이 불러오는 창조력을 여러 방식으로 진술하는데, 가장 흔한 표현은 '실패 failing'다.

세계적인 산업 디자이너 이브 베하는 스케치를 '머릿속의 모든 안 좋은 아이디어를 꺼내는' 방법이라고 말한다. 프리도 베이저트는 '실패하는 프로토타입을 빠르게 만드는 것'이 중요하다고 말한다.

"만드는 과정에서 해결책을 찾게 되니까요. 꼭 물질적인 것을 만들어야 하는 건 아니에요. 디지털 프로토타입을 만들 수도 있고,

어떤 형태든 가능해요."

베이저트는 경영대학원 인시아드INSEAD에서 학생들을 가르친다. 그는 자신의 경험을 바탕으로 경영학 전공 학생들과 디자인 전공 학생들의 사고방식이 어떻게 다른지를 설명했다.

"경영학과와 디자인학과는 상황에 접근하는 방식이 근본적으로 달라요. 제가 경영대학원 수업에서 '이 문제를 해결해보세요'라고 하면, 학생들은 사례를 찾고 연구 결과를 뒤지며 최선의 해결법을 찾으려고 애쓰지요. 즉 문제 해결에 과거에 사용했던 방법을 적용하는 겁니다. 반면 디자이너들은 기존 방식에 의존하지 않아요."

베이저트는 디자이너들이 가능성을 좁히는 과정을 통해 답을 찾아나간다고 본다.

"그건 해결책을 알지 못하는 상태에서도 자신감을 품고, 아닌 것을 소거해나가며 완전히 새로운 뭔가를 찾아내는 과정이에요."

인터랙션 디자이너 헨드리는 이 문제를 이렇게 표현한다.

"저는 도로에서 어떻게 운전해야 하는지에 대한 알고리즘, 사랑하는 사람을 찾는 방법에 대한 알고리즘, 적절한 집을 찾는 방법에 대한 알고리즘을 만듭니다. 우리는 주위에서 보고 배운 걸 알고리즘으로 만들지요. 그리고 본질적으로 그런 본보기에는 환원성이 있어요. 배제와 포함이야말로 본보기의 특성이지요."

건축가 말찬은 모형을 많이 만든다. 그는 아이디어의 '물리적 선언'을 추구한다. 말찬은 모형 작업을 하며 프로젝트에 적합하지 않은 것을 찾아내고, 아이디어를 제거하는 과정을 거친다.

"처음에 제작한 모형에는 제 포부가 제가 원하는 방식으로 표현되지 않는 경우가 많아요. 모형을 보면서 '이건 틀렸어, 그건 아냐'라고 확신하게 되지요."

말찬은 디지털 제작에서 수작업에 이르기까지 다양한 기술과 도구를 사용해 모형을 만든다. 이를 통해 프로젝트에서 집중할 것을 정하고, 선택 사항에 제한을 둔다. 이렇게 한계를 만드는 과정은 역설적으로, 그가 '즉흥적으로' 진행하는 과정의 틀이 되어준다. 말찬은 이렇게 설명한다.

"저는 그 안에서 즉흥적인 과정이 이루어진다고 생각해요. 일종의 틀이자 체계지요. 종착점이 어딘지, 어떤 느낌이 들어야 하는지, 선택의 자유는 얼마나 있는지 알려주지요. 모형은 그런 틀 안에서 조금 더 유동적으로 활동할 수 있게 해줘요."

모델링과 프로토타입의 역할을 말찬보다 더 잘 설명할 방법은 없는 것 같다. 그것은 근본적으로 (그리고 역설적으로) 가능성을 좁힘으로써 가능성을 열어주는 창작의 틀이다. 그런 틀, 한계, 한도가 즉흥성을 발휘할 수 있게 해준다. 음악과 연극에서도 마찬가지다. 아무것도 없는 상황에서는 즉흥성이 나올 수 없다. 아무 기준이 없다면 제거를 통해 틀을 만들어야 한다. **수많은 가능성** 중에서 적합하지 않은 것을 하나씩 제거해나가며 **몇 가지 가능성만** 남겨야 한다. 이것이 바로 소거를 통해 이르는 발견의 맥락이며, 극적인 즉흥성이 발현될 환경을 만드는 방법이다. 재즈 음악가들이 리프(반복 악절)를 만들 때 쓰는 멜로디에 비유할 수 있다. 에이미 탄이 설명했던 우주론이나 에이미 벤더가 의자에 다리를 묶는 행위도 근본적으로 같은 원리다. 한계, 규칙, 제약은 발견의 핵심적인 요소다.

디지털 프로토타입 활용하기

디지털 기술은 창작에 어떤 영향을 줄까? 나는 인터뷰한 모든 예술가와 디자이너들에게 디지털 기술을 사용했을 때 뭐가 달랐는지 물어봤다. "디지털로 프로토타입을 만들면 아이디어 전환이 훨씬 빨라진다", "맥락이 다르기 때문에 새로운 시각으로 볼 수 있다", "디지털은 무형이 아니라 유형의 차원이라는 점이 중요하다" 등의 답변을 들었다.

헨드리는 디지털 모형 만들기를 '이해를 흉내 내는' 것이라고 이야기했다. 그는 디지털 기술이 창작을 위한 캔버스의 한 종류라고 덧붙였다.

"스마트폰이든, 컴퓨터 화면이든, 실제로 나무 틀에 천을 씌운 것이든, 창작이 이루어지는 모든 배경을 우리는 캔버스라고 불러요. 저는 그게 참 재밌더라고요. 저는 디지털 도구로 디자인하는 것을 즐겨요."

헨드리는 그는 디지털이 제공하는 세 가지 주요 요소인 접근, 협업, 버저닝versioning(파일의 최신 버전뿐 아니라 예전 버전까지 저장하는 기능—옮긴이)에 주목하는데, 이 요소들이 창작 과정을 한층 발전시켜 주기 때문이다. 이제 컴퓨터만 있으면 누구든 이미지, 비디오, 음악을 만들 수 있다. 그리고 어디에 있는 사람과도 팀을 이루어 즉시 협업할 수 있다. 마지막으로 '다수의 버전(예를 들어 시험 버전, 개선 버전, 제거용 버전 등)'을 만들 수 있다.

나는 가상현실VR에 대해서도 알아보고 싶었다. 제작 과정에 상당히 중요한 영향을 줄 수 있는 기술이기 때문이다. VR 헤드셋을 쓰고 가상의 건물이나 자동차에 들어가고, 특수하게 설계된 상상 속 환경에서 어떤 경험을 한다고 상상해보라. 가상현실 기술을 적용하면 창작 프로세스에는 어떤 차이가 생길까? 디지털 기술의 주요 특징인 접근, 협업, 버저닝이 더욱 중요해질 것이다. 가상현실이라는 틀을 통해서 개체와 움직임을 새로운 방식으로 이해할 수 있을지 모르지만 스케치, 모델링, 프로토타입 만들기, 협업 같은 제작의 기본은 변하지 않을 것이다.

5장

즉흥의 세계

: 연극배우, 싱어송라이터, 재즈 연주자

새로운 사고방식으로 행동하는 것이 새로운 행동방식으로 사고하는 것보다 쉽다.

밀러드 풀러[1]

가능성의 바스락거림만으로도 호기심이 발동한다. 어떤 패턴이 나올 때까지 자유롭게 연상하는 것으로 시작한다.

데이비드 몰리[2]

라이브 공연은 늘 움직이는 상태이며, 결코 가만히 멈춰 있는 법이 없다. 공연은 관객과 배우의 역학 관계에 따라 매분 달라진다. 근본적인 유동성이라는 원칙은 공연자들의 창조적 과정을 탐구하는 데 반드시 고려해야 할 필요가 있는 측면이며, 연구해야 할 중요한 맥락이다. 배우 디에고 마타모로스는 현장 공연에 대해 구변 좋게 이렇게 설명했다.

"제가 생각하기에 현장 공연의 핵심은 흐름을 찾는 것이지요. 그런 흐름은 유동적이기 때문에 늘 관객의 영향을 받고 그에 따라 바뀔 수 있어요. 관객의 반응은 좋거나 나쁘거나, 혹은 최악일 수도 있죠. 관객이 어떤 식으로든 반응할 수 있다는 걸 알기 때문에 당황하는 일은 없어요."

흐름, 유동성, 유연성, 움직임, 뜻밖의 상황을 기대하는 것은 공연계에서 만들면서 알게 되는 과정의 근본적인 요소다.

쇼팽도 즉흥연주를 즐겼다

공연의 유동적인 특성이 가장 잘 드러나는 형태는 즉흥적인 창작improvisation으로, 그 자체가 만드는 것과 앎의 관계를 설명하는 가장 효과적인 방법이다. 즉흥적인 창작의 결과물은 즉석에서 만들어내기 전까지 당연히 알 수가 없다. 이 경우 창작 과정과 창작 자체가 동일하며, 즉흥적인 창작에 도전하는 행동은 풍성한 발견의 장을 만드는 행동이다.

재즈의 역사를 쓴 존 콜트레인의 색소폰 솔로곡이나 마일스 데이비스의 앨범 〈카인드 오브 블루〉 연주를 생각해보라. 데이비스는 트럼펫을 연주하는 순간에만 그 음악을 알았고, 앨범을 만들 때는 거의 한 번에 전곡을 녹음했다. 피아니스트 키스 재럿은 1975년 쾰른 콘서트에서 눈부신 피아노 즉흥연주를 선보였는데, 그날 밤의 연주 실황을 녹화한 음반은 베스트셀러가 됐다. 그날 재럿이 즉흥적으로 피아노를 연주하기 전까지는 연주자인 재럿이나 청중 모두 그 무대에서 펼쳐질 열정, 아름다움, 음악적 윤곽을 알 수 없었다. 사실, 즉흥곡은 시대와 연주 분야에 상관없이 우리가 일상적으로 즐겨 듣는 많은 음악의 원천이 되는 경우가 흔하다. 작고한 음악가 제프 프레싱은 이렇게 말했다.

"각기 정도의 차이는 있지만, 음악은 사람들 앞에 선보이는 순간에 창작된다."[3]

사람들은 클래식 음악이 즉흥적인 창작과 관련이 있다는 생각은 잘 하지 않지만, 중세에서 낭만주의 시대 사이의 음악 대부분은 즉흥연주의 위대한 전통에서 유래했다. 바흐, 헨델, 모차르트는 모두 즉흥연주를 즐겼으며 자유로움과 순발력을 발휘하곤 했다. 베토벤은 빈에 처음 도착했을 때 뛰어난 즉흥연주를 선보여 작곡가로 명성을 얻기 전 즉흥 공연 연주자로 이름을 알렸다. 쇼팽과 리스트는 버릇처럼 연주곡에 한 가지 악기와 그 순간에만 적용되는 즉흥성을 즐겼던 음악가들이었다. 그들은 그들이 만드는 음악을 '알기' 위해서 '연주'해야 했다.

인도의 고전 음악 역시 작곡에 즉흥적인 요소가 내정되어 있다. 이런 전통이 있는 이유는 즉흥연주가 항상 공연의 일부였기 때문이다. 인도 클래식 음악의 기본 멜로디 구조인 라가raga(라가는 어원적으로 색깔이나 기분과 관련이 있는 단어다)를 관객에게 계절, 감정, 시간의 상징적인 느낌을 불러일으킨다고 한다. 하지만 그런 감정은 항상 그 순간과 즉흥연주의 산물이다.

뮤지션의 작곡법

영어 단어 'improvise(즉석에서 하다)'는 라틴어 'improviso(예측하지 못한, 뜻밖의)'에서 유래했다. 'improviso'는 부정적 의미를 만드는 접두사 'in-'과 'provisus(예견되다, 준비되다)'가 결합해서 만들어진 것이다. 즉석에서 뭔가를 하려면 예측하지 못한 영역으로 들어가고 뜻밖의 것들과 마주해야 한다. 그것은 물론 이 책의 중심을 이루는 원칙이다. 하지만 다양한 분야에서 즉흥적인 창작을 해온 사람들과 이야기 나누면서 내가 알게 된 건, 무엇이 '준비된' 것이고 그렇지 않은 것인지를 우리가 오해하곤 한다는 사실이다. 정해지지 않은 상태로 남아 있는 부분이 확실히 많기는 해도, 사실 창작이라는 과정이 현실로 드러나기 위해서 꼭 필요한 사항들이 있다. 직관적이지 않게 들릴지 모르지만, 즉흥적인 창작과 만들면서 알게 되는 과정은 일반적으로 구조나 맥락 없이는 존재하지 않으며, 존재할 수도 없다. 예측하지 못한 것을 만들려면 준비가 필요하다. 기술, 훈련, 경험은 그런 준비의 예다. 그리고 즉흥적인 창작의 틀은 가장 중요한 준비사항 중 하나일 것이다.

이런 틀은 여러 가지가 될 수 있다. 멜로디 구조(예를 들면 인도의 전통 선율 라가), 분위기, 장조와 단조 같은 것들이 될 수 있고, 마일스 데이비스가 연주하는 트럼펫 솔로 멜로디의 맥락 역할을 하는 조지 거슈윈의 〈서머타임〉 같은 곡이 될 수도 있다. 연극에서의 즉흥적인 창작의 틀은 상황, 특정 장소와 시간, 언어와 등장인물과 관련된 요인, 감정, 참여의 형태가 될 수 있다. 틀은 창작 **전에** 나타날 수도 있고(예를 들면 데이비스의 솔로 멜로디 전에 나오는 거슈윈의 곡) 만드는 과정 자체를 **통해서** 나타나기도 한다. 시간적 순서라는 측면보다는 만드는 과정의 역할 측면에서 생각할 때, 틀은 시작점과는 다르다. 시작점은 단순히 창작에 진입하는 지점(강한 욕구, 질문, 물리적으로 그곳에 있는 것)이며, 틀은 창작 활동이 진행되는 맥락과 구조다. 시작점과 틀 모두 즉흥적인 창작 과정에 꼭 필요한 요소다.

1장에서 언급했던 나의 다재다능한 스승 프랜시스 마티노는 즉흥연주를 하는 피아니스트다. 그는 공연에서 피아노 솔로 작품을 만든 경험을 이렇게 설명했다.

"뭐가 나올지 전혀 모르는 상태로 피아노 앞에 앉아요. 그게 내가 좋아하는 방식이지요. 키스 재릿은 아무런 선입견 없이 시작할 수 있도록 무대에 서기 전에 자기 자신을 완전히 비워야 한다고 말했습니다. 그래야 창조의 기운이 활짝 열린다고 말이에요. 어디서부터 시작할지 생각하기 시작하면 그 즉시 창조의 기운이 방해를 받거든요. 그의 말에 전적으로 동의합니다."

마티노의 진입점은 질문도, 아이디어도, 분위기도 아니다. 최소한 의식적으로는 말이다. 그는 대신 피아노 연주에 몰두하기 위해 자신을 '비운다'. 그러나 마티노는 자기 자신을 비운다고 해서 "형식이 완전히 사라진다는 건 아니다"라고 분명히 밝혔다. 둘 사이의 구분은 미묘하지만 대단히 중요하다. 그는 개념이나 인식 없이 시작하지만, 구조, 틀, 그가 '형식'이라고 부르는 것이 창작의 첫 단계부터 드러난다. 실제로 그런 틀은 연주를 **통해서** 나타난다. 마티노는 그런 틀을 감지하기 위해, 자기 자신이 '만드는 중인 음악'의 청중이 되어야 한다고 본다. 그는 "그것을 감지할 수 있도록 비상한 관심을 기울여야 한다"라고 말했다.

나는 마티노에게 그것이 어떤 식으로 작용하는지 구체적으로 설명해달라고 요청했다.

"우선 연주하면서 어떤 식으로든 반복하고 싶은 부분을 골라요. 주제부 및 변주와 비슷한 개념이에요. 연주하는 중에 그런 부분이 드러나는데, 거기에는 특정한 의식적 요소가 가미되죠. 연주를 멈추지 않고서 그 부분을 기억해둬야 하니까요.”

여기서 즉흥연주에서 드러나는 아름다움이 나타난다. 연주자는 연주 행위를 통해 음악을 발견하고, 흥에 겨워 계속 연주하게 된다. 마티노는 이렇게 말했다.

“음악은 계속해서 발전해요. 그리고 음악이 발전하는 동안 더 좋은 음악이라고 생각되는 것에 매우 깊은 주의를 기울여야 해요.”

“뭔가에 사로잡히는 건가요?”

“네, 바로 그거에요. 사로잡히지만, 처음에는 그게 뭐가 될지를 전혀 몰라요. 지금껏 창작한 것 중에 가장 매력적이라고 생각되는 선율을 연주하면서, 그것을 인식해야 하지요.”

“마음을 움직이는 뭔가가 있어서 매력적이라는 건가요?”

“아름답기 때문에 매력적인 거예요. 그런 선율은 그때까지 연주했던 그 어떤 음악보다도 훨씬 아름답지요.”

마티노는 그런 아름다움을 꽉 붙잡는다. 그는 연주하면서 그 선율을 기억한다. 그 선율을 더 정교하게 가다듬고, 변주를 찾는다. 마침내 그의 이런 연주 과정에는 어떤 형식을 만들기 위한 즉흥성, 기억, 열린 자세의 섬세한 균형이 수반된다. 즉흥연주를 하는 예술가는 연주하면서 틀을 만든다.

“모든 것이 그 순간에 있어요. 그건 순전히 연주하고, 하나의 형식을 만들고, 연주의 가장 뛰어난 부분에 집중하는 데 도움이 되도록, 자기가 원하는 대로 기억을 만드는 과정이죠.”

마티노가 자신의 경험을 바탕으로 설명한 내용을 음악가 커트 스윙해머의 설명과 비교해보자. 그는 나와 만났을 때 FFoBFaceless

Forces of Bigness라고 불리는 팀과의 공연 이야기를 꺼냈다. 스스로를 '전자 음악 집단'으로 묘사하는 이 팀은 20년 가까이 "실시간 즉흥연주의 범위에서, 뭔가를 창조하는 생성력 있는 작곡을 모색해 왔다"고 한다.

스윙해머가 자신의 이야기를 꺼냈을 때, 마티노의 설명과 아주 비슷한 느낌이었다.

"어떤 선율을 떠올릴지 미리 생각해둔 것이 전혀 없어요. 그저 본능을 믿고, 반응의 대상에 맞춰서 결정을 내리는 거예요. 뭔가 들리면, 그다음에 뭐가 나올지 전혀 모르지만, 그래도 반응을 해요. 저는 그저 반응하고 수정하는 거죠. 소리를 아름답게 만들기 위해서요."

스윙해머는 FFoB 팀과 연주를 1년에 한 번 할까 말까 하는 정도여서, 익숙한 틀 같은 것이 없다. 그는 이렇게 말한다.

"공연을 자주 하지 않아서 늘 완전히 새로운 기분이에요. 패턴이 자리 잡을 만큼 기회가 충분하지 않거든요. 무슨 일이 벌어질지 전혀 모르고, 몸에 저장된 기억과 익숙한 화음의 변화에 의존하지 않은 채로 반복적인 패턴에 빠져들 때, 그럴 때 진짜 마법이 일어나는 것 같아요."

스윙해머에게 틀이 어떤 식으로 나타나느냐고 묻자, 그는 처음에는 멈칫하다가 곧 마티노와 비슷한 견해를 제시했다.

"사실 틀 같은 건 없어요. 음계와 그 밖의 것들을 고려할 때 어떤 작업을 해야 하는지 알려주는 코드 변화가 따로 없으니까요."

그는 재즈 음악을 연주할 때와 비교했는데, 다른 장르보다 재즈에 구조가 훨씬 더 잘 잡혀 있다는 사실은 그도 잘 알고 있었다.

"재즈의 상당 부분은 사실 연주되는 모든 음의 코드를 정확히 아는 형식적 전통에서 나와요."

그가 FFoB와 협연할 때는 '자유 즉흥연주free improvisation'라는 과정에 참여한다. 그는 이렇게 설명한다.

"자유라는 이름이 붙은 건 정해진 코드를 강요하지 않기 때문이에요. 그러다 보면 불협화음을 내고, 완전히 엉망진창이 되어버리기 쉽죠."

스윙해머가 '자유 즉흥연주'를 경험했던 건 그가 몇 년 동안 협연했던 CCMC라는 또 다른 그룹과도 관련이 있다고 한다. CCMC는 시각예술가이자 음악가인 마이클 스노가 이끄는 그룹이다. 이 앙상블은 스스로를 '즉흥적인 작곡에 전념하는 자유 음악 오케스트라'로 묘사한다. 실제로 이들을 소개하는 글에는 그 부분이 명시되어 있다.

"CCMC는 장난감을 가지고 놀고 선율을 연주하는 것만큼 편하다. 그들은 소음 전자장치이자 격렬한 도취 상태에 빠진 사람들이기 때문이다. 가장 정확히 말하자면 CCMC는 멜로디, 침묵, 장르, 음량, 악기 등 그 어떤 제약에도 구애받지 않고 즉흥적인 자유 음악에 전념하는 소리 탐험가들이다."[4]

'소리 탐험가'이자 '어떤 속박에도 얽매이지 않는 음악'의 창조자들인 그들도 일종의 틀 안에서 연주를 할까? 이른바 '자유 즉흥연주'라는 극단적인 특성이 바로 이 질문을 탐구할 유용한 맥락이다. 스윙해머는 질문의 답을 찾는 데 도움이 될 두 가지를 언급했다.

첫 번째는 CCMC가 소리를 탐험하면서 만들어낸 '질감 있는 textural 소리'고, 두 번째는 앙상블을 위해 다른 사람들과 좋은 관계를 유지해야 한다는 것이다. 스윙해머와 대화를 나누면서, 이런 식의 즉흥연주는 마티노가 말했던 피아노 독주의 '아름다운 주제부'를 포착하는 형식을 취하지는 않는다는 사실을 확인했다. 그렇지만 즉흥연주에서 틀에 상응하는 뭔가가 만들어진다. 바로 강력한 전자음에서 비롯된 특성인 '질감'이다. 더욱이 여러 명이 함께하는 이런 즉흥연주는 그룹 멤버 사이에서 필요한 '행동과 반응'의 틀을 만든다. 이 두 가지 틀이 동시에 작용해서 즉흥연주를 가능하게 한다. 소리라는 물질성(질감)은 다소 느슨한 첫 번째 틀을 만든다. 즉흥연주를 하는 음악가는 앤 해밀턴이 공간을 대하면서 즉흥적으로 대응했던 것이나 마티노가 아름다움에 대응했던 것과 마찬가지로 소리라는 물질성에 대응한다. 그리고 멜로디나 주제부 역할을 하는 질감 자체가 추가적인 창작과 연주의 틀을 이루는 핵심 요소가 된다. 앙상블과 함께 연주하는 작업에는 구조적인 틀이 있어야 합주가 가능해진다. 구조적인 틀 없이 음악을 함께 만든다는 것은 상상할 수 없다. 스윙해머가 이렇게 이야기하듯 말이다.

"저희는 기본적으로 집단의 일원인 개인들로서 각자의 팔레트를 만들어요. 저희의 의도가 한데 합쳐져서 음악처럼 들리는 뭔가를 만들어낼 수 있는 방향으로요."

질감이 있는 소리, 잘 어우러진 연주, 청중과의 생동감 있는 교류, 다양한 상황에 대응하는 것 모두는, 얼핏 보기에 '자유로운' 창작처럼 느껴지는 과정 안에서 창조를 위한 구조를 이룬다. 이런 요소들이 바로 즉흥연주 '준비'의 예다. 그런 준비는 창작에 꼭 필요하다.

스윙해머는 어우러진 소리를 즉흥적으로 창조하는 것과 관련해 일종의 훈련, 즉 저절로 흘러나오는 즉흥성에 열린 태도를 갖는 것이 중요하다고 덧붙였다. 그의 이런 설명은 2장에서 다이애나 세이터의 설치미술과 영화 작업과 관련해 살펴봤던 내용과 일맥상통한다. 음악가에게 준비된 수용적인 마음 상태는 발견에 이르는 길을 닦는다.

"마법처럼 놀라운 뭔가가 일어나도록 허용하는 일종의 지대가 있어요. 인생에서 예기치 않았던 놀라운 우연의 일치가 일어나는 것과 마찬가지죠. 준비된 상태로, 그런 일이 일어나도록 허용해야 해요. 자기 자신이 끼어들어 방해하지 않도록 한 발짝 물러선 채로요. 다소 영적이고, 마법 같은 상태처럼 느껴져요. 에너지가 저절로 나타나도록 기다리면서 지켜보는 것이지요. 실제 제 인생은 그런 측면과 전혀 관련이 없지만, 공연에서는 어쩐지 약간 샤머니즘적인 느낌이 들어요."

아무런 구조가 없는 상태에서 얼마든지 창작을 시작할 수 있을 것 같지만 단어, 이미지, 소리, 음, 자료, 협업의 규칙처럼 예술가에게 필요한 일종의 기본 문법이나 구성요소를 포함한 규율이 항상 존재한다. 창작자는 기본적으로 구조에 귀속되고, 범주에 따라 분류된다. 창작자는 표지marker와 분류, 조직적 패턴 속에서 번성한다. 예를 들어 에이미 탄이나 프랜시스 마티노 같은 사람들에게 틀의 구조적 요소는 만드는 과정 자체에서 나타난다. 자유로운 연합이나 즉흥적인 창작, 의식적 흐름의 글쓰기를 비롯한 가장 개방적이고 자유로운 과정에서도, 우리는 넓든 좁든 늘 일정한 종류의 틀을 만든다.

즉흥극 연출하는 법

배우이자 감독인 파올로 산타루치아는 2018년 여름에 즉흥극 〈입구와 출구Entrances and Exits〉를 연출했다. 이 프로젝트는 연극에서의 즉흥적인 창작이 만들면서 알게 되는 과정에 관해 어떤 사실을 보여주는지 확인할 수 있는 아주 흥미로운 예다. 특히 즉흥 '연출'에는 기본적으로 자발적인 공연의 틀을 만드는 것이 포함된다. 산타루치아가 말했다.

"저는 몇 가지 공식적인 사항만 이야기했어요. 더군다나 즉흥극 배우들은 총연습을 안 하려고 하거든요."

먼저 〈입구와 출구〉에 대한 몇 가지 구체적인 내용을 살펴보는 게 좋겠다. 그는 이렇게 설명했다.

"이 연극은 소극笑劇에 바탕을 두고 있어요. 처음 20분은 거실에서 진행되지요. 사회자로 등장하는 인물이 관객들에게 어떤 모임이 열렸냐고 물어봅니다. 그리고 그런 모임의 자리에 있을 때 인접한 침실에서 흘러나오는 소리 중에 절대로 듣고 싶지 않은 세 가지 소리를 고르라고 하지요. 무대 위에는 소파가 있고, 침실로 통하

파올로 산타루치아가 연출한 〈입구와 출구〉 출연진. 2018년.

는 문이 있어요. 1막은 거실에서의 모임을 즉흥적으로 연출하는 것
이지요. 그리고는 배경이 침실로 바뀝니다. 소파는 펼쳐져서 침대
로 변신하지요. 배우들은 모든 것을 처음부터 다시 시작하지만, 이
번에는 관객들의 시야에 조금 전까지는 보이지 않았던 공간이 보
이게 되지요. 이 모든 것이 즉흥적으로 만들어져요. 제가 함께 일하
는 단원들은 정말 대단합니다."

　하지만 그는 순조롭게 진행되지 않을 때도 있다고 털어놓더니
말을 잠시 멈추었다가, 흥이 잔뜩 오른 기색으로 말을 이었다.

　"하지만 딱딱 맞아떨어질 때는, 정말 엄청났지요."[5]

　산타루치아와 대화를 나누다 보니 즉흥적인 창작에서 작용하
는 다양한 틀을 알아볼 수 있었는데, 곧바로 몇 가지 생각이 떠올
랐다. 우선 배우들이 연습이나 실제 공연의 자발성을 거스를 가능

성이 있는 것은 모두 거부했다는 부분이 흥미로웠다. 배우들은 내가 이야기 나눴던 다른 예술가와 디자이너들과 마찬가지로 작업을 일정 방향으로 '고정'시키거나 습관에 의존하게 만들 가능성이 있는 모든 것을 거부하는 경향이 있다. 당연히 배우들은 틀에 박힌 순서와 방법을 따르지 않으려고 조심했다. 반면 연출자인 산타루치아는 일정한 틀이 필수적인 '준비' 작업이라는 사실을 알고 있었다. 이런 맥락에서 연출자의 임무는 배우들이 예상치 못한 것을 창조할 구조를 찾게끔 돕는 것이었다. 이때도 구조와 자발성은 생성적 관계이다.

이를테면 거실에서의 모임과 침실에서의 활동에 관해 산타루치아가 만든 상황적인 틀을 생각해보자. 그에게 이런 상황적 틀이 어떻게 기능하는지 묻자, 그는 앞장에서 창작의 촉매로 논했던 개념인 '제약'을 들었다. 같은 원칙이 연극의 맥락에서도 적용된다. 그의 말에 따르면 즉흥극이 가능한 이유는 부분적으로는 "배우들이 어떤 상황에서 연기하게 될지 알기 때문인데, 그건 제약을 설정해두었기 때문"이라고 한다. 산타루치아는 즉흥극을 위한 규칙을 정한다.

"이런 규칙들이 모든 사람에게 더 열정적으로 연기할 자유를 주지요, 각자 어떤 책임이 있는지를 알게 되니까요."

규칙과 제약은 창조적 기획의 원동력이 된다. 산타루치아의 이야기를 들으면서, 마치 규칙이 없는 것처럼 보였던 스윙해머의 '자유 즉흥연주'에 대한 설명이 떠올랐다. 산타루치아의 설명은 음악적 맥락에서 틀의 기능을 알아볼 좋은 방법일 것 같았다. 달리 말해서 자유 즉흥연주 앙상블은 라이브 공연에서 주고받는 방법에 관한 규칙 몇 가지를 정해야만 제대로 작용할 수 있다. 소리는 질감의 제약을 통해 나오고, 거기서 음악이 생겨난다. 이렇듯 규칙과 제약은 틀의 재료가 된다.

산타루치아의 작품에서 거실과 침실의 상황적 맥락은 관점의 역학을 만들어서, 다른 틀이 섞여 존재한다는 사실을 증명하는 역할도 한다. 첫 장면에 이어 두 번째 장면이 나올 때, 공연에는 구조적인 층위layer가 형성된다. 침실 장면은 거실에서 맨 처음에 무슨 일이 일어났는지와 결부되며, 항상 두 번째 장면에 제약을 만든다. 이런 현실적인 제약 때문에 배우들은 창작을 의식의 영역으로 가져와야 한다. 교체가 일어나는 이런 상황은 마티노가 연주를 하면서, 나중에 기억으로 되살리거나 변주하고 싶은 '아름다운 주제부'를 기억해두는 것과 다르지 않다. 즉흥극 배우들 역시 두 번째 장면을 즉흥적으로 만들어가는 동안에 첫 번째 장면을 기억하고 있어야 한다. 관객들에게도 이런 역동성이 반영된다. 관객들은 관람하면서 한 장면의 직접적인 경험과 다른 장면의 회상을 오간다. 배우들로서는 실시간으로 이루어지는 창작과 기억의 조합이 작업의 틀을 이룬다. 이처럼 연극 공연에는 유동성과 동시에 구조적인 속박이 있는데, 이런 특성은 연극 무대에서의 만들면서 알게 되는 원리를 규정한다.

이 연극에는 관객의 참여를 통해 이루어지는 중요한 틀이 하나 더 있다. 시작할 때 관객이 아이디어를 내고 창작의 동반자가 되는 것이다. 〈입구와 출구〉는 이렇게 상당히 영리한 전략을 채택한다. 반응이 없는 이른바 '식물 관객'은 없다고 치면(관객들에게 아무 반응도 기대할 수 없다면 즉흥극이 되기는 힘들 것이다), 관객은 의견을 제시하면서 틀을 만드는 과정의 일부다. 따라서 그들은 협력자이며, 그들의 창조적인 참여는 무대 위 배우들과의 간격을 좁힌다. 여기서 이 작품에 내재된 무언의 솔직함이 엿보인다. 관객의 관점에서는, 배우들이 미리 알고 있지 않은 의견을 제시할 수 있다는 점에서, 앞으로 보게 될 극이 정말로 즉흥적으로 전개된다는 것을 확실히 알 수 있다. 그런 설정은 미리 설정된 맥락 안이긴 하지만, 배우들이 그 순간에 극의 내용을 만들어나갈 환경을 만든다. 극에 참여하는 관객들은 배우들이 미리 연습하고 계획한 것이 아닌가 하는 의심을 내려놓을 것이다. 그리고 배우의 관점에서는, 눈앞에서 펼쳐지는 모든 것이 허구가 아닌 진짜라고 믿는 관객들과의 진정한 소통 속에서 작품이 전개된다. 관객들과의 그런 긍정적인 역동성은 작품의 질에 영향을 준다. 실제로 나와 이야기 나눈 많은 배우들이 그 부분을 언급했다. 따라서 최소한의 상황의 틀과 협업의 틀이라는 두 가지가 동시에 작용하며 배우와 관객은 두 가지 모두에 참여한다.

마지막으로, 산타루치아가 잠시 짚고 넘어갔듯이 극이 순조롭게 풀리지 않을 때도 물론 있다. 나는 이것이 아주 중요한 대목이라고 생각한다. 앞의 장들에서 논의한 예술가와 디자이너들은 즉흥극을 하는 배우들처럼 실시간으로 참여하는 관객 앞에서 작업하지는 않는다. 즉흥극 배우들도 예술가나 디자이너들처럼 때로는 실패를 경험한다. 이것은 만들면서 알게 되는 과정의 자연스러운 일부다. 구성원들 간에 소통이 잘 안 되거나, 배우가 어설픈 선택을 내리거나, 다른 어떤 이유로 전혀 호응을 얻지 못하는 공연은 의도했던 만큼의 결과에 이르지 못할 것이다. 한편으로는 이런 실패가 끔찍하게 느껴질 수도 있다. 하지만 실패의 위험을 무릅쓰는 것 자체가, 모든 것이 정해진 연극에서는 결코 얻을 수 없는 에너지와 생명력을 준다. 연습을 충실하게 한 준비된 연극에는 자발성이나 실패의 가능성이 없다는 말은 아니다. 자발성은 언제나 연극 무대에 활력을 불어넣는 힘이다. 내가 지적하려는 것은 단지, 그런 위험이 즉흥극의 긴장감을 유지하는 요소라는 사실이다. 즉흥극은 여러모로 만들면서 알게 되는 과정의 결정체이며, 큰 성공과 완전한 실패의 가능성 둘 다를 갖고 있다. 즉흥극은 다른 조건에서는 찾기 힘들었을 사실을 발견할 수 있는 극적이고, 흥미롭고, 비옥한 토대다.

말없이 말하는 배우의 몸과 광대의 빨간 코

나는 파리의 자크 르콕 국제연극마임학교L'Ecole Internationale de Théâtre Jacques Lecoq에서 광대를 연구한 배우이자 감독 리아 시르니아크와 즉흥극에 대해 논의할 기회가 있었다. 학교 설립자인 자크 르콕(1921~1999)은 프랑스의 마임 배우로, 학생들에게 아주 구체적인 신체적 접근법을 가르쳤다. 시르니아크와 인터뷰하면서 특히 흥미롭게 들었던 부분은 즉흥적인 창작과 발견 능력을 키우는 이 학교의 프로그램에서 가면을 활용하는 방법이었다. 시르니아크는 배우가 말과 표정에 의지하지 않을 때, 몸의 표현을 극대화할 수 있으며 가장 즉흥적으로 연기할 수 있다고 보았다. 그가 설명했다.

"르콕의 교수법에는 아예 대사가 없었죠. 르콕은 보편적 몸짓에 늘 관심이 있었는데, 아시겠지만 오늘날에는 '보편적 몸짓이라는 게 있을 수 있는가?'라는 의문과 함께 그에 대한 논란이 일고 있지요. 저는 르콕이 문화마다 다른 보편적 몸짓을 찾고 싶어 했다고 생각해요. 그건 인간 조건의 잠재적 보편성을 탐구하기에 아주 훌륭한 시작점이에요. 르콕은 잠재적 보편성을 늘 찾고 있었지요. 그건 반드시 언어와 관련 있는 건 아니고, 일반적으로 신체에서 발견돼요."

르콕 학교 학생들은 '중립 가면neutral mask'을 쓴다. 시르니아크의 설명에 따르면 '육체적 잠재력을 확장하기 위한 방법'으로 가면을 도입했다고 한다. 가면은 배우에게 준비 상태, 즉 몸이 알고 있을지도 모르는 것을 '이용할 수 있는' 상태를 만든다. 내가 물었다.

"그런 것들이 즉흥극 기술인가요?"

"네, 그래요. 하지만 확실히 해둘 게 있어요. 르콕은 가면을 주로 훈련 기법으로 생각했어요. 배우들을 훈련하고, 창조적 존재를 훈련하고, 창조적 작품이나 인물을 만드는 사람을 훈련하는 도구였죠. 그런 식으로 더 많이 훈련할수록 몸이 창작의 전달자가 되는 것에 익숙해지고, 이것이 제2의 천성으로 자리 잡지요."

하지만 내가 여기서 진정으로 흥미를 느끼는 건 표정과 목소

1958년 이탈리아 조각가이자 시인인 아멜레토 사르토리Amleto Sartori가 자크 르콕을 위해 처음 만든 중립 가면.

리를 억압한 데 따른 결과점이다. 위대한 스승인 르콕은 다른 표현 방식의 발현을 억제함으로써 한 가지 표현 방식의 깊이가 발현되도록 만드는 방법을 창안했다. 충실한 표현을 방해하는 요소들을 제거하면 몸이 이미 알고 있는 것이 발견된다. 이처럼 한 가지 요소의 '무효화'는 다른 요소에 창조적 기회를 불러들인다.

계속해서 시르니아크가 설명했다.

"자기가 무엇을 하고 있는지를 표정이나 말로 설명할 수 없으면, 즉 표현하는 데 아주 익숙하게 사용해온 도구들을 갑자기 치워버리면, 우리는 다른 수단을 이용해요. 그럴 때 대부분은 자기 몸에서 나오는 표현을 보고 상당히 놀라곤 하지요."

중립 가면은 몸을 이용한 즉흥적인 창작의 맥락과 틀을 만든다. 1968년에 훌륭한 폴란드인 감독 예지 그로토프스키가 저서 『빈곤한 극장을 향해서Towards a Poor Theatre』에서, 제거를 통해 표현을 찾는 개념을 묘사한 '비아 네가티바Via Negativa'라는 용어를 제시했고, 르콕이 이 개념을 계획적으로 채택해 교육에 활용했다. 그로토프스키의 관심은 군더더기를 모두 제거한 '본질적인 연극'을 찾는 것이었다.

"연극에서 빈곤, 즉 연극에 필수적이지 않은 모든 것을 없애는 것은 매체의 근간뿐만 아니라 예술의 본질에 자리한 풍성함을 드러낸다."[6]

본질, 즉 '없애버리는' 데에서 나오는 '풍성함'을 찾으려는 시도는 비아 네가티바를 통한 배우들의 연기에서 특히 두드러진다. 비아 네가티바는 "기술의 집합이 아니라, 방해 요인이 소거된 상태"라고 그로토프스키가 확실히 밝혔듯이 말이다.[7] 르콕과 그로토프스키가 가르친 것은 창작과 앎의 관계를 고려하는 방법이며, 그것은 장애물을 제거함으로써 표현이 가능해지는 과정을 통해서 나온다. 개인적으로, 스탠퍼드대학교에 있을 때 똑같은 철학을 가창에 철저히 적용한 교수에게 수업을 들은 적이 있다. 그 교수는 가창의 핵심이 목소리가 나오지 못하게 막는 것을 제거하는 데 있다고 믿었다. 그래서 그의 수업은 소리를 제한하는 신체적, 감정적 요인들을 제거해서 목소리가 자유롭게 나오도록 만드는 데 맞춰졌다.

그로토프스키가 개발한 기술은 시간을 단축하는 전략이었다. 그는 충동과 행위가 동시에 일어날 때, 배우들이 내면의 충동과 외적 반응 사이의 시간적 지체에서 벗어나기를 바랐다. 그가 생각하는 창조성은 지적 발견이 아니라 신체적 반사작용이었다. '몸으로 생각하는' 이런 활동을 그는 기습적인 놀라움의 순간에 비유했다. 그는 배우들이 '심리적 충격, 공포나 치명적인 위험, 엄청난 기쁨의 순간'에 나오는 반사적인 표현을 찾도록 지도했다.[8] 그로토프스키와 르콕이 제안한 연습은 우리의 몸과 몸의 반사작용이 알고 있는 것을 밝히는 방법이었다.

비아 네가티바나 중립 가면 같은 아이디어는 다른 창작 분야에도 적용될 것이다. 레베카 멘데스가 미술품과 디자인을 만드는 과정에서 '필터를 제거하는 것'에 대해서, 앤 해밀턴이 설치작품을 만들 때 '미지의 상태'를 구축하는 것에 대해서, 마티노(와 재럿)가 음악을 창작하면서 '비워내는 것'에 대해서 말했던 것을 생각해본다. 그들의 말에서 내가 받은 인상은 똑같았다.

가면은 안이 아니라 바깥을 향한다. 그러니 가면을 쓴 사람의 개성을 없애는 이 '중립성'은 배우가 아니라 관객에게 영향을 미치지 않을까? 그런데 어째서 배우가 변화를 경험하는 걸까? 시르니아크는 이렇게 설명했다.

"본인이 실제로 느끼기 때문이에요. 얼굴에 걸친 가면의 힘을 느끼지요. 가면을 쓸 때는 보고, 만지고, 감촉을 느끼고 나서 착용해요. 그리고 가면을 쓰는 사람은 가면 쓰기의 규칙에 대해서도 잘 알고 있죠. 가장 중요한 규칙은 **'가면에 맞는 몸을 찾으려고 노력하는 것'**이죠."

르콕은 몸이 우리가 일반적으로 사용하는 많은 정보의 열쇠를 가지고 있다고 보았다. 특히 창작 활동을 하는 사람들은 더더욱 말이다. 시르니아크는 앎이라는 건 너무 완고한 용어라고 주장했다.

"앎이라는 단어를 보면 머리를 써야 할 것 같죠. 그런데 사실은 그렇지 않거든요. 앎은 몸에 있어요."

그러고 나서 대단히 흥미로운 이야기를 들려주었다.

"가면을 쓰면 평소와는 다른 상태가 돼요. 제가 목격한 바로는, 가면을 쓰고 연기한 배우가 극이 끝나고 가면을 벗으면 완전히 다른 사람 같은 얼굴을 하고 있어요. 특히 르콕이나 다른 교수들이 그렇다는 걸 느꼈죠. 달라도 너무 달라요."

중립 가면을 쓰는 수업을 마친 배우들은 한층 구체적으로 설정된 인물 가면을 사용하게 된다. 이때 사용하는 가면은 행복하거나, 슬프거나, 혼란스럽거나, 기쁘거나, 장난기 가득하거나, 정신이 나갔거나, 욕정이 가득한 것 같은 구체적인 감정을 담고 있다. 시르니아크가 분명히 밝혔듯, 배우들은 중립 가면을 쓰고 연기하면서 몸을 활용하는 능력을 키운다. 그리고 구체적인 감정을 나타내는 가면을 쓰면서 계속해서 발전해나간다. 이제는 얼굴, 즉 가면이 능동적인 요소로 부각된다.

시르니아크에 따르면, 가장 작은 캐릭터 가면에 속하는 광대의 빨간 코만 달아봐도 다음 단계의 가면을 쓸 때 나타나는 효과를 맛볼 수 있다. 광대의 코는 촉매제인 동시에 개인이 가진 잠재력을 발휘하게 해주는 도구다. 그는 이렇게 설명했다.

"광대의 코는 연약하면서도 동시에 강인한 자신의 일부를 사용하게 만들어줘요. 빨간 코는 존재의 내면이자 인간적인 부분이죠."

빨간 코는 연약함과 힘이 공존하는 틀 안에서 내면의 솔직함, 그리고 그런 솔직함에서 탄생한 광대의 해학을 즉흥적으로 연기할 수 있게 이끈다. 시르니아크는 배우들에게 빨간 코의 잠재력을 가르치는 방법을 설명한다.

"맨 처음에는 빨간 코를 달지 않고 관객 앞에 서는 훈련부터 하죠. 관객 앞에 서서 자기 이름을 말해요. 그리고 관객의 시야 밖으로 사라집니다. 이 훈련은 관객들의 시야에 들어가는 첫 단계로, 자기 내면을 방어하기 힘든 곳으로 가게 만들지요. 그러고 나서 빨간 코를 달고 관객들 앞에 다시 서게 합니다. 관객의 시선을 한 몸에 받으면서 관객을 쳐다보는 것 말고는 아무것도 하지 말라고 지시하죠. 가끔은 웃거나 우는 사람도 있고, 도중에 훈련을 포기하는 사람도 있어요. 주어진 상황을 그저 경험하려고 노력하고, 자신과 관객 사이의 에너지를 인식하는 것이 중요해요. 작은 코에는 어떤 특별한 것이 있죠. 이 작고 동그란 빨간 코는 스스로를 우스꽝스럽게 느끼게 하고, 사람들의 뜨거운 시선을 느끼게 만들어요."

시르니아크에 따르면, 그렇게 빨간 코를 단 사람에게는 앞으로 진화할 광대의 성격을 알기 위해 즉흥적으로 행동하라는 임무가 주어진다.

"'이 광대는 무엇이고, 이 사람은 누구인가?' 같은 질문을 던지면서 자신이 연기하는 광대를 알아가는 것부터 시작해야 해요. 연기하는 인물은 어떤 식으로든 늘 자기 자신과 연결되어 있어요. 이 훈련에서 우리는 자신을 역할 속으로 몰아넣어요. 자신의 본래 모습과는 달라 보이고, 원하는 만큼 강해 보이지 않을 수도 있다는 것을 아주 잘 알지요. 그러나 해보기 전에는 자신이 만드는 것이 어떤 인물인지 알지 못해요."

광대의 코는 창조적인 표현의 틀을 잡거나 자신에 대한 뭔가를 새로 알게 하는 방법이 될 수 있다. 광대의 코에는 분명히 힘이 있다. 시르니아크는 아주 중요한 사실을 지적했다.

"가면은 각자가 행동하고 작용하는 방식을 바꿔요. 자신의 내면에 얼마나 크게 영향을 끼치느냐에 따라서 짧은 기간 동안만 변화가 나타나기도 하고, 꽤 오래 지속되거나 영원히 남기도 하지요. 제게도 대단히 변혁적인 경험이었어요."

이 모든 것이 작고 빨간 코를 통한 것이었다.

배우가 일하는 법

빨간 코는 즉흥 연기의 틀이 되기도 한다. 그런데 이런 설정에는 배우들이 대본에 이미 나와 있는 역할을 연기하는 것과는 다른 흥미로운 차이점이 있다. 배우는 정해진 인물을 연기하는 과정에 어떻게 진입하고 어떤 식으로 틀을 만들까? 연기 방식이나 관련 이론, 정의는 무수히 많다는 사실을 우선 언급해두어야겠다. 여기서 초점을 맞춰 다룰 부분은 나와 인터뷰했던 사람들의 의견을 중심으로 배우가 인물을 탐구할 때 즉흥극이 어떻게 도움이 되는지 알아보고, 공연에서의 만들면서 알게 되는 과정에 대한 배우들의 생각을 살펴보는 것이다.

연극 배우 마이클 라스킨은 연기에 몰입하기 위해 대본을 파고든다. 흥미롭게도, 그의 작업은 광대가 빨간 코를 사용하는 방식과 같다.

"일단 대본 내용을 이해하면서 그걸 완전히 흡수해요. 그러면 더 감성적이고 인물 중심적으로 파악해나갈 수 있어요. 저는 연기 작업에 들어갈 때 본능적으로 안팎을 크게 뒤집는 방식으로 접근하지요."

라스킨은 노스웨스턴대학교에서 공부할 때의 경험을 말해주었다. 당시 맡은 배역의 전체적인 틀을 잡는 데 도움이 될 의상을 발견했는데(극을 제작하기 **전의** 일이다), 이때의 경험 덕분에 '안팎을 뒤집는' 접근 방식을 알게 됐다고 한다.

"코트를 입고 거울을 보면서 '그래, 좋아. 이게 바로 그 인물이야'라고 혼잣말을 했지요. 일종의 깨달음의 순간이었어요. 다른 배우들은 어린 시절의 끔찍한 기억 따위를 이래저래 헤집으면서 애를 태우고 있는데, 저는 코트를 걸치고서 '좋아, 말이 되는 걸'이라고 생각했지요."

"그러고 나서 어떤 작업에 들어가나요?"

"완전히 내면의 감정에 빠져들지요. 저는 뭘 입느냐에 따라 걸음걸이가 달라져요. 모든 것에 영향을 받지요. 그게 제가 본능적으로 작업하는 방식이에요. 저는 외적인 것에서부터 작업을 시작합니다."

배우 라켈 더피는 라스킨과 대조적으로 일부러 대본을 아주 늦게 외운다고 했다. 그는 대본을 일찍 외우면 연기하는 데 제한이 생길 수 있다고 본다. 준비하면서 비우는 작업을 하는 것이다.

"대사를 미리 외우는 걸 안 좋아해요. 어떤 식으로 말해야 하는지, 장면이 어떻게 진행되어야 하는지를 미리 생각해두고, 거기에만 의존하게 될 수도 있거든요."

그리고 그는 처음부터 대사에 초점을 맞추면 첫 연습 때 발견해야 할 것들을 알아채지 못하고 그저 대사만 외우고 끝나지 않을까 걱정한다.

"그렇게 되면 다음 대사를 걱정하느라 다른 사람이 하는 말을 제대로 듣지 못하거든요."

더피는 미지의 공간을 구축하는 예술다.

"저는 뭘 만들든지 창작하는 것이 '모르는' 공간에서 나와야 한다고 생각해요. 질문만 가지고서, 미지의 장소에서 더 많이 있을수록 더 몰입할 수 있어요. 질문을 던지고 정답 없이 작업에 임하는 과정이 제게는 결국 가장 가치 있어요."

더피의 틀은 만드는 과정을 **통해** 나타난다. 아주 흥미롭게도 더피는 연습실에 들어가서, 지적인 수준이라기보다는 공간적이고 육체적인 수준에서 연습을 시작한다 .

"다른 배우들과 있으면서 제 몸의 반응을 느끼고, 무대의 어디에 있어야 하는지를 찾아요."

그는 언제 옳은 느낌이 들고 언제 그렇지 않은지를 아주 명확히 가려낸다.

"머리로 아는 것이 아니라, 감각적인 경험이죠. 그냥 그게 맞다는 기분이 들어요."

더피가 인물을 만드는 과정은 몸의 반응을 느끼고 공간에서의 움직임을 통해 진행된다. 반면, 라스킨은 외면적인 것에서부터 움직이면서 그가 맡은 역할을 알게 된다.

더피는 연습 초기에는 그 어떤 것도 너무 구체적으로 굳어지지 않도록 조심한다. 그는 인물 연기를 시작하는 단계에서 열린 태도를 유지하며 질문이 생동감 있게 펼쳐지고 유연성, 실험, 즉흥성이 가능한 조건을 만든다.

"조건이 너무 구체적이면 거기에 얽매일 수 있어요. 그렇게 되면 너무 일찍 조건이 고정돼서 제가 할 수 있는 게 아무것도 없는 기분이 들 거예요."

그는 열린 상태에서 나오는 기분 좋은 놀라움에 대해 말했다.

"그건 난데없이 나타나요. 전혀 예견하지 못했던 것이지만, 그런 놀라움을 찾으면 기분이 참 좋죠. 제가 계획하거나 시도해보려고 한 적이 없는 방식인 경우가 많아요."

더피는 인물을 연기하는 과정을 계속해서 설명하면서 다양한 비유를 들었다. 별개의 장면들이 총연습을 통해서 조금씩 형태를 잡아가고, 연출과 움직임의 패턴이 진화하고, 결국에는 "저와 다른 모든 배우들이 각자 만드는 인물의 여정이 담긴 일종의 지도 혹은 윤곽이 보인다"고 했다. 그런 조건이 더 많은 제약을 설정했으며,

그가 하는 작업의 틀이 되었다.

그는 발견의 중요한 순간으로 연극의 첫 번째 총연습을 꼽는다.

"총연습 때가 되면 그 작품에 대해 조금씩 알아가기 시작하지요. 물론 그때 최고의 연기가 나오지는 않지만, 연기하는 인물의 여정을 배우게 돼요."

이런 과정은 작품으로 들어가는 또 하나의 경로다. 리듬을 찾아서 불완전하고 엉망인 초안을 '수정'하거나, 작가들이 그렇게 하듯이 처음부터 다시 만들어나간다. 첫 번째 총연습은 한층 견고하고 보다 심화된 창작과 즉흥성의 맥락을 이루는 또 하나의 틀이다. 디자인 분야의 언어로 표현하면 이 단계는 모형을 만들고 의미를 구축하는 단계다. 구체적으로 좁혀나가는 이 과정은 역설적으로 더 깊이 있는 창작의 가능성을 열어준다. 총연습은 현장에서 실시간으로 진행되기 때문에 더피는 뭔가가 드러나는 순간을 놓치지 않으려면 바짝 집중해야 한다고 말한다.

"그럴 때는 순간에서 순간으로 뛰어넘으며 몰입해요. 순간으로, 그저 그 순간에만 머물죠. 완전히 나를 내맡기고, 모든 걸 배워야 해요. 몰두해야 하지요. 뭔가 뜻대로 안 된다고 멈출 수는 없어요. 그랬다간 다음에 올 것을 놓치고 말아요."

더피는 총연습에서 배움을 얻고, 대본을 다시 읽으면서 뭔가 꽉 막혀서 풀리지 않는 대목으로 돌아간다. 그리고 혼자서, 또는 동료 배우들과 함께 그 장면에 몰두한다. 이들은 즉석에서 아이디어를 내고 신체적, 감정적, 현실적, 심리적인 측면을 살피고 시도한다. 그런데 대본을 보면서 잘 안 됐던 부분을 되짚는 것이 반드시 의미나 문장을 분석하거나, 그 순간에 그 인물이 하는 행동을 분석하는 것은 아니라는 점을 강조하고 싶다. 그것은 사실상 즉흥적인 작업으로, 배우가 자기 자신의 다른 측면에 귀를 기울이고 관계를 맺을 수 있게 해준다. 더피는 이렇게 말한다.

"이미징imaging이라는 작업을 해봤는데, 정말 도움이 많이 되더라고요. 대본에서 단어 하나를 골라요. 그리고 그 단어에 어떤 느낌이라기보다는, 색깔이나 이미지를 불어넣어요. 문장의 의미와는 아무 상관이 없는 활동이지요. 이렇게 하면 이미지를 통해서 대본 일부와 연계하고 더 개인적인 관계를 맺는 데 도움이 되더라고요."

지적인 해석을 피해서 접근하는 이런 방식은 창작 과정을 구성하는 활동의 하나다. 그 이미지의 특이성이 반드시 오랫동안 유지되는 건 아니다.

"그런 이미지가 맨 처음에 어떤 것이었든지, 그저 이미지를 떠올리고, 그에 대해서 두 번 다시 생각하지 않는 거예요. 저는 색을 이용하기도 해요. 예를 들어 파란색이 될 수도 있죠. 그런 이미지는 제 안에 계속 남을 수도 있고 그렇지 않을 수도 있어요. 그렇지만 아주 내실 있는 어딘가로 저를 인도해주기도 하지요."

더피가 작업하는 과정 중에는 여기서 언급해야 할 중요한 측면이 또 있는데, 그런 측면은 무대에서의 창작의 근본을 이루는 부분 중 하나다. 이는 그가 다른 등장인물들과의 사이에 형성된 역학 관계나 첫 번째 총연습을 하는 맥락에서 공연 공간과의 관계를 어떻게 알게 되는지를 강조했던 데에서 명백히 나타난다. 이는 연극적 경험의 더 큰 맥락에서, 개인적 창조 과정의 실제이자 아름다움이며, 즉흥극과 창작의 또 다른 틀이다. 특히 배우는 제작의 최종 단계에 있는 관객을 포함한 모든 요소들로 구성된 복잡한 네트워크와의 관계 속에서 존재한다. 디에고 마타모로스는 그가 '사건the event'이라고 지칭한 맥락에서의 '배우 창작'의 중심적 역할에 대해 설득력 있는 견해를 제시한다.

"많은 배우들이 맡은 배역에 대해 연구하는 것으로 작업을 시작합니다. 배경, 교육, 출신 등을 파악하는데, 그런 것들은 스타니슬라프스키 시스템Stanislavski system(러시아의 배우이자 연출가인 스타니슬라프스키가 체계화한 연기 이론으로, 극에서 드러나지 않는 과거나 감춰진 의도까지 표현할 수 있도록 배우가 직감, 상상력, 체험 등 자신이 가진 모든 것을 동원해 배역과 동일화해서 내면 연기를 해야 한다고 본다—옮긴이)에 해당하지요."

하지만 마타모로스는 그런 방식의 연구를 별도로 진행할 수 없다고 본다. 주어진 사건에서 해당 배우가 처한 현실을 망라하지 못하기 때문이다. 연극적 사건은 여러 사람(극작가, 연출가, 배우, 극중 인물 등)의 견해와 다양한 질문, 쟁점, 아이디어 등의 다양한 요소를 무대에 한꺼번에 담아낸다. 마타모로스가 관심을 두는 부분은 배우가 참여하는 방식인데, 그의 말을 빌리면 '사건에 이바지하는serve the event' 방식이다. 배우들이 각자의 역할을 개별적으로 준비하는 것은 연극의 근본적인 다양성에 어긋난다.

"우리는 현실 또는 창조된 현실 속에 있는데, 그게 바로 사건이죠. 다른 사람들과 함께 그 사건에 맞춰야 해요. 저는 바로 그런 사건이 돋보여야 하며, 그 사건을 관객들에게 전달해야 한다고 봅니다. 그렇기 때문에 예술가들은 그 환경에서 연극을 준비하고 상연하는 모든 기간에, 내면적으로뿐만 아니라 외면적으로도 참여하는 거예요."

마타모로스가 연극에서 연기하면서 깨닫는, 만들면서 알게 되는 원리를 이해하는 건 바로 그런 맥락에서다. 그가 사건이라고 지칭한 맥락(이것 또한 명확한 틀이다)이 없으면, 완전한 창작에 이룰 수 없다. 그러므로 그 세계에 들어갈 때까지는, 알 수가 없다.

마타모로스는 내면과 외면의 역학을 보다 구체적으로 탐색한다. 그는 인물, 대본, 그 배역의 특이성을 통합하여 사고한다.

"예를 들어, 제게 맡겨진 어떤 대사가 있다고 해보죠. 그 대사 외에 다른 말은 하면 안 되는 이유를 알아낼 때까지, 제게 대사는 의무적으로 부과된 사안이에요. 처음에는 그 대사가 이해가 안 돼요. 그래서 그 생각이나 행동으로 들어가는 문을 열기 위해 여러 방법을 시도하지요. 여기서 말하는 생각이나 행동이란 대본이 있기 한참 전에 시작되는 것을 말하는 거예요."

마타모로스는 "명예가 가장 중요한 문제일까요?"라면서 셰익스피어의 「로미오와 줄리엣」을 예로 든다. 그는 그 희곡의 일부 등장인물에게 '명예를 잃는 것은 자기 자신을 잃는 것'이라고 설명한다. 하지만 주인공들은 생각이 아주 다르다.

"그것이 주인공인 로미오와 줄리엣, 그리고 그들이 사는 사회의 나머지 사람들 사이에 존재하는 차이죠. 그들의 사회는 명예에 얽매여 있는 반면, 로미오와 줄리엣은 사랑에 얽매여 있어요. 그래서 문제가 생겨요. 가장 중요한 것이 서로 다르니까요. 로미오와 줄리엣은 명예 따위는 개의치 않고, 사랑을 지키는 데 필요한 건 뭐든지 할 작정이지요. 거기서 문제가 발생합니다."

마타모로스가 셰익스피어 연극의 핵심적인 역학에 대해 제시한 견해는 분명히 흥미롭다. 하지만 여기서 내가 주목하는 부분은 대본의 비판적 분석이 아니라 맡은 배역을 발전시키는 과정에서 그 배우에게 일어나는 일이다. 일단 배우들이 등장인물들 사이의 '가장 중요한 가치'가 다르다는 사실을 이해하면, 더 큰 전체적인 맥락에서 각자의 배역을 이해하게 된다.

"그걸 연극 안에서 보아야 해요. 그게 바로 제가 사건이라고 지칭했던 것의 의미예요. 사건을 이해하고 규정해야 해요. 그러면 작품 속 인물이 어떤 조건에서 살고 있고, 어떤 생각을 하고 있는지 감을 잡게 되죠."

그런 식으로 우리는 개인적인 작업, 즉 각자의 창작을 창조성이라는 틀에서 이해한다. 여기서는 거슈윈의 멜로디, 즉흥적이고 아름다운 구절을 기억하는 것, 상황의 윤곽 같은 것들이 아니라, 연극 자체의 세계, 맡은 배역을 만드는 과정에 관여하는 배우의 틀에서 이해하는 것이다. 그리고 전체를 만드는 과정이 진화해서 작품의 구조, 배경 무대, 의상, 조명, 움직임, 말투, 관객 등의 다양한 역학이 통합되어감에 따라 그 세계는 한층 확장된다.

"이 모든 과정에는 시간이 필요해요. 재빨리 해치울 수가 없죠. 서두르고 재촉하면 진짜가 아닌 가짜 해결책만 생각해내게 될 거예요. 이건 성공과 실패의 문제가 아니에요. 감각을 찾는 문제이지요. 그 장면에 맞는 연극적 감각이 있어요. 그리고 우리가 만들고 관객들이 즐길 수 있는 연극적 현실이 있고요."

하나의 연극이 만들어지기까지

〈마우스피스Mousepiece〉는 토론토에 있는 극단 '쿼트 언쿼트 컬렉티브Quote Unquote Collective'의 노라 사다바와 에이미 노스트바켄이 제작하고 출연한 공연 작품이다. 이 공연단은 '전통과 기대의 경계 밖에서 작업하기 위해' 설립된 단체다. 이 연극은 힘겹게 어머니 장례식의 추도사를 쓰면서 자신의 목소리를 찾으려고 필사적으로 노력하는 카산드라Cassandra(그리스 신화에서 설득력을 잃은 예언자로 그려진다)라는 등장인물에 대한 즉흥 연기로 구성된다. 연극 출연자 두 명이 동시에 카산드라 역할을 맡아서 대사와 음악, 춤을 통해 다양한 측면을 연기한다. 'mouthpiece'라는 단어는 권투 선수가 입에 끼는 '마우스피스'를 말할 때도 쓰이지만, '대변인', '재갈', '방향을 강요하는 굴레', '추도사를 쓰는 것' 등의 의미로도 쓰인다.

사다바와 노스트바켄은 2015년 토론토에서 〈마우스피스〉를 초연했고, 2017년에는 유럽과 북미 전역에서 공연했으며, 같은 해 에든버러 페스티벌 프린지에서 상을 받았다. 2019년에는 캐나다와 미국에서 순회공연을 돌았다. 영화감독 패트리샤 로제마는 두 제작자와 함께 〈마우스피스〉를 영화화했고, 이 작품은 2018년 가을 토론토국제영화제에서 개봉됐다.

〈마우스피스〉, 2015년. 토론토 '쿼트 언쿼트 컬렉티브' 극단의 노라 사다바와 에이미 노스트바켄이 제작, 출연했다.

노스트바켄은 자크 르콕 국제연극마임학교 졸업생으로, 리아 시르니아크가 앞서 설명했던 신체적 즉흥연기를 활용해 작품에 접근한다.

노스트바켄과 사다바는 아무 계획 없이 약속 장소에 나와서 함께 글을 쓰고 대화를 하다가 떠오른 아이디어를 탐색했다. 앞에서 살펴보았기에 이제는 알아볼 수 있겠지만, 그들은 불확실성으로 들어가서, 시작점을 찾을 방법을 궁리하고 있었던 것이다. 작업하면서 목표가 없는 기분을 느끼며 좌절했던 때도 많았다. 하지만 그들은 뜻을 굽히지 않았다. 노스트바켄이 말했다.

"대화를 많이 나눴어요. 각자의 삶을 돌아보고 탐색하는 데 시간을 많이 보냈지요. 그러는 와중에도 '이건 시간 낭비야. 우린 지금 시간을 버리고 있는 거야'라고 생각했어요. 하루에 8시간은 사무실에 앉아 있어야 했지요. 저희는 좌절했어요. 생각해내는 과정은 답답하고 힘들었지요."

이 두 예술가는 처음에 '페미니즘 연극'을 만드는 것에 강한 거부감이 있었다. 적어도 당시에는, 페미니즘이 그들이 탐구하려는 주제나 그들의 정체성과는 공명하지 않았다. 그들은 단호했으며, 서로를 향해 줄기차게 "이건 페미니즘 작품이 아니야. 우리가 이 작품을 페미니즘 연극이라고 부르면, 아무도 안 볼 거야"라고 주장했다고 한다. 노스트바켄은 내게 이렇게 말했다.

"저희는 준비가 안 되어 있었어요. 완전히 준비 부족 상태였지요. 그런데 그때 세 가지 일이 일어났어요."

앞에서 스케치하고 글을 쓰는 과정을 통해 발견의 길을 **만들어**

가는 여러 예술가와 디자이너들의 사례를 살펴보았다. 그들은 때로 다른 공간이나 다른 상황(특히 샤워하는 중에)에서 획기적인 발견의 순간이 나타나는 것을 경험했다. 〈마우스피스〉의 경우, 노스트바켄은 연습실 외의 공간에서 연극의 핵심이 될 몇 가지 발견을 경험했다.

첫 번째는 페이스북을 살펴보다가 작고한 시몬 드 보부아르의 생일을 기념하는 문구를 발견했던 일이었다. 노스트바켄은 그것을 계기로 수십 년 전에 나온 보부아르의 작품들을 찾아서 읽어보았다.

"굉장했어요. 지금 시대에도 딱 들어맞는 내용이었죠."

그로부터 며칠 뒤 노스트바켄의 사촌이 1960~1970년대의 광고와 광고 속 여성들의 묘사에 관한 기사 링크를 보내왔다. 이것이 두 번째 순간이었다.

"그런 광고들이 얼마나 지긋지긋한지를 지적하는 기사였어요. 노트북 컴퓨터로 그 기사를 읽고 있는데, 그와 비슷한 부류의 팝업 광고가 화면에 뜨더라고요. 정말 이상한 기분이었어요. 기사에서 비판하는 내용의 현대판을 목격하고 있었으니까요."

세 번째 순간은 1994년에 제작된 애니메이션 영화 〈엄지공주〉를 우연히 보게 됐을 때였다.

"어릴 때 여동생하고 여러 번 봤던 영화거든요. 잠깐 한 장면만 볼까 싶었어요. 음악도 기억이 나더라고요. 그러다가 결국에는 영화를 처음부터 끝까지 다 봤는데, 그때 '아, 이건 포르노잖아'라는 생각이 들었어요. 이 모든 발견은 새로운 게 아니었어요. 하지만 그

세 가지가 연속으로 나타나면서 우리는 위선자라는 깨달음에 이르렀지요."

연극을 소개하는 글에서 노스트바켄과 사다바는 이렇게 설명한다.

"여성들이 서로를 이해하는 방식을 탐구하면서 우리가 여성으로서 스스로를 어떻게 정의하는지 질문하고, 현 세대를 어머니 세대나 할머니 세대와 비교해보니, 생각만큼 많이 바뀌지 않았다는 진실이 우리를 크게 질타했어요."[9]

노스트바켄은 나와 대화할 때도 이를 명확히 설명했다.

"〈마우스피스〉는 물론 페미니즘 연극이에요. 우리가 어떻게 불편한 상황을 순순히 받아들이는지, 그럼에도 왜 스스로 속박과 편견에서 해방된 자유롭고 진보적인 여성이라고 생각하게 되는지를 다뤄요. 우리는 위선을 마주하고 우리의 모든 비밀을 밝혀야 해요. 예를 들어 혼자서 샤워를 하면서 벌거벗은 몸을 바라보던 때 같은 순간들 말이지요. 저는 실제로 남자들이 제 안구를 통해 제 몸을 보는 상상을 해요. 그런 시선은 제 눈 안쪽 눈꺼풀 속에 있어요. 가부장제가 제 안에 내재되어 있는 것처럼요. 그것에 관해 이야기를 나눌 필요가 있어요. 우리는 생각만큼 그렇게 멀리 와 있지 못해요. 그 딜레마를 다뤄야 했지요."

위선과 모든 비밀을 밝힌다는 엄청난 야망을 이들은 현실로 이뤄냈다. 노스트바켄의 설명을 들으면서, 이들의 용기와 솔직함과 능력에 감동했다. 이 젊은 예술가들은 프로젝트를 진전시키기 위한 구체적인 절차를 마련했다. 자리에 앉아서 개인적 고백이나 비밀처럼 이들을 자극하는 특정 주제를 마주했고, 그런 다음 각자 20분 동안 글을 쓰고, 다시 모여서 쓴 글을 서로 읽어주었다. 그리고 글의 내용에서 뽑아서 장면을 구상하고, 연결점과 깊이를 담을 수 있는 지점을 찾았다.

"두 여성에 대한 연극을 만들려면 먼저 여성이란 무엇인지를 살펴보아야 한다는 생각이 들었어요. 탐구의 도구로 내면을 들여다보는 것보다 더 좋은 것이 있을까요? 저희는 내면을 들여다보기 시작했어요. 그러자 자백이 쏟아져 나왔어요. 솔직한 모습을 드러냈지요."

노스트바켄은 사다바와의 창조적 관계를 재즈 즉흥연주에 비유하면서, 서로의 소리를 주의 깊게 듣는 것이 전부라고 말했다. 스윙해머도 명확히 밝혔듯, 여럿이 합주하는 즉흥연주는 신뢰와 경청이 핵심이다. 노스트바켄이 말했다.

"연극의 내용을 만드는 과정은 글, 음악, 안무 세 가지 차원에서 진행됐어요. 글을 무척이나 많이 썼지요. 그러고 나서 제가 여러 곡을 작곡했어요. 저는 여성의 목소리와 음악의 역사가 응축된 음악적 내러티브를 만들고 싶었어요. 그래서 재즈 가수 빌리 홀리데이의 곡이나 재니스 조플린, 조니 미첼이나 불가리아 성가나 찬가 같은 곡을 만들었어요. 그런 다음 안무를 구상하고 몸의 움직임, 음악, 대사를 정했지요."

내용과 소재가 정해진 뒤에, 두 사람들은 즉흥적으로 연기하고 연주하기 시작했다. 즉흥적으로 극을 만들어가는 동안, 이들은 여러 요소가 어떻게 서로 맞아떨어지는지를 발견했고, 대사와 음악의 관계를 시험했으며, 안무를 통합했다.

"그렇게 정한 내용으로 작품을 편집하고 연출했지요. 모든 장면에서 어떤 유형의 의사소통(대사, 음악, 행동)이 그 순간을 표현하기에 가장 적합할까 고민했어요."

결국 주목할 만한 연극이 모습을 드러냈다. 작품의 구성을 알게(계획하게) 되기까지 아주 신중한 제작 과정을 거쳐야만 했다. 이 연극 작품에 대한 앎은 자신에 대한 더 깊은 앎과 일치됐다. 만드는 과정은 가장 깊은 생각과 감정에 접근할 수 있게 해준다. 노스트바켄과 사다바는 이렇게 주장한다.

"이 연극에는 드러내기 끔찍하게 두려웠던 것들과 적나라하고 취약하며 가공되지 않은 진실이 담겨 있어요. 덕분에 우리는 완벽하게 해방될 수 있었고요. 〈마우스피스〉의 글쓰기, 만들기, 공연 과정은 저희를 예술가로서, 활동가로서, 그리고 여성으로서 모든 면에서 변화시켰어요."

노스트바켄은 대화를 마무리하며 이렇게 정리했다.

"〈마우스피스〉를 만드는 데 3년이 걸렸어요. 첫 시사회 직전까지 극을 무대에 올릴 수 없을지도 모른다는 두려움에 사로잡혀 있었죠. 최종 리허설이 시작되기 직전, 저희 둘 다 '맙소사, 어쩌면 이건 터무니없는 일일지 몰라'라는 똑같은 생각을 했어요. 여자 두 명이 흰색 수영복을 입고 돌아다니며 떠들어대고 있으니 말이에요. 그래도 저희는 계속해서 나아갔어요. 고백적인 요소가 너무 강해서 정말 무서웠고, 완전히 벌거벗은 기분이 들었지만요."

그러나 연극은 큰 성공을 거뒀다.

싱어송라이터들에게는 뭔가 특별한 것이 있다

캐나다의 인디 록 밴드 리오스태틱스Rheostatics의 기타리스트이자 원년 멤버인 데이브 비디니는 인터뷰에서 흥미로운 말을 꺼냈다.

"가끔은 곡이 거의 다 만들어진 상태로 도착하기도 해요."

그게 어떤 의미냐고 다그쳐 물었더니, 비디니는 때에 따라 '멜로디가 나를 찾아온다'고 했다. 실제로 이 책을 준비하면서 인터뷰했던 음악가들 중 특히 싱어송라이터들은 비디니와 같은 견해를 내놓곤 했다. 그들은 이따금 머릿속에서 멜로디가 들린다고 말했다.

문득 음악가들은 다른 분야의 예술가나 디자이너들과는 다른 방식으로 작업하는 것인지(마일스 데이비스처럼 즉흥연주를 기본으로 하는 사람들은 예외로 하고) 궁금했다. 어떤 예술가들은 만들기 **전에** 아는 걸까? 음악을 만드는 것은 예외일까? 음악가들은 소리를 내고 듣는 것을 특정한 방식으로 경험하는 걸까? 어쩌면 작곡가들은 미켈란젤로와 비슷한 방식으로 작업하는 것이리까? 어쩌면 그들은 앞으로 나타날 것을 명확히 알고, 미켈란젤로가 상상의 눈으로 보았듯이 상상의 귀로 듣는 것일 수도 있다. 미켈란젤로처럼 이미 알고 있는 것을 구현하고, 내면의 음악에서 천사를 자유롭게 풀어놓는 것인지도 모른다.

개인적으로 음악가들은 **실제로** 일반인들과 다르다고 생각한다. 그들의 창조성에는 내면의 소리를 듣는 나름의 전개 규칙이

1978년에 결성된 캐나다의 인디 록 밴드 리오스태틱스.

정말로 있다고 생각한다. 신경과학계는 비교적 최근에 음향 인지
Acoustic cognition 연구에 관심을 쏟기 시작했는데, 이 분야의 연구
를 통해 음악가들의 창작 과정을 더 잘 이해할 수 있을지도 모르겠

다. 하지만 곡을 쓰는 아티스트들에게 질문을 던져볼수록, 멜로디를 '머릿속에서' 들었다고 말했던 사람들조차도 여전히 만들면서 알게 되는 과정을 거친다는 사실을 확인할 수 있었다. 물론 노래가 완전한 형태로 모습을 드러내는 때도 있으며, 폴 매카트니가 꿈에서 〈예스터데이Yesterday〉의 선율을 듣고 그대로 받아썼다는 이야기가 널리 알려져 있지만, 그런 일은 아주 드물다.

다시 말하지만 내가 인터뷰했던 여러 예술가와 디자이너들 중 몇몇은 실제로 창작에 앞서 마음속에 비전이 떠오르기도 하며, 그럴 때 창작은 비전을 구현하는 과정이 된다고 말하기도 했다. 곡을 만드는 음악가들은 이런 경험을 더 자주 하는 것처럼 보였다. 그러나 결국 나는 음악가들, 그중에서도 특히 직접 곡을 만들고 노래하는 싱어송라이터들과 대화를 나누면서 다음과 같은 세 가지 원칙을 찾을 수 있었다. (1) 싱어송라이터들에게는 작곡을 시작하고 음악적 형태를 잡아가기 시작하는 고유의 시작점이 있다. (2) 즉흥성은 노래 창작의 일부이며, 만드는 과정의 핵심이다. (3) 공연을 통해 곡의 차별점과 매력을 만들 수 있다.

이 책에서는 곡을 쓰고 그것을 사람들 앞에서 선보이는 음악가들의 이야기를 다룬다. 더 정확히 말하면 노래 창작의 세 가지 요소(가사 쓰기, 즉흥적으로 곡 만들기, 라이브 공연) 사이의 다채로운 메커니즘을 살펴본다. 음악가들이 스튜디오 녹음을 하면서 겪는 경험에 대해서는 다루지 않는다. 이것도 물론 흥미로운 주제지만, 내가 탐색했던 범위를 벗어난다. 작곡가들은 시인과 소설가 들이 들려준 것과 상당히 비슷한 이야기를 했다. 싱어송라이터들은 대개 불확실한 창조의 세계에 들어가는 것에 관해 이야기했다. 그들은 느낌, 자연에서의 경험, 연인 관계, 질문, 개념, 충동, 일상생활에서의 관찰 등 익히 아는 계기를 들었다. 이런 시작점은 어떤 때는 그저 가사를 쓰는 데에만 적용되고, 경우에 따라서는 가사와 멜로디를 만드는 데 활용되기도 한다.

작곡가들에게는 음악이라는 예술 형식 특유의 촉발 요인이 있는 것 같기도 하다. 예를 들어, 블루스 음악가 폴 레딕은 시를 진입점으로 삼을 때가 많다고 말했다. 그는 시의 형태, 패턴, 운율에서 노래의 불꽃을 찾는다. 그는 자기가 직접 쓴 시나 우연히 찾은 다른 사람의 시 중에 어떤 것이든 상상력을 불러일으키는 구절을 활용한다(그는 어릴 때부터 줄곧 책을 수집해왔다). 전통적인 형식을 뒤엎고 조금 더 흥미로운 작품을 만드는 데 시가 도움이 된다는 것이다.

"시에는 정해진 형식이 없죠. 그래서 시를 참고해서 음악의 구조를 짜요. 블루스는 주로 12마디로 구성됩니다. 저는 종종 본능적으로 전통적인 블루스 음악을 쓰는 것을 피하지요. 그런 음악도 아름답지만, 다른 걸 탐색해보고 싶어서요. 시는 실제로 노래 구조를 더 흥미롭게 바꾸는 데 도움이 돼요."

레딕은 동사의 형태, 모음, 라임을 맞춰 나가는 방법과 관련된 재밌는 이야기를 해주었다. 작곡하면서 '실루엣silhouette'과 '담배cigarette'의 라임을 맞춘 과정과 그 과정이 결과물에 어떤 영향을 주었는지 이야기할 때는 넋을 잃고 빠져들었다. 단어와의 유쾌한 만남을 통해 음악을 발견하는 과정을 전해 듣는 건 아주 매혹적인 경험이었다.

작곡가이자 가수 앨러너 브리지워터는 작곡을 시작하는 다양한 방법을 이야기했다. 그도 레딕과 마찬가지로 자작시를 시작점으로 활용하는 경우가 많은데, 시는 음악의 구조를 잡는 데 결정적인 역할을 한다. 그는 곡이 조금 진전되면, 나중에는 머릿속에서 음악이 들리고 그 음악이 몸으로도 느껴진다고 했다.

"시가 가사로 바뀌기 시작하면 음악이 차츰 나타나요. 그러면 전 움직이기 시작하죠."

"움직인다고요? 몸을 움직인다는 건가요?"

"네, 맞아요."

"그럼 그 멜로디는 어떻게 진화하나요?"

"내면에서 멜로디가 들려요. 그러고 나면 그 노래를 부르고, 나중에는 그걸 녹음하죠."

커트 스윙해머는 노래를 작곡하기 위해서 시를 활용하거나 다른 글을 이용하지는 않지만, 리듬과 박자를 활용한다고 이야기했다.

"곡을 쓸 때 제가 정해둔 목표가 있어요. 그중 하나는 예전에 했던 걸 반복하지 않고, 지금껏 수백만 번을 들었거나 제가 과거에 썼던 전통적인 음악 코드에 의존하지 않는 것이죠. 저는 5-9나 9-11 같은 비대칭 타임 시퀀스로 쓰려고 해요. 우리 문화권에서 주로 듣는 음악은 99.9퍼센트가 4-3이거든요.

"그런 리듬이 창작 과정에서 어떤 역할을 하죠?"

"제 귀가 즐거워지는 색다른 음악이 나오죠. 그러면 저는 그것과 어울리면서도 들어본 적이 없는 화성 조합을 찾아요."

데이브 비디니는 낯선 코드를 이용하는 과정이 자극제 역할을 한다고 했다. 그는 이런 '기이한 소리'를 창작의 시작점으로 활용한다.

"어떤 드럼 연주자가 이런 말을 해준 적이 있어요. 생각해보니 데이비드 크로스비와 조니 미첼도 그런 말을 했었네요. '새로운 곡을 쓰려면, 전에 사용한 적이 없는 코드를 써야 한다'라고요. 저희 두 번째 앨범에 수록된 〈말Horses〉이라는 곡을 그렇게 만들었죠. 그때 저는 감화음인 Bdim7을 연주했어요. 아니, 그게 아니라 Adim7이요! 그리고 넥neck(기타의 지판이 붙어 있는 긴 부분—옮긴이)의 첫 번째가 아니라 두 번째 포지션에서 연주했어요. 다시 말해 넥을 짚는 지점에도 약간의 차이를 뒀지요."

그가 처음에 연주했던 코드를 잘못 기억하고 있었다는 사실에 그와 나는 모두 놀랐다. 곧바로 내가 물었다.

"그 코드를 쳤던 그 시점이 그 노래를 실제로 작곡하기 시작한 일종의 진입점이었나요?"

"네, 맞아요! 그 코드를 치자마자 새로운 가능성이 열렸어요. 그건 순전히 그 코드가 낯설었기 때문이었죠. 그게 시작점이었어요. 저는 그 코드를 찾고서, 전체적인 코드의 틀을 짰어요. 그런 다음 저 자신과 대화를 했죠. '비트가 빨라야 할까? 느려야 할까? 이렇게 되어야 할까? 저렇게 되어야 할까?' 같은 것들을 물으면서요."

어떤 음악가는 곡을 만들면서 촉발의 계기를 전혀 인식하지 못하기도 한다. 갑작스레 어떤 곡조를 머릿속에서 인식하면, 음악가는 자신이 그 멜로디를 자연스럽게 떠올렸다고 생각한다. 작곡가이자 가수 힐렐 티게이는 음악가의 이러한 경험을 흥미로운 관점에서 해석한다. 티게이의 삶은 곧 음악이다. 그의 말을 빌리면 그는 '음악에 사로잡혀' 지낸다.

우리는 이런 창작의 확장성을 이미 살펴보았다. 창작가들은 작업실, 연습실, 글을 쓰거나 그림을 그리는 행위를 하지 않는 순간에도 창작에 관한 실마리를 찾거나 영감을 받는다. 그런데 어떤 사람의 인생 자체가 창작 프로젝트라면 어떨까? 티게이처럼 대단한 열정과 집념이 있는 창작가는 영속적인 창작 상태에 있는 게 아닐까? 그렇다면 그에게 창작 활동의 범위는 얼마나 더 넓어질까?

티게이에게는 일상과 창작 사이에 실질적인 구분이 없다. 그는 강력한 열정으로 모든 것을 통합했다.

"전 음악에 중독됐어요. 음악이 좋고, 아름다움이 좋아요. 음악을 만들고 활동하는 시간에서 엄청난 기쁨을 얻어요. 고생조차도 기쁨이에요."

그의 애정은 거의 본능적이어서, 그가 자기 일을 아이를 갖는 것과 비교했을 때도 놀랍지 않을 정도였다.

"이런 기분은, 경험해보지 않은 사람에게 설명하기 어려워요. 어떤 아이디어를 떠올리고, 그 아이디어와 씨름하는 기분이 어떤지 말이죠. 그건 부모가 되는 것과 비슷해요. 강렬한 욕망으로 뭔가를 만든다는 점에서요. 그리고 작품이 탄생하면 큰 기쁨을 얻어요. 그 결과물을 자신의 것으로 받아들이고요. 제가 직접 만들고 완성도도 높은 음악은 제게는 소중한 자식과 같아요. 음악을 만들 때마다 새로운 느낌이고, 마치 새로운 자식을 낳는 것 같은 기분이에요."

때로 그는 곡을 만들면서 현실을 초월한 세상이나 숭고한 무엇과 연결되는 느낌을 받는다.

"전 늘 음악과 연결되어 있어요. 음악은 추상적이지만 어떤 매체도 흉내 낼 수 없는 감동을 주죠. 음악에는 우리가 알 수 없는 어떤 힘이 있는 것 같아요. 정확한 메커니즘을 설명할 순 없지만, 제게 작곡의 시작점은 늘 멜로디와 하모니예요."

티게이는 멜로디가 늘 그를 찾아온다고 말했다. 그는 응답을 준비하며 창작을 시작한다.

"열린 문에서 뭔가가 나타날 수 있도록 감정 상태를 만들어 두는 것이 무엇보다 중요해요. 전 꿈에서 노래를 만든 적이 있어요. 곤히 잠들었을 때는 어떤 방해도 받지 않으니까 집중하기에 좋은 조건이죠. 깨어 있는 대부분의 시간 동안에는 저 스스로가 창작에 방해가 되거든요."

"창작할 때 실제로 어떤 과정을 거치는지 구체적으로 말해줄래요?"

"저는 잠재의식에 접근해요. 사람의 뇌 안에는 아름다운 음악이 가득하죠. 어떻게 접근하는지 알아내고, 영감을 잘 낚아채는 것이 관건이에요. 머릿속에 떠도는 생각을 포착하려고 노력해요. 하지만 딱히 악기를 들고 있을 때만 그러는 게 아니라, 일상적인 상황에서도 시도해요. 샤워할 때, 운동할 때, 수영할 때, 산책할 때, 그리고 꿈을 꿀 때도 예술적 아이디어는 나타날 수 있어요. 머릿속에 주제부 멜로디가 떠오르면 얼른 녹음기를 켜고 노래하죠."

"머릿속에서 멜로디가 들리나요?"

"종종 그럴 때가 있어요. 간혹 가사가 같이 들리기도 하지만, 보통은 멜로디만 들려요. 그러면 나중에 그 멜로디에 가사를 입히고, 주제부의 악장을 잇는 경과부를 넣거나 소절을 덧붙여요. 그렇지만 가장 첫 단계는 우선 즉흥적으로 노래를 만들어 부르는 거죠. 영감이 떠오르면 곧바로 노래를 만들지 않을 수가 없어요."

시, 낯선 화음, 독특한 시퀀스, 충실히 훈련하고 꾸준히 준비하는 것. 음악가들은 이런 요소를 통해 작곡의 시작점을 찾는다. 티게이가 설명했듯이 그다음에 일어나는 일은 보통(티게이의 경우에는 '항상') 즉흥적으로 곡을 만드는 것이다. 이때 음악가들은 여러 기법을 활용하여 다양한 형태의 곡을 만드는데, 그 작업 방식 또한 매우 흥미로웠다.

티게이는 머릿속에서 들은 멜로디를 활용해 즉흥적으로 곡을 쓰는 과정을 설명했다.

"일단 악기 앞에 앉아서 연주하고 또 연주해봐요. 그냥 계속하는 거지요. 이때 만드는 음악의 90퍼센트는 완전 쓰레기예요. 그만둬야겠다는 생각이 숱하게 들고, 난 정말 형편없는 예술가라는 생각이 뇌리를 떠나지 않아요. 그런데 그러다 간혹 '오, 방금 내가 뭘 한 거지? 이건 꽤 괜찮은데!'하는 순간이 찾아오죠. 그러면 다시 내리 10시간 동안 한자리에 앉아서 연주하고 또 연주해요. 완전히 빠져들어서요. 좋은 게 나오면 그걸로 계속 작업해서 더 좋게 만들어갈 수 있어요. 그렇게 즉흥적으로 만들고, 경과부를 만들고, 구조화하고, 가사를 채워 넣고, 그리고 편곡에 들어가지요."

"그럼, 맨 처음에 머릿속에 떠오른 그 멜로디는 어떻게 되지요? 이후 창작 과정에서 크게 변하는 것 같은데요."

"그 멜로디는 제 머릿속에 있지만, 제가 5차원으로 생각하지는 못하잖아요. 제 뇌는 멜로디를 담을 수 있어요. 그건 악기 없이도 할 수 있는 간단한 일이죠. 마음속에 가사나 코드 전개가 담겨 있을 수도 있어요. 노래의 분위기나 조화를 느낄 수도 있고요. 즉흥적으로 곡을 만들고 나서 일정 시간이 지난 뒤에는 항상 이런 생각을 거치게 되죠. '피아노가 나을까, 기타가 나을까? 이 소절에는 어떤 리듬을 써야 할까? 후렴은 어떻게 하지?' 이런 의문의 답을 찾으려면 즉흥적으로 해보는 과정이 꼭 필요해요. 저는 3차원으로는 생각할 수 있지만 5차원으로는 생각할 수 없어요. 한꺼번에 생각하는 건 불가능하지요."

"즉흥적으로 곡을 만드는 것이 어떤 의미인지 조금 더 말해줄래요?"

"'즉흥곡improvisation'이라는 단어는, 재즈에서의 쓰임 때문에 음악계에서 잘못 사용되고 있는 것 같아요. 사람들은 즉흥곡이 주요 멜로디로 상상의 나래를 펼치는 것이라고 생각해요. 하지만 제가 말하는 즉흥곡은 노래가 만들어지는 방식을 의미해요. 처음에 불쑥 떠오르는 영감 이외의 모든 것은 즉흥적인 창작이에요. 저는 영감을 얻은 곡조를 컴퓨터에 반복 재생시켜놓고 그걸 바탕으로 즉흥적으로 곡을 만들어가요."

티게이는 주로 혼자서 곡을 만든다. 때로는 다른 뮤지션을 초

대해 함께 곡을 만들고 실험해보기도 하지만, 대부분은 평소에 다루는 악기와 다양한 장비를 활용해 곡 작업을 한다. 스윙해머 또한 독특한 리듬과 박자를 실험한 뒤에는 혼자서 즉흥적으로 작업하며 형태를 만들고 노래를 찾는다.

"즉흥적 작곡의 핵심은 이것저것 시도해보는 거예요. '저 음 뒤에 이런 음을 붙이면 어떨까? 순서를 어떤 식으로 정하는 게 좋을까?' 같은 질문을 던지고 답을 찾는 과정이죠."

그는 뒤이어 실패를 통해 배운다는 이야기를 덧붙였다.

"이건 완전히 아니다 싶을 때도 있어요. 그러면 다른 걸 해봐야 하죠. 보통은 실수를 피하려고 애쓰지만, 사실 그런 실수에서 가장 많이 배우지요. 이런 건 즉흥적인 작곡에서만 가능한 일이죠. 이거다 싶은 걸 찾으면, 빨리 녹음해둬야 해요. 안 그러면 허공으로 사라져버릴 테니까요."

혼자가 아닌 동료 뮤지션과 함께 즉흥적인 작곡을 하는 창작자도 있다. 러너 브리지워터는 피아니스트와 함께 즉흥적으로 노래를 만든다.

"처음에는 베이스만 간단히 녹음한 뒤에, 저와 자주 작업하는 피아니스트를 만나서 곡을 확장해나가요. 우선 그 악절을 반복하는 것으로 시작하지요. 그러면서 노래를 불러보기도 하고요. 어떤 게 나올지는 저희도 몰라요."

브리지워터는 즉흥적으로 곡을 만들고 악절을 반복하다 보면, 전에 들은 적 없는 다른 부분이 '내면에서' 들려온다는 이야기도 들려줬다.

"저는 주로 기타로 곡의 기초 작업을 해요. 차츰 곡의 형태가 잡히면 그 곡과 앙상블을 이루는 다른 악기의 소리가 들려요. 기타만 가지고 작업하고 있는데도 피아노나 드럼, 베이스의 소리가 들리는 거죠."

폴 레딕은 시에서 영향을 받아 곡을 만드는데, 가사를 쓸 때는 펜보다 입에 의존한다.

"항상 소리 내서 말해봐요. 말하는 방식과 쓰는 방식은 다르거든요. 글쓰기는 완성된 꼴을 계산하면서 하게 되니까, 말하기보다 더 통제되어 있죠. 구술할 때는 직관적으로 느끼고 생각하는 것이 표출되곤 하잖아요. 무의식이 튀어나오기도 하고요."

말은 글보다 훨씬 정직하다. 자연스럽게 흘러나온 단어들은 그의 곡에 독특한 느낌을 부여한다. 앞서 말한 시를 사용하는 방식처럼, 레딕은 형태와 조화에서 영감을 받는다.

"전 단어의 어조를 살펴보고, 노래에 그 글을 붙였을 때 부드럽고 자연스럽게 만들려고 노력해요. 모든 단어에는 서로 다른 특성이 있는데, 저는 그 특성으로 노래를 파악해요. 노래를 할 때도 단어들 사이의 선율에서 롤러코스터를 타듯 부르죠."

"그럼 음악은요? 그 이야기로 돌아갈 수 있을까요? 음악은 어떻게 진화시키나요? 그것도 즉흥적으로 만들어지나요?"

"저는 하모니카를 불면서 노래를 만들어요. 기타나 피아노는 치지 않지요. 그래서 노래의 기본 멜로디나 짧은 구절을 즉흥적으로 만들어서 녹음해두죠. 그러고 나서 제 음악을 잘 이해하는 기타리스트들을 찾아가서, 기타 연주로 번역해달라고 부탁해요. 그건 실제로 번역이에요. 제가 생각한 그대로 나오진 않지만요. 그런데 그게 작곡에서 중요한 부분이예요. 바뀌거든요. 그다음에는 베이스와 드럼을 연주하는 사람들에게 갑니다. 그러면 더 바뀌지요. 뮤지션마다 고유의 방식이 있어서, 제가 만든 곡에 그들의 이해가 더해지지요. 저는 그 과정을 제 마음대로 좌지우지하려고 하지 않아요. 그래서 어떤 뮤지션을 섭외하느냐에 따라 결과물은 천지차이로 달라져요."

마지막으로 비디니가 〈말〉을 작곡할 때의 이야기로 돌아가 보자. 그는 독특한 화음에서 영감을 받아 즉흥적으로 곡을 만들었다. 그에게는 곧 '뜻밖의 발견'들이 찾아왔다. 그는 우연한 기회에 알렉스 콜빌의 그림 〈말과 기차〉를 보게 되었는데, 이후 말과 노동자의 문제에 관심을 갖게 됐다. 콜빌의 그림에 표현된 말에서 노동자를 연상했기 때문이었다. 그러던 어느 날 한 신문 기사가 그의 눈에 들어왔다. 앨버타 북부에서 있었던 게이너스Gaines 도축공장의 파업 소식이었다. 비디니는 노동자들의 곤경에 공감했고, 파업에 나선 사람들에 대한 경의의 뜻으로 노래를 만들어야겠다고 생각했다.

"게이너스 공장 노동자들의 소식을 알게 되고는 노래를 만들지 않을 수 없었어요. 추운 겨울에 파업에 나선 그들의 이야기를 노래의 중심에 두었죠. 이게 〈말〉이 탄생한 배경이에요."

티게이를 비롯한 일부 아티스트들은 어쿠스틱 기타나 장비를 이용해서 혼자서 창작한다. 반면 레딕과 브리지워터처럼 여러 뮤지션과 함께 협력 과정을 통해 노래를 만드는 음악가들도 있다. 또 비디니처럼 예측하지 못했던 기회로 창작의 시작점을 찾게 되

알렉스 콜빌Alex Colville(1920~2013), 〈말과 기차〉, 1954년. 경질 섬유판에 유화로 그린 그림. 캐나다 온타리오 해밀턴 미술관. 도미니언 주조 및 철강Dominion Foundries and Steel, Ltd.이 기증한 작품. © A. C. Fine Art Inc.

는 음악가도 있을 것이다. 멜로디는 창작자의 머릿속에 있다가 촉발 요인을 만나 밖으로 표출된다. 즉흥적으로 곡을 만드는 과정에서 다른 악기들의 앙상블을 듣는 뮤지션도 있다. 그러므로 '완전한 형태'의 음악이 머릿속에 떠올랐다고 주장하는 아주 드문 몇몇 뮤지션의 경우를 제외하면, 모든 음악은 '과정'의 산물이다. 즉흥적인 작곡은 탄생한 그 음악을 알아가는 방법이며, '스케치를 통해' 또는 '글쓰기를 통해' 아니면 '문제를 해결하는 과정'을 통해 발견에 이르는 예술가와 디자이너들을 떠올리게 한다.

마지막으로 싱어송라이터들이 꼽는 창작 과정의 아주 중대한

캐나다 앨버타주 북부 에드먼턴에서 있었던 게이너스 도축공장 파업, 1986년.

단계가 남았다. 그것은 바로 '공연'이다.

창작의 절정이자 새로운 시작, 공연

앨러너 브리지워터에게 물었다.

"직접 만든 노래를 사람들 앞에서 부르는 건 어떤 경험인가요?"

"노래를 부를 때마다 새로운 걸 발견해요. 늘 다르게 다가오지요. 청중마다 분위기가 달라서, 공연도 매번 달라져요. 노래하다 보면 어떤 방향으로 움직이고 싶어지기도 해요. 과하게 느껴지거나 이런 건 그만해야겠다는 생각이 들기도 하고요. 상황마다 느끼는 게 달라지죠."

브리지워터는 시를 통해 창작을 시작하고 가사와 멜로디를 붙이고, 동료 뮤지션과 함께 즉흥적으로 곡을 만드는 과정으로 노래를 완성한다. 그는 뮤지션으로서 라이브 공연을 자신의 차별점으로 꼽는다. 라이브 공연을 할 때는 노래에 담긴 아름다움과 포인트를 찾는 데 더 주의를 기울여야 한다. 라이브 공연은 실시간으로 진행되는 창조 활동이다. 다시 말해 청중에게 선보이는 과정에서 창작이 이어지는 것이다. 노래는 공연을 위해 특별히 창작된 예술 작품이며, 부르는 순간 노래는 실현된다. 이후에도 노래는 부를 때마다 계속해서 실현된다. 폴 레딕이 이렇게 말하는 것처럼 말이다.

"라이브로 부를 때 노래는 항상 진화해요. 저는 매번 다른 밴드와 공연을 하거든요. 같은 곡을 연주해도 연주자가 바뀌면 새로운 곡처럼 들려요. 뮤지션들은 습관도 다르고 음악에 대한 이해도 다 다르거든요. 그런 차이 덕분에 저는 제가 만든 곡에 대해 전혀 몰랐던 뭔가를 알게 돼요. 바로 그거라는 생각이 들 때도 있지만, 끔찍하게 느껴질 때도 있어요. 늘 모험을 하는 거죠."

비디니는 공연에 관해 레딕, 브리지워터와 비슷한 이야기를 들려주었다.

"공연은 그 순간에 존재하는 겁니다. 개인 작업실에서 많은 시간을 보내면서 노래를 작곡하고, 연습실에서도 오랜 시간을 보내잖아요. 하지만 라이브 공연은 태생적으로 즉흥적인 행위에요. 처음부터 다시 만드는 것처럼 느껴지기도 하죠."

공연에서 같은 노래를 계속해서 부르면 발견이 지속적으로 이어진다고 했다.

"저는 노래를 다양한 방식으로 불러보고, 그 방식을 확장하곤 해요. 라이브로 공연하는 게 무리인 장소에서도 라이브를 고집하고요. 저는 라이브를 즐겨요. 때로 흥분해서 지나친 퍼포먼스를 할 때도 있지만, 그것도 재미있어요. 관객도 우리가 여러 시도를 하려고 노력한다는 걸 알아요. 특히 사람들에게 알려진 곡을 부를 때는 더욱 관객들과 밀고 당기기를 하는 느낌이죠. 창조적인 측면에서 스릴이 넘쳐요."

비디니는 이것을 공연의 '스릴'이라고 부른다. 반면 브리지워터는 그것을 '연약함'으로 묘사한다.

"공연의 밑바탕에는 아티스트의 연약함이 있어요. 저는 연약한 입장이 되는 것이 중요하다고 생각해요. 사람들은 허울을 보고 싶어 하지 않아요. 진솔한 면을 보여줘야 하지요. 그렇지 않으면 그 가수는 캐리커처에 불과할 뿐이에요. 자신의 취약한 면을 드러내야 해요."

브리지워터는 공연을 통해 모든 것을 완성한다.

"연약함을 드러내면 노래가 말하고, 노래가 움직이고, 마음이 가세해요. 그러면 소통이 일어나지요. 전 있는 그대로의 저를 내보일 뿐이에요. 어떤 메시지가 전달되어 오는지 귀 기울여 듣고요. 그 말을 듣고, 노래를 부르지요."

스릴을 느끼면서, 혹은 자신의 연약함을 드러내 보이면서 뮤지션은 라이브 공연을 구성한다. 뮤지션은 순간을 발견하고, 창조적 행위를 확장한다. 셰익스피어의 희곡은 셀 수 없이 많은 연극과 영화로 재탄생했다. 지금도 어디선가 누군가는 자기만의 〈햄릿〉과 〈맥베스〉를 만들고 있을 것이다. 그럼에도 불구하고 우리는 새로운 해석을 곁들인 〈햄릿〉과 〈맥베스〉를 여전히 반길 것이다. 모두 다른 작품이기 때문이다. 노래도 이와 같다. 음악가는 귓가에 맴도는 멜로디를 듣고 즉흥적인 창작 과정을 거쳐 노래를 만든다. 그러나 작곡의 절정은 관객이 있는 무대에서 노래를 부르는 순간이다. 라이브 공연에서라면, 노래를 부르는 것 자체가 만드는 과정이된다.

6장

우리는 결국 인생을
만든다

리더십을 이해하는 유일한 방법은 이끌어보는 것이다. 결혼을 이해하는 유일한 방법은 결혼하는 것이다. 그 일이 내게 맞는지 알아볼 유일한 방법은 오랜 기간 직접 일을 해보는 것이다. 모든 사실이 밝혀질 때까지 결정을 유보하고 맴돌기만 한다면 삶이 이미 지나가버렸다는 걸 나중에야 알게 될 것이다. 인생을 어떻게 살아야 할지 이해하는 유일한 방법은 산다는 위험을 감수하는 것이다.

랍비 로드 조너선 색스[1]

나는 내가 창조할 수 없는 건 이해하지 못한다.

리처드 파인먼[2]

우리는 늘 만들면서 알게 되는 경험을 한다. 이것이 우리가 소통하고, 배우고, 이해하는 방식이기 때문이다. 나와 인터뷰했던 모든 창작자는 그들의 일뿐만 아니라 다른 많은 영역에도 창작과 앎의 원리가 적용된다고 보았다. 다시 말해 만들면서 알게 되는 것은 경력을 쌓는 과정, 가르치거나 배우는 과정, 다른 이들과 관계를 맺는 과정과도 밀접한 관련이 있었다. 만들면서 알게 되는 건 일상적인 대화만큼이나 평범하다. 불확실함을 껴안고 무언가 만들고 배우는 일은 줄곧 우리 삶의 방식이자 개인의 발전에 꼭 필요한 요소였다. 만들면서 알게 되는 과정은 어디에나 있다.

신경과학은 창작과 앎의 경험에 대한 흥미로운 지식을 제공한다. 과학자들은 기능적 뇌 자기공명영상fMRI을 이용해서 창작 활동과 관련된 신경 기질(효소의 작용으로 화학 반응을 일으키는 물질―옮긴이)을 조사해왔다. 신경과학으로 알아낸 사실들은 창작과 앎의 관계가 우리에게 어떤 영향을 미치는지, '일상의 창조성'이란 무엇인지 이해하는 데 도움을 줄 것이다.

캘리포니아대학교 샌프란시스코 캠퍼스의 찰스 림 교수는 창의성과 관련한 신경 기반을 연구하는 이비인후과 의사다. 존 콜트레인의 명곡을 흠모했던 림은 즉흥연주를 하는 재즈 음악가의 뇌 활동을 살펴보고자 했고, 앨런 R. 브라운 박사와 함께 연구를 진행했다.[3] 이들은 fMRI 안에서 건반을 연주할 수 있는 메커니즘을 만든 다음, 음악가들을 fMRI 안에 넣고 연주를 하게 했다. 이후 중대한 결론을 도출했다.[4]

조나 레러는 『이매진』에서 림의 실험 결과를 요약해 들려주었다. 그중 이 책과 관련된 주제를 말해보자면 첫째, 즉흥연주를 하는 음악가의 fMRI 영상에서 "자기표현과 밀접한 관련이 있는 뇌의 앞쪽 복내측 전전두피질medial prefrontal cortex 활동이 급상승하는" 결과가 확인됐다. 둘째, "배측 전전두피질dorsolateral prefrontal cortex에… 극적인 변화가 있었다. … 배측 전전두피질은 충동 조절과 가장 밀접하게 연관된 부분으로… 신경을 억제하는 안전장치다. … 그러나 즉흥연주를 시작하자마자 각 피아니스트의 배측 전전두피질은 '비활성화' 상태로 변했다. 뇌가 회로를 즉시 침묵시켰기 때문이다."[5]

몽상, 기억, 자기표현과 관련이 있는 부분인 복내측 전전두피질이 활성화됐다는 사실에서(참고로 찰스 림은 테드 강연에서 복내측 전전두피질을 '자서전의 중심center of autobiography'이라고 불렀다)[6], 연주자는 즉흥연주를 통해 고유하고 독특한 특성을 표현하게 된다는 것을 유추할 수 있다. 즉흥연주를 시작하자 충동을 조절하는 배측 전전두피질이 비활성화되었다는 사실도 흥미롭다. 연주자는 자기 내면 깊숙이 억제된 무언가를 자유롭게 해방하고 표현할 수 있게 하는 수단으로 즉흥연주를 활용할 수 있는 것이다.

직접 만드는 과정을 통해 얻는 앎은 이미 만들어진 것에 대한 앎과 다르다. 알기 위해 만드는 것은 어쩌면 솔직한 자기표현과 자기지식self-knowledge의 잠재적인 수단이다. '자서전의 중심'인 뇌의 일정 부분을 활용하고, 억제를 느슨하게 하는 즉흥적인 창작은 우리로 하여금 내면을 들여다보고 그것을 인식하게 한다. 신경과학의 렌즈로 들여다본 '창작'이란 우리가 누구인지를 밝혀내는 활동인 것이다.

찰스 림의 연구는 또 어떤 사실을 우리에게 알려줄까? 연구의 공동 저자인 앨런 브라운은 즉흥연주를 하는 연주자의 뇌가 렘수면(자고 있지만 뇌파는 깨어 있을 때와 비슷한 모습을 보이는 상태―옮긴이)에서 꿈을 꾸는 사람의 뇌 상태를 나타내는 것을 관찰했다. 그는 이렇게 밝힌다.

"즉흥연주와 꿈은 모두 자발적인 활동인데, 둘 사이에 어떤 연관성이 존재하는 것 같다."[7]

그의 설명은 일상적인 경험인 꿈이 자신의 내면에 접근할 수 있게 해주는 하나의 창조 활동일지 모른다는 묘한 가능성을 연다.

칼 융의 이론을 따르는 정신분석학자 제임스 홀리스는 꿈에 대해 이렇게 설명했다.

"연구에 따르면 우리는 하룻밤에 평균 6번(일주일에 약 42번) 꿈을 꿉니다. 아시겠지만, 자연은 에너지를 낭비하지 않아요. 꿈이 인체 시스템에서 뭔가 중요한 역할을 하는 게 분명하죠. 예컨대 꿈의 기능 중 하나는 삶에서 맞닥뜨린 해소되지 못한 사건들을 처리하는 것이죠. 그래서 며칠 동안 꿈을 꿀 수 없는 상황에 놓이면 환각을 경험하기도 해요. 마치 어떤 식으로든 그 사건들을 처리해야만 하는 것처럼 보이죠. 꿈에 주의를 기울이면, 인간의 정신에는 특별한 창조적 힘이 내재해 있다는 것을 깨닫게 되지요. 이 힘은 모든 사람 안에 존재해요. 꿈은 생략도 많고 이해하기 힘든 점도 많지만, 시간을 들여 꿈을 추적해보면, 자기 정체성의 바탕과 각자의 권능을 깊이 느끼게 될 겁니다."

신경과학자 에런 버코위츠는 『즉흥적인 마음The Improvising Mind』에서 동료 대니얼 앤서리Daniel Ansari와 함께 수행했던 fMRI 연구를 소개한다.[8] 이들 또한 음악가들이 피아노 즉흥연주를 할 때의 뇌 활동을 관찰했다. 가장 주목할 만한 발견은 하전두회inferior frontal gyrus에서 관찰된 활동이다. 하전두회는 뇌에서 언어 및 발화와 가장 밀접한 관련이 있는 부분이다.[9]

평범한 대화를 나눌 때 '발화'는 당연히 즉흥적인 활동이다. 우리는 언어와 문법을 이용해서 상대방에게 하고자 하는 말을 한다. 우리에겐 대화의 맥락과 틀이 있고, 상황에 맞게 무슨 말을 해야 하는지도 안다. 하지만 표현하려는 바를 완벽하게 파악할 수 있는 유일한 방법은 뜻을 말로 만드는 것, 즉 발화하는 것이다. 우리는 말을 하는 동안에 필요한 과정을 처리한다. 발화라고 불리는 창조적 과정을 실행하면서, 자신이 무엇을 어떻게 생각하는지 더 깊고 구체적으로 인식한다. 인식은 불완전할지 모르지만, 발화는 우리 생각을 조금 더 완전히 이해할 수 있게 이끈다. 발화(말을 만드는 것)는 인식(앎)에 도움을 준다. 철학자 메를로퐁티가 에세이 「언어의 현상학에 관하여On the Phenomenology of Language」에서 이렇게 진술했듯이 말이다. "내가 하는 말이 나를 놀라게 하고 내게 내 생각을 가르친다."[10]

언어학자 로사몬드 미첼과 플로렌스 마일스는 『제2언어 학습론』에서 "언어는 창조성과 미리 만들어진 것의 복합체다"라는 메를로퐁티와 비슷한 주장을 했다.[11] 이들은 제2언어 학습자들이 언어를 습득하는 과정을 연구했는데, '말하기'를 언어체계를 이해하는 능력에 크게 의존하는 창조적인 과정이라고 설명했다. 우리는 연습과 반복을 통해 언어체계를 배운다. 음악가들이 기술과 경험을 바탕으로 음과 리듬의 체계를 만들고, 작가들이 단어와 문법으로 글을 쓰고, 조각가들이 재료와 형태로 작품을 만들 듯이, 우리도 기술과 경험을 활용해서 말하기라는 창조적 활동에 임하는 것이다. 만들면서 알게 되는 원리는 일상의 언어와 대화에 명확히 존재한다.

정신분석학자 애덤 필립스는 상담 치료를 받는 내담자와 대화를 나누며 알아가는 것에 관해 연구했다. 그가 〈자기비판에 반대하며〉라는 강연에서 다음과 같이 논했듯이, 분석에서 자유롭게 연상하는 과정 또한 만들면서 알게 되는 과정이다.

"말하기 전에는 우리 생각과 느낌의 가치를 알지 못해요. 우리가 뭔가를 발견한다면, 그건 말하는 과정에서 나오죠."[12]

물론 분석에는 즉흥적인 요소가 있고, 분석 과정 자체가 불확실성으로 들어가는 원리와 같으므로, 틀(상담 시간과 공간, 환자와 치료자의 관계)과 맥락에 내재된 창조성을 인식하고 새로운 발견을 하게 될 가능성이 있다.

2014년 6월 필립스는 대프니 머킨Daphne Merkin과의 인터뷰에서 글쓰기와 분석의 유사점에 관해 이야기했다. "글쓰기의 비범한 특징은 그 일이 당신에게 벌어진다는 사실이다."

정신분석 또한 같은 맥락에서 볼 수 있다. 필립스는 리처드 포리에이의 명저 『실행하는 자아The Performing Self』를 인용하며 "글은 나를 실행하는 또 하나의 방법이다. … 나는 언어로 실행한다"고 했다.[13] 지난 장에서 살펴봤듯이 실행은 유동적인 과정이며, 실행하지 않았다면 몰랐을 사실들을 알게 되기도 한다.

필립스는 많은 예술가가 공감할 만한 더 깊은 차원의 생각을 하나 덧붙인다. 분석과 마찬가지로 글쓰기 역시 항상 즉각적인 앎으로 이어지지는 않는다는 사실이다. 그는 자신이 쓴 글이 무슨 의미인지 모르거나 완벽하게 이해할 수 없을 때를 예로 들었다. 그런 글에는 생략이 많다. 제임스 홀리스가 꿈에 대해서 말했던 것처럼. 그러나 홀리스가 오랜 시간 꿈을 추적하듯이, 필립스도 이해하기 힘든 자신의 글을 "거짓으로 들리지 않고, 리듬감이 적당한" 상태로 만들려고 노력한다.[14] 필립스의 설명은 우리가 지금껏 예술가와 디자이너 들의 인터뷰를 통해 알아본 사실, 즉 앎이 늘 즉각적으로 드러나지는 않는다는 것과도 일치한다. 앎을 얻기 위해서는 깨달음을 촉발하는 별개의 맥락(예를 들면 샤워 중에, 운전 중에, 설거지 중에)이나 더 많은 시간이 필요하다. 우리는 만드는 활동(또는 꿈)과 창작이 언제나 직접 연관이 있는 것은 아님을 확인하게 된다. 창작과 앎의 관계는 연습실, 집필하는 글, 정신과 상담실을 초월한 영역으로 확장된다.

라이너스의 담요, 예술가의 페티시즘

만들면서 알게 되는 원리는 인간의 발달 초기 단계에도 분명히 나타난다. 이번에도 심리학이 주목할 만한 관점을 제시한다. 정신분석학자 셀마 H. 프레이버그는 『마법의 시간 첫 6년』에서 아이가 생애 첫 18개월 동안 어떻게 이동성(기고 걷는 법)을 배우는지 설명한다. 그의 연구는 인간이 어떤 과정을 거쳐서 무언가를 알게 되는가에 관한 중요한 사실을 밝혀냈다.

프레이버그가 발달 단계 아동 연구에서 알아낸 것들은 성인기에 발휘할 수 있는 창조성에 대해서도 예견한다.[15] 프레이버그는 아기들이 미지의 세계를 탐색하려는 간절한 열망에서 보호자와 떨어져서 기고 걷는 법을 배운다고 설명하는데, 이 내용은 창작과 앎의 메커니즘과 깊은 연관이 있다. 그에 따르면 어떤 아기들은 걸음마를 배울 때, 작은 이행 대상transitional object(어머니와 같은 일차적인 사랑의 대상과 감정적으로 분리되는 과정에서 아기에게 위안을 주는 친숙한 장난감이나 담요 등의 대상—옮긴이)을 들고 다닌다. 이것은 아마도 용감하게 미지의 세계를 탐색하는 중에도 보호자의 존재를 느낄 수 있는 뭔가를 가지고 다니려는 의도일 것이다.

대상 관계 이론object relation(인간 주체를 독립된 개인이 아니라 외부 대상 또는 타자와의 상호작용 속에 존재하는 것으로 파악하는 일체의 정신분석학 이론—옮긴이) 연구로 유명한 정신분석학자 도널드 위니콧은, 아동의 이행 대상을 우리가 흔히 생각하는 자기진정self-soothing의 도구 이상의 것으로 본다. 그는 대상을 만드는 것이 아동의 첫 번째 창조적 행위라고 주장한다. 그의 설명에 따르면 아동은 뭔가를 부모나 보호자에게서 가져와서 자기 것으로 만든다. 이행 대상을 '만드는' 이 행위는 위니콧이 '중간 영역intermediate zone' 또는 '잠재적 공간potential space'이라고 부른 새로운 정신적 공간에서 일어난다. 이는 아주 적절한 해석이다. 잠재적 공간은 창작자가 만든 우주론처럼, 미지의 공간이자 두려움의 공간인 동시에 발견의 공간이기도 하다. 아이가 걸음마를 시작하면서 이행 대상을 손에 쥐고 불확실성으로 들어가는 것은 창작을 시작할 때 예술가들이 겪는 일과 비슷하다. 양쪽 모두 크나큰 미지의 공간으로 들어가는 것이다.

창작자에게 '이행 대상'은 경험, 기술, 지식 등일 것이다. 이런 요소들은 창작을 위한 첫걸음에 용기를 실어주며, 나아갈 방향을 제시해준다. 위니콧의 표현을 빌리면 이 요소들은 모두 잠재적 공간으로 기능할 수 있으며, 불안의 바다와 이동성의 가능성 양쪽 모두로 들어가는 길이 된다. 위니콧은 이행 현상의 잠재적 공간을 '인식론적 공간'이라고도 설명했다. 인식론적 공간은 새로운 뭔가를 만나고, 발견하고, 인식하는 앎의 공간이다.

더욱 흥미로운 것은 아이가 이행 대상이 주는 위로와 위안을 내면화하지 못하고 성장할 경우, 이행 대상은 페티시fetish가 될 수도 있다는 사실이다. 이 경우 아이는 안전한 느낌을 얻기 위해 불안의 페티시를 필요로 한다. 세계인이 사랑하는 만화 〈피너츠〉에서, 라이너스는 담요 없이 세상으로 나가지 못한다. 대상(담요)에서 느끼는 위안을 자기 내면에서 느끼지 못하는 것이다. 우리도 때로 각자의 페티시즘을 반영한 대상에게서 위안을 받으며, 그것을 붙들고 놓지 못한다. 그 대상이 내게 주는 위안을 내면화하지 못하면, 우리는 계속 의존할 수밖에 없게 된다.

예술가들에게도 이와 비슷한 측면이 있을까? 자신에게 디딤돌이 되는 경험이나, 기술, 교육 배경 등에 갇혀 있는 기분이 든다고 말하는 창작자들이 꽤 많다. 이들은 한동안 불확실성에 도달하는 능력을 잃고, 이미 습득한 기술과 개인적인 이론과 발상, 과거의 경험, 형식에 집착한다. 이것에서 안정감을 느끼기 때문이다. 그들은 어린아이들이 이행 대상을 내려놓지 못하듯 자신의 경험과 지식을 내려놓지 못한다. 이렇게 되면 익숙한 것을 움켜쥔 채, 습관적이고 반복적인 몸짓과 틀에 박힌 문체와 강박적으로 되풀이되는 이미지에 자기도 모르게 갇히게 된다. 이전 장에서 살펴봤듯이 화가 톰 넥텔이나 일러스트레이터 웬디 맥노튼은 만드는 과정 자체 (줄곧 그림을 그리고, 커피잔을 몇 번이고 다시 그리는 것)를 갇힌 상태에서 빠져나와 창조적 에너지를 되찾는 방법으로 활용한다.

아이가 성장과 발달을 뒷받침하는 요소를 내면화해야 하듯이, 예술가들에게도 내면화가 필요하다. 예술가라는 직업을 가진 이상, 창조성을 꾸준히 발휘하는 게 중요하다. 예술가는 내면의 힘으로 위험을 감수하며 도전에 나서고, 새로운 세계를 찾아 나서야 한다. 그렇지 못한 예술가는 페티시스트가 되고 만다.

창작을 통한 배움

일상에서뿐만 아니라, 유치원에서 대학까지 모든 단계의 교육 과정에서도 우리는 만들면서 알게 된다. 예술가와 디자이너 들을 교육했던 개인적인 경력을 토대로 이를 설명해보려 한다. 내가 잘 아는 많은 예술, 디자인 대학의 대다수 스튜디오 커리큘럼은 응용 프로젝트를 기반으로 한 방식을 사용한다.[16] 이 방식은 만들면서 알게 되는 과정의 핵심 요소(불확실성으로 들어가기, 재료와 관계 맺기, 문제 해결, 즉흥적인 탐색) 중 일부를 공유한다. 이 학교들의 가장 중요한 교육 철학은 학생들이 직접 이해와 앎에 이르는 길을 '만들도록' 해야 한다는 것이다.

첫째, 이런 대학교의 교수들은 일반적으로 수업에서 다양한 과제와 프로젝트를 활용한다. 창작의 시작점이 질문, 사회적·심리적 난관, 정치적 시험대, 다양성·공정성·지속 가능성의 가치, 윤리적·개인적 질문, 졸업 후 일을 하면서 마주치게 될 명확한 디자인 개요서 등이 그러한 과제와 프로젝트다. 이런 프로젝트는 학생들이 알지 못하는 것에 직면하고 불확실성이 가져올지 모를 창조성의 영역을 발견하게끔 만든다. 또한, 이러한 접근법과 함께 기술을 가르친다. 학생들은 전통적인 제작 기술과 더불어 쾌속 조형rapid prototyping(설계 단계에 있는 3차원 모델을 다른 중간 과정 없이 실용적인 모형이나 시제품으로 빠르게 생성하는 기술—옮긴이), 레이저 커팅, 3D 프린팅과 같은 제작 기술을 배운다. 또한, 관련 소프트웨어 프로그램, 모형 제작, 마감 기법의 전문성도 키운다. 아울러 학생들은 비판적 사고를 연마하고, 인문학과 과학의 접점에서 의미를 찾으면서 더 나은 예술가와 디자이너가 되는 데 필요한 경험을 쌓아나간다. 그림도 배운다. 그리는 행위를 통해서만 알 수 있는 것들을 보는 법을 배운다. 이는 기본적인 연습이다. 이 모든 교육 프로그램은 학생들이 더 높은 자신감과 능력을 갖추고 창조적 불확실성에 도달할 수 있게 해주는 디딤돌이 된다. 이를 뒷받침하는 교육 철학은 명확하다. 기술이 뛰어날수록 창작 과정에서 더 자유로울 수 있다는 것이다.

창작 교육의 기본이 되는 두 번째 요소는 '재료와 관계 맺는 방법'이다. 학생들은 작품의 소재를 연구하고 그것과 '대화'하면서 능력과 제약, 가능성에 대해 배운다. 이 과정은 특히 물감과 캔버스, 목탄과 종이, 잉크와 양피지를 사용하는 창작자들에게 적용된다. 조각가는 재료를 만지며 생각한다. 설치미술가들은 공간과 시간을 비롯한 많은 재료와 관계를 맺으며 작품을 구상한다. 상품 디자이너들은 소재 실험실에서 작업을 구체화하고, 접근성, 경제성, 지속 가능성을 고심한다. 그 밖에도 많은 사례가 있다. 재료에 대해 배우고, 경이로움을 느끼고, 그것과 관계를 맺는 것은 창작과 앎의 아름다운 관계를 발견하는 과정이다.

창작 교육의 기본이 되는 세 번째 요소는 '창작 과정에서의 문제 해결 능력'이다. 학생들은 흔히 '디자인 씽킹design thinking'이라고 불리는 과정을 통해, 반복적인 질문과 아이디어와 사용자 경험에 관한 연구를 진행하며 프로토타입을 제작한다. 자기만의 발견의 연대기를 쓰는 것이다. 디자인 씽킹이란, 연구를 마치고 제작에 들어가는 기존의 방식과 발상을 뒤엎고, 프로젝트의 모든 단계에 연구를 포함하는 것이다. 그러므로 프로젝트에 착수할 때 이해하지 못했던 문제들을 이어서 탐구할 수 있다. 프로토타입과 모델을 만들어서 창작에 들어가기 전에 어떤 한계가 존재하는지 알아보고, 해결책에 더 가까이 가는 과정이기도 하다.

마지막 요소는 즉흥적인 창작 자체다. 전공 분야가 무엇이든, 학생들은 즉흥적으로 뭔가를 만드는 법을 배워야 한다. 학생들은 제작과 실행을 직접 해보는 실습을 통해 창작 과정 자체가 창작품이 되는 경험을 한다. 즉흥적인 발견의 틀을 만드는 법, 아름다움을 찾는 법, 재료와 장비와 기술을 사용법을 배우는 것이다. 즉흥적인 창작을 최적화하는 기술과 기교의 중요성을 체험으로 배운다. 이 과정에서 아이디어를 내고 구체화한다.

세상은 갈수록 점점 더 빠르게 변하고, 많은 교육자와 대학들은 학생들을 어떻게 준비시켜야 할지 고민한다. 예술과 디자인 교육기관의 목표는 졸업생을 선지자로 키우는 게 아니라 '창작을 할 줄 아는 사람'으로 키우는 것이다. 가까운 미래에 지금 존재하는 많은 직업이 사라질 수 있다. 그렇다면 학생들에게 어떤 교육 환경을 마련해줘야 할까? 어떤 이는 앞으로 학생들이 어떤 일을 하든 기술을 유연하게 활용할 수 있도록, 적응력 개발을 도와야 한다고 주장한다. 이는 합리적이며 중요한 원칙이다. 하지만 이 원칙의 전제는 학생을 창작자로 키워내고 창작을 통한 앎을 교육하는 것과 관련이 있다. 학생이 적응력을 갖추도록 교육하는 것과 창작을 교육의 중심에 두는 것은 완전히 다른 이야기다. 창작을 중심으로 한 교육은 학생들에게 사회에서 필요한 유연성과 민첩성을 키워줄 것이다.

　이러한 교육 철학은 학생들이 수강할 과목과 커리큘럼을 만들 때 적용되어야 한다. 나를 포함하여 학장, 교수 등 교육 과정에 관여하는 모든 사람은 학생들이 최대한 완벽하게 준비되기를 바랄 것이다. 학교는 학생들이 각자의 분야에서 전문 지식을 개발하기 바란다. 또 기술을 편안하고 능숙하게 다룰 수 있게 되기를 바란다. 학생들이 직업을 얻고 사회생활을 시작할 때 기본적인 경제와 경영 원칙을 이해하고 있길 바란다. 학생들이 사회 변화의 주체가 되기를, 인문학과 과학의 소양을 갖춘 전인적인 사람이 되기를 바란다. 여러 학문 분야를 두루 이해하고 다룰 줄 알게 되기를 희망한다. 그리고 무엇보다 남들과 협업할 수 있는 사람이 되었으면 한다. 아무도 소외되거나 소외시키지 않고, 다양성을 존중하며 함께 어울려 살고 일하는 사람들이 되기를 바란다.

　이런 많은 바람을 충족하고자 할 때, 대학들이 주로 사용하는 해결책은 필수 이수 과목을 늘리는 것이다. 그러나 아이러니하게도 창의적인 인재를 키우려 하는 학교에서 이런 방식(내가 알기로는 이런 경우가 매우 흔하다)을 쓰는 것은 학생을 위한 가장 창의적이지 못한 환경을 조성하는 꼴이다. 이런 식으로 욕심을 내자면 필수 이수 과목을 끝도 없이 개설해야 할 것이다. 그러나 학교가 학생을 가르칠 수 있는 시간은 제한되어 있다. 고등교육에서의 현실적 측면과 비용 문제는 학교가 고려해야 하는 제약 조건이다. 따라서 단순히 필수 이수 과목이나 졸업 요건을 늘리는 것은 탁월한 해결책이 아니다.

물론 모든 교육 프로그램에는 잘 구획된 커리큘럼과 학습 범위 지정이 필요하다. 필수과목이나 졸업 요건을 모두 없애야 한다고 주장하는 건 아니다. 그러나 학생들이 이수해야 할 필수과목을 기계적으로 구성하는 게 아니라, 만들면서 알게 되는 과정을 경험할 수 있도록 커리큘럼을 구성하면 어떨까? 발견을 위한 틀을 쌓을 수 있게 하는 것이다. 제작과 응용 학습에 초점을 맞춘 실습 과정이 좋은 예가 될 것이다. 대학은 '뜻밖의 발견'을 뒷받침하는 배움의 틀을 만들고, 학생들이 원하는 곳으로 더 자유롭게 이동할 수 있게 돕는 교육 과정을 마련할 필요가 있다. 대학은 학생들에게 원하는 비전을 토대로 요건을 만든다. 그러나 대학이 틀을 만드는 것으로 방향을 조정한다면, 학생들이 스스로 배움을 만들고 조성하게 될 것이다.

예술과 디자인 대학의 '만들면서 알게 되는 교육 과정'을 초등학교와 중학교, 고등학교 교실에서도 적용할 수 있지 않을까? 아이들에게 창작의 시작점을 찾게 하고, 소재와 관계를 맺고, 문제를 해결하고, 즉흥적으로 만들거나 해보고, 틀이 있는 커리큘럼을 통해 배우도록 할 수 있을까?

지금껏 여러 학교와 교육 철학을 연구하는 이들이 이 문제를 탐구해왔고, 몇 가지 원칙을 직접적으로 적용하기도 했다. 예를 들어 구성주의자들은 수업에 창작의 응용 교육학을 적용하자고 주장한다. 구성주의자들의 교수법 중에는 '문제 기반 학습'라 불리는 수업도 있는데, 디자인 씽킹과 관련 있는 부분이 많고 대단히 흥미롭다. 존 듀이는 실용주의 철학의 관점에서 '경험을 통한 배움'의 개념을 제시했다. 이는 서양에서 가장 유명한 창의적 교육 사례 중 하나인 바우하우스 운동과 아주 깊은 관련이 있다. 발터 그로피우스 Walter Gropius는 바우하우스에서 학생들을 가르칠 때 존 듀이의 진보적 교육 원리를 그의 교육학 모델의 기본 이론으로 채택했다.

나는 그동안 만들면서 알게 되는 원리를 학교 교육에 적용해온 여러 교육자와 이야기를 나누었다. 예를 들면 도린 넬슨 교수의 연구와 그가 개발한 디자인 기반 학습Design-Based Learning, DBL 체계는 이 원리가 아동 교육에 어떻게 적용될 수 있는지 여실히 보여준다. 넬슨은 학생이 개념, 원칙, 아이디어를 3차원으로 만드는 과정을 통해 무엇을 이해하고 통합할 수 있는지에 주목한다. 나는 교사들이 학생들에게 너새니얼 호손의 소설 『주홍 글자』를 가르치기 위해 디자인 기반 학습을 도입한 수업을 참관한 적이 있다. 학생들은 관계, 계급 차이, 분열(또는 주인공 헤스터 프린의 고립)에 대한 인식을 공간적으로 표현한 모형 '도시들cities'을 만들었다. 학생들은 3차원 구조를 만드는 동안 책을 한층 깊이 있게 조사했다. 그러면서 법치주의, 죄, 죄의식 등의 개념을 '만들었다'. 넬슨이 분명히 밝혔듯이, 이런 모델은 "주제와 창조적 사고를 연결해주는 도구이며, 학생들이 스스로 배움을 창조하는 사람으로 생각하도록 이끄는 수단"이다. 학생들이 스스로 창작자라고 느끼게끔 만드는 것이다. 넬슨은 이렇게 설명했다.

"학생들이 자기가 만든 3차원 세계를 자기 것으로 인식할 수 있게, 다양한 환경(일대일, 소규모 모둠, 학급 전체)에서 각자의 디자인 해법을 발표하게 했어요. 그러자 학생들이 자기 창작물에 더욱 애착을 갖더라고요.”

　결국 디자인 기반 학습법의 핵심은 학생들이 추상적인 개념을 구체적인 아이디어와 연결하고, 그 과정에서 직면하는 문제를 풀 창의적 해결책을 상상할 수 있게 하는 것이다. 이 학습법은 학생들이 생각과 발견을 ‘수행’할 맥락을 마련해준다. 이렇게 얻은 아이디어는 다른 분야나 상황에도 마찬가지로 유효할지 모른다. 그러므로 이러한 배움은 단순히 필수요건을 채우는 것과 다르게 학생에게 통합적으로 도움이 되며, 커리큘럼 디자인의 틀 역할을 할 수 있을 것이다.[17]

　게일 베이커는 그가 ‘예술 기반 커리큘럼’이라고 이름 붙인 교육 과정에 전념하고 있는 교육 혁신가이자 교원 연수 전문가다. 베이커의 교육법은 만들면서 알게 되는 원리와 상당 부분 닮아있다. 베이커는 모든 학문 분야에서 배움과 발견을 위한 시작점으로 예술을 활용한다. 그는 그가 설립한 학교 내에 음악, 각색, 공연, 즉흥적인 창작을 활용해 배우는 수업을 만들었다. 다시 말해 그는 학생들이 공부하는 것을 더 깊이 ‘알게’ 해주는 창작의 형태를 마련했다. 그가 말했다.

　“많은 아이가 그런 수업을 통해서 뭔가를 알게 되거나 새로운 차원에서 이해하게 됐어요.”

　베이커는 예술이 통합적인 교육을 가능하게 해준다고 믿는다.

　“전통적인 교육의 문제는 모든 것을 분리해서 배운다는 거예요. 아이들은 문법, 파닉스, 수학을 따로따로 배우지요. 그러다 보니 맞춤법이나 수학 계산이 엉망인 아이들이 많아요. 과목 간 연계가 안 되기 때문이에요. 그런데 예술은 모든 걸 통합해서 배울 수 있게 해요."

넬슨과 베이커의 이야기는 유치원부터 초등학교, 중학교, 고등학교 교육 과정에 만들면서 알게 되는 원리를 적용하는 커리큘럼을 구성할 수 있으며, 학생들의 창의성을 키우는 데 좋은 영향을 미칠 수 있음을 보여준다. '만들기'가 인간의 기본적인 학습 방식 중 하나가 된다면, 우리의 교육 프로그램은 어떻게 달라질까? 만들면서 알게 되는 원리가 교육 방식에 미칠 영향은 대단히 클 것이다.

규칙을 없애는 리더십

네덜란드의 도시 드라흐텐Drachten은 골치 아픈 도로 교통 문제를 창의적인 디자인 씽킹으로 해결했다. 드라흐텐의 이야기는 '만들면서 알게 되는 과정'과 리더십을 연계해 생각할 때 주목해서 살펴볼 만한 사례다.

때는 2003년, 수천 명의 보행자와 자전거 탄 사람들, 2만 대 이상의 자동차가 드라흐텐의 한 교차로를 이용했다. 교통사고가 빈번하게 일어나 여러 운전자와 보행자 들이 부상을 당했고, 생명을 잃을 정도로 중상을 입는 일도 흔했다. 교통공학자들은 대책을 마련하기 위해 나섰다. 차량의 주행속도를 줄이기 위해 신호를 추가로 설치하고, 자전거 탑승자와 보행자 들이 지나는 도보에 교차로가 위험하니 특히 주의해야 한다는 경고 표지판을 두었다. 그러나

사고는 줄어들지 않았고 사람들이 느끼는 불안감도 여전했다.[18]

　　그때 '교통 표지판을 싫어하는' 교통공학자이자 디자이너 한스 몬더만이 나섰다. 몬더만은 완전히 다른 관점으로 문제에 접근했다. 그는 인파로 가득한 스케이트장에서 사람들의 움직임을 관찰하며 힌트를 얻었다. 규칙이나 표지판이 없는데도 사람들은 서로 충돌하지 않기 위해 속도를 줄이거나 자연스럽게 방향을 바꿔가며 스케이트를 즐겼다. 사람들의 움직임은 본능적으로 정확한 대형을 맞춰 함께 움직이는 새 떼나 물고기 떼의 움직임과도 여러모로 비슷했다. 몬더만은 이렇게 설명했다.

　　"교통 전문가들은 도로에 문제가 있으면 늘 뭔가를 추가하려고 하죠. 그건 별로 도움이 되지 않아요. 도로 설치물을 아예 치우는 게 훨씬 낫다고 봅니다."[19]

　　몬더만은 모든 신호등, 경고 표지판, 보행자들을 위한 표시 따위를 없앴다.

　　"차도와 인도를 구분하는 차선과 연석을 없애버렸어요. 그래서 차도가 어디서 끝나는지, 인도는 어디부터인지 명확히 알기 힘들어졌죠. 운전자들은 교차로를 지나는 걸 어려워했어요. 이게 핵심이었죠."[20]

　　신호와 표지판을 치우자 사람들은 자연스럽게 자동차 주행속도를 줄이고 서로를 조심스럽게 주시하며 다니기 시작했다. 사고 발생 수 또한 급전직하로 떨어졌다. 어째서였을까? 모두가 자신과 타인의 움직임에 더 세심한 주의를 기울였기 때문이다. 이것은 사람들이 가진 최상의 측면을 끌어내는 맥락을 설계한 덕분이었다.

규칙과 규정이 지배할 때는 발현되지 않는, 사람들의 자연스럽고도 가장 좋은 측면을 끌어낸 것이다. 몬더만이 말했다.

"자전거를 타는 사람들과 보행자들은 줄곧 그 교차로를 피해 다녔어요. 하지만 지금은 자동차 운전자들이 자전거를 잘 살피고, 자전거 탄 사람들은 보행자들을 살피고, 모두 서로를 주시하며 지나다니죠. 신호등이나 표지판으로는 그런 행동을 장려할 수 없어요. 이런 측면을 고려해서 도로를 설계해야 해요."[21]

몬더만의 창의적인 해결책은 디자인이 우리의 생각과 행동에 얼마나 큰 영향을 미치는지 보여주는 확실한 사례이며, 만들면서 알게 되는 원리를 적용한 리더십의 좋은 예이기도 하다. 권한을 가진 사람으로서 리더는 어떤 역할을 해야 할까? 리더란 규칙과 규정 등을 포함한 하향식 결정은 줄이고, 사람들이 각자의 일을 잘 해낼 수 있는 공간을 만드는 데 노력을 기울여야 한다. 즉 사람들이 '자발적으로' 행동할 수 있게 해야 하는 것이다. 교통 표지판을 없앤 교차로는 곧 즉흥적인 창작의 틀이라고 할 수 있다. 사람들을 창의적인 방법으로 참여하도록 만들고, 틀 안에서 자발적으로 행동하게 한 구조이기 때문이다.

전통적인 조직의 경우, 리더는 자신의 '정답'을 비전 삼아 나머지 사람들에게 그것을 '따르게' 한다. 반면 사람들을 창의적으로 활동하게 하는 틀과 구조를 만드는 리더는 '공동 창작'을 통해 조직이 나아갈 방향을 설정한다.

우리는 만들면서 알게 되는 원리를 바탕으로 한 조직에서 어떻게 '표지판 없는 교차로'를 만들 수 있을지 생각해볼 수 있다. 리더의 비전을 불확실한 창작의 공간으로 대체하는 것은 도로에서 모든 신호와 표지판을 없애는 일과 마찬가지로 위험해 보인다. 혼돈이 닥칠지도 모른다는 두려움 때문에 표지판이나 정해진 '답'에 매달리는 게 합리적으로 느껴질 수도 있다. 하지만 몬더만은 리더가 정한 규칙을 무작정 따르게 하는 게 아니라, 사람들에게 직접 해결책을 만들게 하면 오히려 더 큰 성과와 복지를 기대할 수 있다는 사실을 보여주었다. 애덤 필립스는 몬더만의 성과에 대해 이렇게 설명했다.

"신호등이 사라졌을 때, 우려했던 혼돈과 재앙은 일어나지 않았어요. 오히려 상황은 훨씬 좋아졌죠. 사고 발생률이 크게 줄고, 차량 흐름이 개선되고, 길에서 분노하며 싸우는 이들도 줄어들고, 모두 더 상식적으로 행동하게 됐지요. 어떤 이들은 신호와 표지판을 없애면 상상을 초월한 최악의 결과가 닥칠 거라고 주장했어요. 그러나 이런 얘기는 주로 정치적 압제를 펼치는 독재자들이 주로 하는 소리죠."[22]

다시 말해, 독재자는 '상상을 초월하는 최악의 결과'를 담보로 리더로 군림하게 된다는 것이다. 이들은 우리의 두려움을 덜어주기 위해 자신이 만든 규칙과 비전을 제시한다. 하지만 결국 우리는 어떤 대가를 치르게 되는가?

내가 제안하는 리더십이 모든 시대와 상황에 적용 가능한 해법은 아닐 것이다. 리더가 모든 답을 알고 있어야 한다는 일반적인 기대에 반하는 것이기도 하고, 모든 구성원이 자율적인 책임감을 지니고 있다는 전제가 성립해야 하므로, 실현하기 어려운 종류의 일이기도 하다. 이러한 리더십을 제대로 실현하려면 개인이 창의성을 마음껏 발휘할 수 있도록 사회적 안전망이 마련되어야 하고 실패가 허용되어야 한다. 때로 전혀 안전해 보이지 않는 아이디어(이를테면 표지판과 신호를 없애는 것)가 문제를 근본적으로 해결할 혁신적인 방법일 수도 있다.

나는 집단 지성과 인류의 최선(대립하지 않고 조화를 이루어 자발적으로 행하는 것)을 토대로 심층적인 '창작'의 공간을 만들고 싶다는 생각에 몰두하고 있다. 개인적인 경험을 고백하자면, 나는 내가 이끄는 조직의 '비전'에 대한 질문을 받을 때마다 상당히 혼란스러웠다. 그런 질문은 마치 아직 일어나지 않은 일을 정확하게 묘사하라는 요구 같았다. 내 눈에 보이는 바위 속 천사를 설명해야 하는 기분이었다. 나는 내 비전을 중심으로 조직을 운영한 적이 없으며, 그렇게 하는 게 공동체를 위한 최선이라고 생각한 적도 없다. 나는 모든 일에 교육을 위한 열정, 인간의 창조성에 대한 깊은 헌신, 건전한 재정 운영, 조직적인 구조, 기본적인 윤리 등 명확한 우선순위를 정해두었다. 하지만 그런 건 그저 발판의 역할을 할 뿐이었다. 나는 조직의 구성원들과 함께 길을 만들어갔다. 내가 했던 일은 학생, 교수, 직원, 이사, 동문, 지역사회 일원들의 참여를 장려하고, 그들의 아이디어와 요구를 듣고, 방향을 전환하거나 제시하고, 핵심을 뽑아내는 것이었다. 내 임무는 대학이 무엇이 될 수 있고 무엇이 되어야 하는지 고민하며 구성원들이 가진 지혜를 마음껏 풀어놓을 수 있는 '교차로'를 만드는 것이었다. 내 경험을 돌아보면, 이러한 방식 덕분에 조직의 구성원들이 각자 나아가야 할 길을 잘 알고 있었고, 함께 최상의 결과에 이르렀던 것 같다. 함께 방향을 결정했고, 그래서 실행 과정의 모든 것이 구성원들의 일이 되었기 때문이다. 이런 것이 만들면서 알게 되는 원리를 적용한 리더십이라 생각한다.

기업가의 북극성

리더십과 만들면서 알게 되는 원리를 탐구하면서, 기업을 경영한 적이 있는 지인들을 찾아가 의견을 구했다. 나는 기업가들이 기업을 경영하며 만들면서 알게 되는 발견의 과정을 경험하는지, 사업 비전을 실현하는 것인지 알아보고 싶었다.

새뮤얼 만은 여러 사업에서 성공한 기업가이자 디자이너이자 예술가다. 만은 기업을 만들고 성장시키는 과정에 관한 이야기를 내게 들려주었다. 나는 그에게 이렇게 질문했다.

"사업을 처음 시작할 때, 어떤 기업으로 자리 잡게 될지, 어떤 과정을 겪으며 성장하게 될지 비전을 갖고 있었나요?"

그는 곧바로 "아뇨, 전혀요"라고 대답했는데, 나와 인터뷰했던 다른 기업가들에게서도 자주 들었던 답변이었다.

"사업에 생명력이 생겨요. 저는 그저 그 사업을 지탱하는 톱니바퀴 중 하나에 불과하죠. 기업은 끊임없이 움직이고, 무언가 실행하면서 변화하죠. 제 기업들은 늘 경영자가 아닌 기업 자체가 실행 주체였어요."

기업가를 움직이는 것이 '비전'이 아니라면, 과연 무엇일까? '인터넷의 어머니'로 불리는 린다 와인먼은 이 질문에 가장 설득력 있는 답을 내놓았다. 와인먼은 1995년에 남편이자 사업 파트너인 브루스 헤빈과 함께 린다닷컴Lynda.com을 시작했다. 처음에는 웹 디자인에 관한 책의 저자이자 교사인 와인먼의 작업을 확장하고자 시작한 일이었지만, 궁극적으로 린다닷컴은 아주 효과적이고 체계적인 온라인 학습을 도입한 기업으로 자리 잡았다. 20년이라는 길고도 짧은 세월 동안, 린다닷컴에서 만든 온라인 도서관의 규모와 품질은 타의 추종을 불허할 정도로 성장했다. 2015년, 링크드인은 린다닷컴을 15억 달러에 인수했다.

나와의 인터뷰에서 와인먼은 그 과정을 이렇게 설명했다.

"처음에 리더의 비전 같은 건 전혀 없었어요. 사업 목표를 향해서 여러 문제를 헤치고 나아가는 반복적인 과정이었죠. 사업은 천천히 진화해나갔어요."

"그렇다면 당신을 이끌어준 것은 무엇이었나요?"

"글쎄요, 일단 생존해야 한다는 생각이 있었죠. 순전히 현실적으로요. 사람들의 요구를 찾아서 만족시키고, 시장의 검증을 통과해야 했어요. 두 번째로는 사업에 대한 제 가치관을 꼽을 수 있어요. 가르치고 배우는 것에 대한 믿음 말이죠. 제게는 그것이 북극성과 같은 기준점이 되어주었죠."

와인먼은 교사로서의 헌신을 이야기했다. 그는 좋은 교육을 지향한다면 '교사가 가장 잘 알고 있다는 생각'을 버려야 한다고 단호히 설명했다.

"배우는 데 옳고 그른 방법이란 건 없어요. 사람들은 모두 달라서, 각자에게 맞는 방법과 수단이 필요하지요. 가르치는 사람이라면 학생이 스스로 가진 마음속 평가, 즉 자기가 무엇을 잘하고 못하는지에 대한 편견을 내려놓고 배울 수 있게 해줘야 하죠. 이게 교사로서의 제 가치관이에요."

가르침과 배움에 대한 가치관은 와인먼이 사업에서 방향을 잃지 않도록 길을 밝혀주는 북극성이자 지침이었다. 그렇다면 그에게 사업이라는 불확실한 여정을 시작하게 한 진입점은 무엇이었을까? 그것은 '첨단기술을 어떻게 온라인 교육에 활용할 수 있을까?', '기술을 어떻게 대중화할 것인가?'라는 질문들이었다. 와인먼은 사업 초창기를 떠올리며 설명했다.

"제 생각은 사람들의 마음에 반향을 일으켰죠. 아주 참신한 철학이었다고 생각해요. 더 많이 포용하고, 양성하고, 허용하는 방식의 접근이었지요. 이러한 사업 철학의 기반은 '아직' 모르는 이들을 존중하고 그들에게 배움을 나누겠다는 교육학에 대한 제 믿음이었어요. 린다닷컴의 변치 않는 북극성이요."

와인먼은 '사업가의 비전'과 '북극성의 역할을 하는 가치'를 명확히 구분했다. 린다닷컴은 만들면서 알게 되는 리더십을 가지고 성장한 기업의 좋은 예다. 와인먼과 헤빈은 린다닷컴이 만들고, 실험하고, 즉흥적으로 실행해가는 과정을 통해 진화했으며, 사업이 번창하기까지 '거듭된 실패'를 거쳤음을 강조했다. 린다닷컴이 가진 힘은 발견의 여정에서 드러났으며, 와인먼은 사업이 성장할 수 있는 틀을 만드는 방식으로 리더십을 발휘했다.

대화를 마무리하면서, 나는 우리 문화가 성공한 기업가들을 '위대한 선각자'로 부르며 칭송하는 경향이 있으며, 이는 예술가들의 비범한 비전을 강조하며 그들을 '천재'로 떠받드는 것과 비슷한 양상인 것 같다고 지적했다. 와인먼은 자신도 같은 생각이라며 이렇게 말했다.

"정말 똑같네요. 정말 그렇게 비교할 수 있겠어요."

"그렇지만 예술가나 기업가나, 모두 창작자라고 할 수 있지 않을까요?"

"네, 바로 그렇죠. 제가 볼 땐 확실히 그래요."

삶 또한 예술 작품처럼

무엇보다도, 당신의 삶을 예술 작품처럼 만들어가야 한다는 점을 기억하라.

-랍비 아브라함 요수아 헤셸[23]

마지막으로, 우리의 삶에서 '만들면서 알게 되는 것'이란 무엇인지 얘기하고자 한다. 우리는 어떤 경험을 하게 될 때마다 알지 못하는 것들과 마주한다. 신비롭고, 낯설고, 인식하기 어려운 것들의 문턱에 서게 되는 것이다. 자연스레 몰려오는 두려움과 불안을 느끼면서, 위험을 감수하는 데 따르는 위험을 계산한다. 도전하고 넘어서야 할 것들이 너무 많을 때는 무력해지기도 한다. 이는 경험의 크기나 종류와 상관없이 똑같이 적용되는 법칙이다. 주말을 어떻게 보낼지 결정하거나, 인생과 커리어의 분기점에 설 때도 마찬가지다.

이 책에서 소개된 많은 예술가와 디자이너 들의 이야기가 우리에게 알려주는 것은 무엇일까. 그것은 불확실할 때 창조의 가능성이 열린다는 사실이다. 창작자는 불확실함의 공간에 들어간다. 그곳에서 자신이 배우고 익힌 창작 과정을 통해 발견에 이르게 되며, 이를 통해 전에는 보지 못했던 것을 볼 수 있게 된다. 그리고 모호하여 알지 못했던 삶의 여러 측면을 이해하게 된다.

실행하고 이해한다. 불확실성에 들어가 발견을 이루고 다양한 재료와 관계를 맺으며 자신의 외연을 넓힌다. 즉흥적으로 창작하며 앎에 이른다. 이 모든 과정은 인간의 창의성이 우리가 살면서 경험하는 거의 모든 것과 관련되어 있음을 보여준다.

결국, 우리는 인생을 만든다. 그리고 그 과정에서 차차 삶을 알게 된다.

감사의 글

『메이커스 랩』은 창작이 무엇을 드러내는가에 대한 책인데, 이 책과 책이 나오기까지의 과정 자체가 바로 좋은 사례이자 증거다. 관대하고 유능하며 특별하기까지 한 많은 이가 함께해주었기에 책이 나올 수 있었다. 그들에게 겸허히 감사의 말을 전하고자 한다.

우선 인터뷰에 응해주었던 예술가와 디자이너 들에게 감사를 전한다. 이 책은 창작자들이 들려준 이야기와 그들의 작업 과정을 담고 있다. 나는 창작자들의 관대함과 솔직함에 깊은 감동을 받았다. 나는 그들의 이야기를 엮었을 뿐, 책에 담긴 지혜는 모두 그들의 것이다. 인터뷰했던 모든 사람의 이야기를 책에 담을 수는 없었다. 책에 등장하는 50여 명의 창작자 외에도 훌륭한 식견을 나누어준 이들이 많았다. 책의 매 페이지에 이들의 이야기가 스며 있다. 온 마음을 담아 감사의 인사를 전한다.

나는 엄청나게 뛰어난 재능을 갖춘 템스 & 허드슨Thames & Hudson의 팀과 일하는 행운을 얻었다. 현명하고 사려 깊은 루카스 디트리히, 루카스와 나를 연결해준 제시카 헬판드, 그리고 다정하고 유능한 이비 타르에게 감사드린다. 아울러 훌륭한 교열 담당자 카밀라 락우드에게도 고마움을 전한다. 그토록 능숙한 솜씨를 지닌 세심한 편집자를 만난 것은 축복이었다. 마음에 쏙 드는 표지를 만들어준 재능 있는 디자이너 숀 애덤스와 함께 일하게 된 것 역시 큰 영광으로 생각한다.

연구를 처음 시작할 때, 나의 동료 마크 브리이텐버그와 크리스티나 스캐부초가 아이디어를 관념화하고, 개념 체계를 세우는 데 큰 도움을 주었다. 덧붙여 아트센터 칼리지의 독보적인 도서관장 마리오 아센시오는 늘 너그러운 마음으로 베풀며 프로젝트에 여러 차례 도움을 주었다. 그의 능력은 마법과도 같다. 책을 쓰고 있던 중요한 순간에, 내 진정한 친구 댄 폴리사가 멀리 타국에서 나를 찾아와주었다. 우리는 사흘 동안 재충전의 시간을 보내며 책에 관해 이야기했다. 덕분에 나는 마음을 다잡을 수 있었다. 폴리사에게 말로 표현할 수 없을 정도로 깊은 감사의 마음을 전하고 싶다.

2018년에는 아트센터 칼리지 오브 디자인 이사회의 결정으로 안식년을 가질 수 있었다. 이 소중한 시간 덕분에 글을 많이 쓸 수 있었다. 특히 친구이자 이사장인 로버트 C. 데이비슨 주니어에게 신세를 졌다. 그는 책을 집필하는 내내 내게 도움을 주었다.

아트센터에서 내가 진행하는 팟캐스트 '체인지 랩Change Lab'의 훌륭한 게스트들에게도 고마움을 표한다. 함께 나눴던 모든 대화가 내게 큰 영감이 되었다. 그토록 창조적인 사상가와 예술가들과 이야기 나눌 기회가 있었던 데에 마음 깊이 감사한다. 그들 역시 책을 쓰는 데 상당한 영향을 주었다.

창작과 앎의 관계를 이해하고 있으며, 나와 생각을 공유하는, 대단히 유능하며 비길 데 없이 훌륭한 예술가 앤 해밀턴은 마르지 않는 영감과 격려를 내게 보내주었다. 내 친구 스티브 올리버에게도 감사한다. 올리버가 아니었다면 오하이오주 콜럼버스로 여행을 가 앤의 작업실을 방문할 기회도 얻지 못했을 것이다. 그것은 절대 잊지 못할 의미 있는 경험이었다.

여러 예술가와 디자이너 들을 인터뷰할 수 있도록 도움을 준 이들이 많다. 애런 앨버트, 레슬리 발피, 도린 넬슨, 멜리사 발라반, 애덤 웨겔레스에게 특히 감사한다. 토론토의 연극계에 발을 들일 수 있게 문을 열어준 내 소중한 친구 리아 시르니아크에게도 특별한 감사 인사를 전한다. 그는 재능 있는 배우와 감독들을 인터뷰할 수 있게 다리를 놓아주었다. 아울러 나를 환영해주고, 여러 인터뷰를 진행할 장소를 제공해준 토론토의 소울페퍼 극단에도 감사드린다.

많은 사람이 소중한 시간을 내어 원고를 읽고 현명한 조언을 해주었다. 키트 배런, 리아 시르니아크, 제시카 헬판드, 캐런 호프만, 데이비드 맥캔들리스, 애니 맥기디, 댄 폴리사, 앨리슨 샤피로, 크리스틴 스파인, 톰 스턴, 리처드 티체콧, 스티브 바인버그 등에게 감사의 마음을 전한다. 그들의 관심과 깊은 식견이 없었다면 책이 제대로 나올 수 없었을 것이다. 아울러 부모로서 특별한 자부심을 느끼게 해준 내 아들, 디자인 지식과 전문성과 감수성을 두루 갖춘 아들 재커리에게도 소중한 감사를 전한다. 자식에게 조언을 얻는 것은 정말 특별한 경험이었다.

내 친구이자 동료이며 아트센터에서 함께 일하고 있는 쉴라 로우를 특별히 언급하고 싶다. 로우는 모든 것을 완벽하게 해낸다. 똑똑하고, 창의적이며, 아마도 지구상에서 가장 유능한 사람이 아닐까 싶다. 이 책과 관련해서(그리고 거의 다른 모든 것과 관련해서도) 그는 항상 예상을 뛰어넘는 수준으로 나를 도와주었다. 진심으로 감사의 인사를 전한다.

인생의 위대한 멘토인 프랜시스 마티노, 제임스 홀리스, 제드 세코프, 고故 엘리노어 프로서에게도 깊은 감사를 표한다. 이들은 내 영혼을 보살펴주고, 나만의 창조적인 에너지와 초점을 찾을 수 있게 힘을 주었다.

사랑하는 사람들에게도 감사를 전하고 싶다. 사랑하는 부모님 페이지 버크먼과 머레이 버크먼에게 감사드린다. 내 모든 경험과 힘의 기반이었으며 지금도 그러하다. 형제들과 그 배우자들(엘렌 조이, 스티븐, 샌디, 게일, 그리고 벤, 수지, 어브, 캐시)은 매 순간 나를 격려해주었으며, 늘 든든히 내 뒷자리를 지켜주었다.

내 멋진 아이들과 손자, 손녀(엘리사, 재커리, 쇼샤나, 제러미, 아리, 베스, 시라, 쥬다, 로먼)에게도 감사한다. 이들의 사랑이 나를 지탱해준다.

로셸에게 전하는 말을 끝으로 사랑과 감사를 담은 인사를 마무리해야겠다. 이 책을 쓰는 건 로셸과 내가 함께한 '만들면서 알게 되는 과정'이었다. 로셸은 일류 편집자이자 멋진 독자이며, 대범한 사상가이자 세상에서 가장 다정한 마음을 지닌 사람이고, 훌륭한 협력자였다. 음유시인의 말을 빌려 감사를 전한다.

고맙다는 말밖에는 할 말이 없군요.

고맙고, 고맙고, 늘 고맙소….

주석

들어가는 말

1 Giambattista Vico, *De antiquissima Italorum sapientia, ex linguae latinae originibus eruenda* (1710).

2 Vilhelm Ekelund, quoted in Howard Junker (ed.), *The Writer's Notebook* (HarperCollinsWest, 2008), p. 1.

3 Anne-Marie Carrick and Manuel Sosa, "Eight Inc. and Apple Retail Stores," case study, INSEAD Creativity-Business Platform (INSEAD, 2017), p. 6.

4 "Apple Computer Inc.: Flagship Retail Feasibility Report," Eight Inc., San Francisco—Strategic Design Consultants, August 1996.

5 월터 아이작슨Walter Isaacson이 쓴 스티브 잡스 전기에는 애플 스토어의 발전 과정에 대한 잡스가 견해가 어떠했는지가 나와 있다. 그 밖의 설명은 다음 자료를 참조할 것. Jerry Unseem, "How Apple Became the Best Retailer in America," *CNNMoney*, August 26, 2011; and Carrick and Sosa, "Eight Inc. and Apple Retail Stores."

6 Carrick and Sosa, "Eight Inc. and Apple Retail Stores," p. 8.

7 Unseem, "How Apple Became the Best Retailer."

8 물론 결국에는 새로 생긴 일부 스토어에 걸려 있던 포스터를 모두 내리고 디지털 디스플레이로 교체했다. 코베는 이렇게 말했다. "이제는 디지털 스크린 같은 형태에 더 가까워졌어요. 저희도 그렇게 될 거라고 예측은 했었죠. 하지만 그때는 도저히 비용을 감당할 수가 없었어요."

290

1장

1   T. S. Eliot, *The Use of Poetry and the Use of Criticism* (Faber and Faber, [1933] 1964), p. 144.

2   Joan Didion, "Why I Write," *New York Times*, December 5, 1976, p. 270. Adapted from a lecture delivered at the University of California at Berkeley.

3   Umberto Eco, *Postscript to The Name of the Rose* (Harcourt, 1984), p. 28.

4   Tim Brown, "Designers-think Big!" TED talk, July 2009, https://www.ted.com/talks/tim_brown_designers_think_big/transcript.

5   Bill Watterson, "Some Thoughts on the Real World by One Who Glimpsed It and Fled," Kenyon College commencement address, May 20, 1990.

6   예를 들면, 다음 자료를 참조할 것. Frank Wilson, *The Hand: How Its Use Shapes the Brain, Language, and Human Culture* (Pantheon, 1998); Daniel Pink, *A Whole New Mind* (Riverhead Books, 2008); Matthew B. Crawford, *Shop Class as Soulcraft: An Inquiry into the Value of Work* (Penguin, 2009); Mihaly Csikszentmihalyi, *Flow: The Psychology of Optimal Experience* (Harper and Row, 1990) and *Creativity: Flow and the Psychology of Discovery and Invention* (HarperCollins, 1996); Jonah Lehrer, *Imagine: How Creativity Works* (Houghton Mifflin Harcourt, 2012); Tim Brown, *Change by Design: How Design Thinking Transforms Organization and Inspires Innovation* (Harper Business, 2009); Peter Rowe, *Design Thinking* (MIT Press, 1987); Roger Martin, *The Opposable Mind and The Design of Business* (Harvard Business Press, 2009).

7   특히 소재와 관계를 맺는 것과 관련해서, 이 문제를 다른 측면에서 접근한 견해는 다음 문헌을 참조할 것. Pamela H. Smith, Amy R.W. Meyers, and

Harold Jo Cook (eds.), *Ways of Making and Knowing: The Material Culture of Empirical Knowledge* (University of Michigan Press, 2014).

8   Darrin McMahon, Divine Fury: A History of Genius (Basic Books, 2013), p. xvii.

9   Marjorie Garber, "Our Genius Problem," *The Atlantic*, December 2002, https://www.theatlantic.com/magazine/archive/2002/12/our-genius-problem/308435/.

10   Garber, "Our Genius Problem."

11   Elizabeth Gilbert, "Your Elusive Creative Genius," TED talk, February 2009, https://www.ted.com/talks/elizabeth_gilbert_on_genius?language=en.

12   Immanuel Kant, "Fine Art Is the Art of Genius," *Critique of Judgment* (1790), trans. James Creed Meredith, section 46.

13   Christine Battersby, *Gender and Genius: Towards a Feminist Aesthetics* (Indiana University Press, 1989).

14   Janice Kaplan, *The Genius of Women: From Overlooked to Changing the World* (Penguin, 2020); Craig Wright, *The Hidden Habits of Genius: Beyond Talent, IQ, and Grit—Unlocking the Secrets of Greatness* (HarperCollins, 2020).

15   Harold Bloom, *Genius: A Mosaic of 100 Exemplary Creative Minds* (Warner Books, 2002).

16   David Shenk, *The Genius in All of Us: Why Everything You've Been Told About Genetics, Talent, and IQ Is Wrong* (Doubleday, 2010).

17   가버(Garber)의 "Our Genius Problem"에 인용됨.

18   Aristotle, att. by Seneca in *Moral Essays*, "De Tranquillitate Animi" (On Tranquility of Mind), sct. 17, subsct. 10.

19   Margot Wittkower and Rudolf Wittkower, *Born Under Saturn: The Character and Conduct of Artists* (Norton, 1969; reprinted NYRB

Classics, 2006), p. 72.

20　Victor Hugo, "A Medley of Philosophy and Literature," *The New England Magazine* (September 1835).

21　Homer, *The Odyssey*, trans. Robert Fagles (Penguin, 1996), p. 77. 그보다 더 최근 번역본은 Emily Wilson (W. W. Norton & Company, 2017)이며, "복잡한 사람에 대해 말해주시오" (p. 105)라고 쓰여있다.

22　Isabel Allende in Meredith Maran (ed.), *Why We Write: 20 Acclaimed Authors on How and Why They Do What They Do* (Plume, 2013), p. 6.

23　From Ursula K. Le Guin, "Where Do You Get Your Ideas From?" [1987], in Le Guin, *Dancing at the Edge of the World: Thoughts on Words, Women, Places* (Grove Atlantic, 2017), pp. 192–200.

24　Lorne M. Buchman, *Still in Movement: Shakespeare on Screen* (Oxford University Press, 1991).

2장

1　Philip Roth in conversation with Terry Gross on *Fresh Air*, National Public Radio (2006). 다음 인터넷 페이지 참조. https://www.npr.org/2018/05/25/614398904/ fresh-air-remembers-novelistphilip-roth.

2　W. H. Auden, *The Dyer's Hand* (Faber and Faber, [1962] 2013), p. 67.

3　다음 문헌에 인용됨. Brassai, *Conversations with Picasso* (University of Chicago Press, 2002), p. 66.

4　Nicole Krauss, interview with Rabbi David Wolpe on her fourth Cultural Center, Los Angeles, CA, September 24, 2017.

5　John Keats, *The Complete Poetical Works and Letters of John Keats*, Cambridge Edition (Houghton, Mifflin and Company, 1899), p. 277.

6　다음 문헌을 참조할 것. Robert Unger, *False Necessity: Anti-*

Necessitarian Social Theory in the Service of Radical Democracy (Verso, 2004), pp. 279–80.

7   Charles Baudelaire, "The Painter of Modern Life" (1863).

8   John Dewey, *Art as Experience* (Penguin Perigree, 2005), pp. 33–34.

9   다음 문헌에 인용됨. *Wilfred Bion: Los Angeles Seminars and Supervision* (Routledge, 2013), p. 136.

10   Richard P. Benton, "Keats and Zen," *Philosophy East and West*, 16(1/2), 1967, pp. 33–47.

11   Donald Schön, *The Reflective Practitioner: How Professionals Think in Action* (Basic Books, 1983), p. 49.

12   Richard Hugo, *The Triggering Town: Lectures and Essays on Poetry and Writing* (W. W. Norton & Co., 1979), pp. 14–15.

13   Amy Tan, "Where Does Creativity Hide?" TED talk, February 2008, https://www.ted.com/talks/amy_tan_where_does_creativity_hide/transcript?language=en. 별도의 언급이 없는 한, 이후의 모든 인용문은 모두 이 테드 강연 내용에서 인용된 것이다.

14   Tom Stern, *My Vanishing Twin* (Rare Bird Books, 2017).

15   Parker J. Palmer, *On the Brink of Everything* (Berrett-Koehler Publishers, 2018), n.p.

16   Josipovici, Gabriel, *Writing from the Body* (Princeton, NJ: Princeton University Press, 1982), p. 79.

17   Tan, "Where Does Creativity Hide?"

18   나는 '우주 극장cosmic theater'이라는 용어를 데이비드 로젠버그David Rosenberg에게 빌렸다. 로젠버그는 에이미 탄의 우주론과 부분적으로 일치하는 방식으로, 성서 이야기에 대한 그의 견해를 자세히 설명한다. 그가 쓴 글은 다음 문헌을 참조할 것. *Educated Man: A Dual Biography of Moses and Jesus* (Counterpoint Press, 2010) and *A Literary Bible: An Original Translation* (Counterpoint Press, 2009).

19   Peter Wollen, *Signs and Meaning in the Cinema* (Indiana University Press, 1972), p. 113.

20   Rob Feld, *Adaptation: The Shooting Script* (Dey Street/ William Morrow, 2012), p. 121.

21   Feld, *Adaptation*, p. 118.

22   Feld, *Adaptation*, p. 119.

23   Paul Valery, "Recollection," in *Collected Works*, vol. 1, trans. David Paul (Princeton University Press, 1972).

24   Susan Bell, *The Artful Edit: On the Practice of Editing Yourself* (W.W. Norton, 2007).

20   Roland Barthes, *The Rustle of Language*, trans. Richard Howard (Hill and Wang, 1986), p. 289.

3장

1   From *Henry Moore: Sculpture and Drawings;* quoted in Robert Motherwell, "A review of Henry Moore: Sculpture and Drawings," *The New Republic*, October 22, 1945, https://newrepublic.com/article/99274/henry-moore.

2   Philip Glass quoted in Zachary Woolfe, "Remixing Philip Glass," *New York Times Magazine*, October 5, 2012.

3   Dean Young, *The Art of Recklessness: Poetry as Assertive Force and Contradiction* (Graywolf Press, 2010), p. 62.

4   Ann Hamilton, "Making Not Knowing," in Mary Jane Jacob and Jacquelynn Baas (eds.), *Learning Mind: Experience into Art* (University of California Press, 2009), p. 68.

5   Ann Hamilton in conversation with Krista Tippett, "Making, and the Spaces We Share," *On Being* podcast, November 19, 2015, https://onbeing.org/programs/ann-hamilton-making-and-thespaces-we-

share/.

6   Peter Brook, *The Empty Space* (New York, Touchstone, 1968), p. 7.

7   John Heilpern, *The Conference of the Birds* (Faber and Faber, 1977), p. 4.

8   2017년 5월 샌프란시스코에 있는 미국 컨서바토리극장American Conservatory Theatre에서 브룩이 연출한 작품 〈전장Battlefield〉을 관람했다. 이 작품은 고대 인도의 대서사시 『마하바라타Mahabharata』를 각색했던 작품(1985)의 후속작이다. 나는 1985년에 나온 원작을 브루클린 음악 아카데미Brooklyn Academy of Music에서 관람했다. 〈전장〉에는 원작에서 빠졌던 부분이 포함되는데, 핵심만 잘 간추려 넣은 듯했다(원작은 무려 9시간짜리 공연이다!). 브룩은 미국 컨서바토리 극장의 예술감독이던 캐리 펄로프Carey Perloff와 나눴던 대화에서, '즉석 극장'을 만드는 데 있어서 만들면서 알게 되는 원리에 대해 언급한다. 그는 이렇게 멋지고 간단하게 의견을 제시한다. "우리는 실행하고, 실패하고, 진실에 조금 더 가까이 가고, 결국 진실을 알게 됩니다."

9   큐레이터인 에이드리엔 에드워즈Adrienne Edwards는 프로젝트를 이렇게 요약했다. "주류에 합류한 미국 최초의 흑인 엔터테이너 버트 윌리엄스에게 경의를 표하기 위해 기획된 것이다. 그러나 베린의 공연의 마지막 5분이 잘려나가면서 인종차별적 고정관념에 대해 그가 피력하려 했던 신랄한 논평은 텔레비전을 보는 시청자들에게는 전혀 전달되지 못했다." 자세한 내용은 다음 인터넷 링크를 참조할 것. https://henryart.org/programs/screening- discussionuntil-until-until.

10 Nithikul Nimkulrat, "Hands-on Intellect: Integrating Craft Practice into Design Research," *International Journal of Design*, 6(3): 1–14.

11 "Rosanne Somerson on the Challenges of Design Education," *Disegno*, January 3, 2014, https://www.disegnodaily.com/article/rosanne-somerson-on-the-challenges- of-design-education.

12 Alexa Meade, "Your Body Is My Canvas," TED talk, September 2013, https://www.ted.com/talks/alexa_meade_your_body_is_my_

canvas.

13 Chuck Close interviewed in Joe Fig (ed.), Inside the Painter's Studio (Princeton Architectural Press, 2009), p. 42.

14 Chuck Close: A Portrait in Progress (1997), dir. Marion Cajori.

15 Wisława Szymborska, "I Don't Know," The New Republic, December 30, 1996, https://newrepublic.com/ article/100368/i-dont-know.

4장

1 Poul Bitsch Olsen and Lorna Heaton, "Knowing through Design," in Jesper Simonsen et al. (eds.), *Design Research: Synergies from Interdisciplinary Perspectives* (Routledge, 2010), p. 81.

2 James Self, "To Design Is to Understand Uncertainty," September 8, 2012, *IndustrialDesign.Ru*, http://www.industrialdesign.ru/en/ news/view_37/.

3 최근의 디자인 연구들은 문제 해결을 초월한 개념을 탐구하는 경향을 보인 다. 앤 버딕을 비롯한 몇몇 작가들은 디자인의 진화를 자기 성찰적인 관행이 자 정치적·사회적 의미를 지닌 행위로 설명한다. 그러나 이 책을 준비하면서 인터뷰한 디자이너들은 모두 문제 해결의 관점에서 작업에 접근했기 때문 에, 나도 그런 견지에서만 논했다.

4 Norman Wilkinson, *A Brush with Life* (Seeley Service, 1969), p. 79.

5 Saul Steinberg, quoted in Chris Ware, "Saul Steinberg's View of the World," *The New York Review of Books*, May 26, 2017, https://www. nybooks.com/daily/2017/05 /26/saul-steinbergsview-of-the-world/.

6 E.H. Gombrich, as widely paraphrased from *Art and Illusion* (Pantheon, 1960).

7 *Joan Didion: The Center Will Not Hold* (2017), dir. Griffin Dunne.

8 Didion, "Why I Write."

9   Olsen and Heaton, "Knowing through Design," p. 81.

5장

1   여러 다른 표현으로 바뀌어 널리 사용되고 있지만, 이 인용문은 해비타트 운동Habitat for Humanity 설립자인 풀러Fuller가 했던 말로 가장 널리 알려져 있다. 다음 웹페이지를 참조할 것. https://fullercenter.org/quotes/.

2   David Morley, *The Cambridge Introduction to Creative Writing* (Cambridge University Press, 2007), p. 128.

3   다음 문헌에 인용됨. Aaron L. Berkowitz, *The Improvising Mind: Cognition and Creativity in the Musical Moment* (Oxford University Press, 2010), p. 11.

4   폴리페이직 레코딩Polypeasic Recordings의 CCMC 재발매 프로젝트와 관련한 참고 사항. 다음 웹페이지에서 인용함. https://en.wikipedia.org/wiki/CCMC_(band).

5   산타루치아는 이 작품을 마이클 프레인Michael Frayn의 연극 〈막을 올려라 Noises Off〉(1982)와 비교한다. 〈막을 올려라〉는 영화 제작의 배경을 극화한 작품이다.

6   Jerzy Grotowski, *Towards a Poor Theatre* (Simon & Schuster, 1968), p. 21.

7   Grotowski, *Towards a Poor Theatre*, p. 17.

8   Grotowski, *Towards a Poor Theatre*, p. 17.

9   Amy Nostbakken and Norah Sadava, "A Note from the Creators," in *Mouthpiece* (Coach House Books, 2017), p. 11.

6장

1   Rabbi Jonathan Sacks, "Doing and Hearing," https://rabbisacks.org/doing-and-hearingmishpatim-5776/#_ftnref5.

2   이 인용문은 1988년 파인먼이 사망할 당시 그가 쓰던 칠판에 적혀 있었다고

전해진다. 관련 내용은 다음 문헌에 언급되어 있다. Michael Way, "What I can not create, I do not understand," *Journal of Cell Science* 130 (2017): 2941–42.

3   Charles J. Limb and Allen R. Braun, "Neural Substrates of Spontaneous Musical Performance: An fMRI Study of Jazz Improvisation," *PLoS ONE 3*(2): e1679, https://doi.org/10.1371/journal.pone.0001679.

4   다음 문헌에서 논의된 사항이다. Aaron L. Berkowitz, *The Improvising Mind: Cognition and Creativity in the Musical Moment* (Oxford University Press, 2010), pp. 142–43. 덧붙여 림의 테드 강연 '즉흥 연주하는 사람의 뇌Your Brain on Improv'와 조나 레러Jonah Lehrer의 책에 소개된 내용을 참조할 것. Lehrer, *Imagine*, pp. 89–93.

5   Lehrer, *Imagine*, pp. 90–91. 강조 표시는 저자의 것.

6   Charles Limb, "Your Brain on Improv," TED talk, January 2011, https://www.ted.com/talks/charles_limb_your_brain_on_improv.

7   다음 문헌에 인용됨. Kevin Loria, "Something Weird Happens to Your Brain When You Start Improvising," *Business Insider*, April 8, 2015.

8   다음 문헌을 참조할 것. Berkowitz, *The Improvising Mind*, and also Aaron L. Berkowitz and Daniel Ansari, "Generation of Novel Motor Sequences: The Neural Correlates of Musical Improvisation," *NeuroImage*, 41 (2008), pp. 535–43.

9   Lehrer, *Imagine*, p. 92.

10 Maurice Merleau-Ponty, "On the Phenomenology of Language," in *Signs*, trans. Richard C. McCleary (Northwestern University Press, 1964), p. 88.

11 Rosamond Mitchell and Florence Myles, *Second-Language Learning Theories*, 2nd ed. (Routledge, 2013), p. 12.

12 Adam Phillips, "Against Self-Criticism," https://www.lrb.co.uk/the-

paper/v37 /n05/adam-phillips/against-self-criticism.

13   Phillips, "Against Self-Criticism." The Richard Poirier book Phillips cites is *The Performing Self: Composition and Decomposition in the Languages of Contemporary Life* (Rutgers University Press, 1992).

14   Phillips, "Against Self-Criticism."

15   Selma Fraiberg, *The Magic Years: Understanding and Handling the Problems of Early Childhood* (Simon & Schuster, 1959). 내가 프레이버 그의 연구에 관심을 갖게 된 것은 에이미 벤더와 나눈 대화 덕분이었다. 에이미 벤더는 창조의 두려운 세계에 들어가는 것에 관해 이야기하면서 중요한 유사점을 제시했다.

16   여기에 제시한 의견은 지난 30년 동안 여러 예술·디자인 대학에서 일했던 내 개인적인 경험을 바탕으로 한다. 나는 미국과 캐나다의 학교 39곳을 회원으로 둔 AICADthe Association of Independent Colleges of Art and Design에서 활발히 활동 중이다. 학교마다 가르치는 과목이나 방법론은 약간 다르지만, 규모와 상관없이 모든 학교가 여기서 설명한 교육 원칙에 기본을 둔다.

17   다음 웹사이트를 참조할 것. https://www.dblresources.org/.

18   Michael McNichol, "Roads Gone Wild," *Wired Magazine*, December 2004. See also Adam Phillips, Unforbidden Pleasures (Farrar, Straus and Giroux, 2015).

19   McNichol, "Roads Gone Wild."

20   McNichol, "Roads Gone Wild."

21   McNichol, "Roads Gone Wild."

22   Adam Phillips, "Red Light Therapy," *Harper's Magazine*, May 2016, https://harpers.org/archive/2016/05/red-light-therapy/.

23   헤셸이 사망하기 얼마 전(1972년) NBC 텔레비전 인터뷰에서 했던 이야기다. 다음 동영상을 참조할 것. https://www.youtube.com/watch?v=FEXK9xcRCho.

손 애덤스Sean Adams는 세계적인 디자이너이자, 미국 캘리포니아의 사립 예술대학 아트센터 칼리지 오브 디자인의 그래픽 디자인 전공 학부와 대학원 프로그램 학과장이다. 디자인 스튜디오 손 애덤스 오피스The Office of Sean Adams와 BSCBurning Settlers Cabin의 설립자이며, 다수의 베스트셀러를 쓴 작가이고, 링크드인 러닝의 영상 작가다. 그는 디자인과 관련된 다양한 주제를 다루는 웹사이트 '디자인 옵저버Design Observer' 편집위원이며 직접 글도 쓴다. 미국 그래픽아트협회American Institute of Graphic Arts, AIGA 역사상 유일하게 협회장을 두 차례 역임했다. 2014년에는 그래픽아트 분야에서 가장 영예로운 상인 AIGA 메달을 받았다.

에드거 아르세노Edgar Arceneaux는 회화, 조각, 공연, 영화 등 다양한 분야에서 활동하는 예술가다. 서던캘리포니아대학교USC의 로스키 미술대학Roski School of Art and Design 부교수이며, 상하이 비엔날레, 뉴욕 휘트니 비엔날레, 샌프란시스코 현대미술관, 로테르담 비테 데 비트 미술관, 뉴욕 현대미술관 등에서 작품을 전시했다. 그는 로스앤젤레스 와츠 지역에서 '와츠 하우스 프로젝트Watts House Project'를 공동 설립하기도 했다.

게일 베이커Gail Baker는 교사이자 작가이며, 워크숍 지도자다. 베이커는 예술 교육을 기본으로 하는 유대인 사립 학교인 토론토 헤셸 스쿨Toronto Heschel School을 공동 설립했으며, 10년 넘게 교장으로 재직했다. 그는 학생과 선배들을 위한 통합 학습 기회를 만드는 프로그램인 '세대간 교실The Intergeneration Classroom'을 공동으로 설립했다. 《롤라 스타인 협회저널Lola Stein Institute Journal》에 '좋은 책Good Books'이라는 제목의 칼럼을 쓰고 있다.

스티븐 빌Stephen Beal은 예술가이자 교육자이며, 학계 지도자다. 캘리포니아 예술대학California College of the Arts 총장이며 회화 전공 교수다. 학계 활동 외에 예술가로도 활동하면서 샌프란시스코 베이 에어리어와 미국 곳곳에서 작품을 전시해왔다.

이브 베하Yves Béhar는 디자이너이자 기업가이며, 퓨즈프로젝트fuseproject를 설립한 CEO다. 베하는 통합적인 제품, 브랜드와 경험 디자인을 비즈니스의 기초로 여긴다. 또 긍정적인 사회 변화와 환경을 위한 디자인을 개척해왔으며, 벤처 디자인의 선두에 있다. 포미라이프FORME Life, 어거스트August, 캐노피Canopy를 공동 설립했으며, 해피스트 베이비 스누Happiest Baby Snoo, 우버Uber, 코발트

Cobalt, 데스크톱 메탈Desktop Metal, 스위트그린Sweetgreen 같은 수많은 스타트업과 협업해왔다. 그 밖에도 허먼 밀러Herman Miller, 모바도Movado, 삼성, 푸마, 이세이 미야케, 프라다, 소다스트림, 니베아, 오션 클린업The Ocean Cleanup을 포함한 많은 기업과 협업해온 세계적인 대가다.

프리돌린 베이저트Fridolin Beisert는 디자이너이자 작가다. 그는 바움쿠헨닷넷Baum-Kuchen.net의 크리에이티브 디렉터이며, 아트센터 칼리지 오브 디자인의 제품 디자인 프로그램 학과장으로서 창의적인 문제 해결, 디자인 혁신, 다이내믹 스케칭dynamic sketching 등을 가르친다. 《창의적 전략: 디자인 문제 해결을 위한 열 가지 접근법 Creative Strategies: 10 Approaches to Solving Design Problems》의 저자이다.

에이미 벤더Aimee Bender는 작가이자 교수로, 서던캘리포니아대학교에서 문예창작을 가르치고 있다. 저서로 《뉴욕타임스》에서 주목할 만한 책으로 선정한 『인화성 스커트를 입은 소녀The Girl in the Flammable Skirt』, 《LA타임스》에서 올해의 책으로 선정한 『보이지 않는 사인An Invisible Sign of My Own』, SCIBA 상 소설 부문 수상작이자 알렉스 상 수상작인 『레몬 케이크의 특별한 슬픔The Particular Sadness of Lemon Cake』, 가장 최근 작품인 『나비 모양 등갓The Butterfly Lampshade』 등이 있다. 벤더의 단편소설은 《그랜타 Granta》, 《GQ》, 《하퍼스Harper's》, 《틴하우스Tin House》, 《맥스위니스McSweeney's》,《파리 리뷰The Paris Review》같은 잡지에 실렸다.

데이브 비디니Dave Bidini는 작가이자 음악가, 다큐멘터리 제작자이며 캐나다 인디 록 밴드 '레오스태틱스Rheostatics'의 창단 멤버이기도 하다. 그는 『차디찬 도로에서On a Cold Road』, 『하키의 회귀선Tropic of Hockey』, 『로큰롤과 함께하는 세계여행Around the World in 57 1/2 Gigs』, 『홈 앤드 어웨이Home and Away』를 포함한 총 12권의 책을 펴 냈다. 비디니는 캐나다의 3대 연예상인 제미니상Gemini award TV 부문, 지니상Genie award 영화 부문, 주노상Juno award 음악 부문 수 상 후보에 올랐는데, 이 세 가지 상에 모두 노미네이트된 것은 비디 니가 유일하다.

앨러너 브리지워터Alana Bridgewater는 배우이자 가수다. 캐나다 어린이 오페라 합창단과 토론토 멘델스존 청소년 합창단에서 활동했으며, 너새니얼 데트Nathaniel Dett 합창단 창단 멤버였다. 2007년에는 캐 나다 CBC 방송국 크리스마스 프로젝트에 이바지한 공로로 제미 니상 후보에 올랐다.

앤 버딕Anne Burdick은 작가이자 디자이너이며, 아트센터 칼리지 오 브 디자인 대학원에서 미디어 디자인Media Design Practices학과 학 과장을 지냈다. 주요 연구 분야는 디자인 분야 석박사 과정 교육과 연구의 미래이다. 『디지털 인문학Digital_Humanities』을 공동 집필 하고 디자인했으며, 오스트리아 과학아카데미의 실험적인 텍스트

사전인 『횃불사전: 관용어Fackel Wörterbuch: Redensarten』의 디자인으로 라이프치히 도서전에서 '세계에서 가장 아름다운 책' 상을 받았다.

리아 시르니아크Leah Cherniak는 연극 제작자이자, 감독, 배우이자 대학 강사다. 토론토에 있는 콜럼버스 극장Theatre Columbus(현재 이름은 커먼부츠극장Common Boots Theatre)의 공동 설립자이며, 소울 페퍼 극단Soulpepper Theatre Company의 정규 단원으로 활동했다. 수상작인 〈어니스트와 어니스틴의 분노The Anger in Ernest and Ernestine〉를 비롯해, 커먼 부츠 극장에서 상연하는 대부분의 작품을 감독하거나 배우로 참여해 연기했다. 최근 〈발코니에서 보낸 엽서Postcards from my Balcony〉라는 단편영화를 연출했으며, 토론토에 있는 시어터 센터Theatre Centre에서 멀티미디어를 접목한 연극 〈남은 조각들 Here are the Fragments〉을 공동으로 창작하고 감독했다.

조지프 디 프리스코Joseph Di Prisco는 작가이자 교육자다. 여러 권의 소설(『선한 피츠제럴드 가족The Good Family Fitzgerald』, 『시벨라와 시벨라Sibella & Sibella』, 『엘리의 고백Confessions of Brother Eli』, 『태양의 도시Sun City』, 『지금의 전부All for Now』, 『알츠하이머The Alzhammer』)과, 시집 세 권(『위트의 종말Wit's End』, 『시 안에Poems in Which』, 『일반석에 앉아서Sightlines from the Cheap Seats』), 회고록 두 권(『캘리포니아행 지하철Subway to California)』, 『브루클린의 교황The Pope of Brooklyn』, 심리학자이자 교육자인 마이클 리에라와 공동 집필한

청소년 도서 두 권『미국 청소년을 위한 휴대용 도감Field Guide to the American Teenager』,『옳고 그름의 분별Right from Wrong』)을 펴냈다. '신문학 프로젝트New Literary Project' 창립자다.

라켈 더피Raquel Duffy는 영화배우이자 토론토 소울 페퍼 극단의 정규 단원이다. 일곱 차례나 도라 메이버 무어상Dora Mavor Moore Award 후보에 올랐으며, 연극 〈악어 파이Alligator Pie〉로 상을 받았다. 〈메리의 결혼식Mary's Wedding〉으로 로버트 메리트상Robert Merritt Award을 받았다.

앤 필드Ann Field는 일러스트레이터이자 아트센터 칼리지 오브 디자인의 일러스트레이션학과 학과장이다. 《런던 이브닝 스탠다드London Evening Standard》,《마드모아젤Mademoiselle》,《보그Vogue》 이탈리아판에 작품이 실렸으며, 뉴욕의 일러스트레이터 협회Society of Illustrators, 아메리칸 일러스트레이션merican Illustration, 프린트Print, 그래피스Graphis에서 상을 받았다. 뉴욕에 있는 스미스소니언 디자인 박물관의 쿠퍼 휴잇Cooper Hewitt 상설전시관에 필드의 작품이 전시되어 있다.

프랭크 게리Frank Gehry는 세계적인 건축가다. 스페인에 있는 구겐하임 빌바오 미술관, 로스앤젤레스에 있는 월트 디즈니 콘서트홀을 포함해, 상징적인 건물들을 디자인한 건축가로 알려져 있다. 프리츠커 건축상Pritzker Architecture Prize, 미국 국가예술훈장, 미국 대통

령장 자유훈장을 비롯한 다양한 상을 수상했다.

닉 하퍼마스Nik Hafermaas는 디자이너이자 교육자다. 독일의 주요 디자인 회사인 트리아드 베를린Triad Berlin의 크리에이티브 디렉터이고, 디지털 미디어 및 공간 체험 회사인 위버올 인터내셔널Ueberall International의 설립자이자 최고 크리에이티브 책임자이다. 아트센터 칼리지 오브 디자인에서 그래픽 디자인 학부 및 대학원 학과장을 지냈으며, 현재는 같은 대학에서 베를린 프로그램Berlin Programs 책임자로 있다.

앤 해밀턴Ann Hamilton은 비디오, 사물, 공연을 통합한 대규모 멀티미디어 설치작품으로 세계에 이름을 알린 시각예술가다. 해밀턴의 작품은 프랑스 리옹 현대미술관과 뉴욕 현대미술관 개인전을 비롯해 전 세계 미술관에 전시됐다. 1999년에는 베니스 비엔날레에서 미국 대표로 선발되기도 했다. 미국 국립예술훈장, 맥아더 펠로십 MacArthur Fellowship, 구겐하임상Guggenheim Fellowship을 포함해 여러 상을 받았다.

매기 핸드리Maggie Hendrie는 아트센터 칼리지 오브 디자인의 인터랙션 디자인 학부의 설립자이자 미디어 디자인 프랙티스 석사 과정의 학장이다. 캘리포니아공과대학교Caltech와 제트추진연구소JPL의 협동 프로그램인 '데이터 투 디스커버리Data to Discovery'를 공동 감독하고 있다. 인터랙션 디자이너이자 사용자 경험 전략가로 25년 동안 미국과 유럽의 다양한 플랫폼에서 일해왔다.

제임스 홀리스James Hollis는 융 정신분석학자로, 워싱턴 D.C.의 융 소사이어티와 휴스턴의 융 교육센터 소장을 지냈다. 『인생 2막을 위한 심리학』, 『나를 숙고하는 삶: 절반쯤 왔어도 인생이 어려운 당신에게』, 『왜 착한 사람이 나쁜 행동을 할까?: 우리의 어두운 측면 이해하기Why Good People Do Bad Things: Understanding our Darker Selves』를 포함해 총 17권의 책을 썼다.

티샤 존슨Tisha Johnson은 올풀 법인Wolpool Corporation의 글로벌 소비자 디자인 담당 부사장이다. 최근까지 허먼 밀러의 글로벌 제품 디자인 담당 부사장으로 일했다. 볼보에서 인테리어 디자인 부사장을 지낸 자동차 디자이너이기도 하다. 부사장이 되기 전에는 콘셉트 및 모니터링 센터의 디자인 전무로서 전략 및 디자인 제안 부서에서 외관 디자인과 차량 실내 디자인 팀의 모든 활동을 책임지고 이끌었다.

톰 넥텔Tom Knechtel은 예술가이며 아트센터 칼리지 오브 디자인 학부 미술학과 교수였다. 세계 곳곳에 작품을 전시했으며, 현재는 포르투갈 신트라 현대미술관Sintra Museum of Modern Art, 뉴욕 현대미술관, 로스앤젤레스 현대미술관, 로스앤젤레스 카운티 미술관이 그의 작품을 소장하고 있다.

팀 코베Tim Kobe는 세계적으로 인정받는 디자이너다. 애플 스토어의 기본 콘셉트를 만들었으며 미국, 유럽, 아시아 전역 8곳에 스튜디오가 있는 디자인 회사 에이트의 설립자이자 CEO다. 에이트는 건축, 전시, 인테리어, 제품 및 그래픽 디자인 분야를 포함한 모든 작업에서 인상 깊은 경험을 창조한다. 코베는 애플, 버진애틀랜틱항공, 씨티은행, 코치, 놀Knoll을 포함한 많은 기업과 작업해왔다.

크리스 크라우스Chris Kraus는 자서전, 소설, 철학, 예술 비평의 경계를 탐색하는 작가이자 미술 비평가, 편집자다. 저서로는 최근 아마존에서 텔레비전 시리즈로 각색된 소설 『아이 러브 딕』과, 독자와 평단에서 두루 호평 받은 『무기력Torpor』, 『증오의 여름Summer of Hate』, 『케이시 액커 이후: 전기와 사회적 관행After Kathy Acker: A Biography and Social Practices』 등이 있다. 영향력 있는 출판사인 세미오텍스트Semiotext(e)의 공동 편집자이며, 미국 독자들에게 현대 프랑스 이론을 소개하는 데 이바지해왔다.

로스 라만나Ross LaManna는 작가이자 각본을 쓰는 시나리오 작가다. 현재 아트센터 칼리지 오브 디자인에서 영화학과 학부 및 대학원 학과장으로 있다. 폭스, 디즈니, 파라마운트, 컬럼비아, 유니버설, HBO와 그 밖의 여러 독립 제작사들을 위해 각본과 각색 작업을 해왔다. 청룽(성룡)과 크리스 터커가 주연한 영화 〈러시 아워〉 시나리오를 쓴 것으로 가장 잘 알려져 있다.

마이클 래스킨Michael Laskin은 영화배우이자 연극배우다. 거스리 극장Guthrie Theater, 루이빌 액터스 극장actors Theatre of Louisville, 시애틀 레퍼토리 극장Seattle Repertory Theatre을 포함한 미국의 주요 지역 극장의 무대에 섰다. 출연한 영화로는 〈마이 프리텐드 와이프〉(2011), 〈여덟 명의 제명된 남자들〉(1988), 〈폭로〉(1994) 등이 있다.

웬디 맥노튼Wendy MacNaughton은 《뉴욕타임스》 베스트셀러 저자이자 일러스트레이터이며 그래픽 저널리스트다. 《뉴욕타임스》와 《캘리포니아 선데이 매거진》에서 비주얼 칼럼니스트로 활동했으며, 사민 노스랏의 책 『소금 지방 산 열』, 캐롤린 폴의 책 『용감한 소녀들이 온다』, 다큐멘터리 〈그 사이에 샌프란시스코에서는Meanwhile in San Francisco〉의 삽화를 그렸다. 맥노튼은 여성 일러스트레이터들의 커뮤니티인 '위민 후 드로Women Who Draw'를 공동 창립했으며, 어린이들을 위한 학습 기반 드로잉 쇼인 〈드로 투게더Draw Together〉 제작자이자 진행자이기도 하다.

마이클 말찬Michael Maltzan은 건축가다. 개인 주택부터 문화 시설, 도시 기반 시설에 이르기까지 다양한 구조물을 설계했다. 그가 진행한 다세대 주택 프로젝트는 혁신적인 설계와 건축으로 국제적으로 높은 평가를 받았다. 말찬은 미국건축가협회American Institute of Architects에서 진보적 건축상 5개, 표창장 22개를 받았다.

새뮤얼 J. 만Samuel J. Mann은 산업 디자이너이자, 발명가, 기업가다. 80개 이상의 특허가 있으며, 특히 그가 개발한 특허 중에 살균된 침으로 신속하게 귀를 뚫는 기술은 현재 전 세계적으로 사용된다.

코트니 E. 마틴Courtney E. Martin은 작가이자 연설가, 사회·정치 활동가다. 『공공장소에서의 배움Learning in Public: Lessons for a Racially』을 비롯한 저서와 라디오 프로그램이자 팟캐스트인 '온 빙'의 주간 칼럼니스트로 이름을 알렸다. 그는 '솔루션스 저널리즘 네트워크 Solutions Journalism Network'와 '프레시 스피커스 뷰로FRESH Speakers Bureau'의 공동 창립자다.

프랜시스 마티노Francis Martineau는 연극인이자 작가이며, 음악가다. 피아노로 즉흥적으로 작곡한 곡을 수록한 솔로 앨범 세 장을 발표했다. 데이비드 글래스David Glass와 함께 피아노 즉흥 연탄곡을 공동으로 만들고 녹음했으며, 함께 앨범 세 장을 발매했다. 또한 소설 『패디 왁Paddy Whack』과 『베놈스 앤 망고스Venoms and Mangoes』의 저자이다. 토론토대학교 교수를 지냈으며, 유니버시티 칼리지에서 연극 프로그램을 개설했다.

디에고 마타모로스Diego Matamoros는 배우다. 지난 40년 동안 연극, 영화, TV에서 연기 활동을 했다. 1998년에는 토론토에서 소울 페퍼 극단을 공동 설립했으며, 2006년에는 연중 진행되는 교육 프로그램을 개설했다. CBC 미니시리즈 〈더 슬립 룸The Sleep Room〉에서

닥터 골드먼Dr. Goldman 역으로 제미니상을 받은 것을 비롯해, 연극과 영화 분야에서 여러 상을 받았다.

레베카 멘데스Rebeca Mendez는 예술가이자, 디자이너이며 교육자이다. UCLA의 디자인 미디어아트학과 교수이자 학과장이며, 예술과 디자인 분야에서 환경 정의를 모색하는 카운터포스 랩Counterforce Lab의 소장이다. 2012년에는 스미스소니언 디자인 박물관의 쿠퍼 휴잇 상설전시관에서 주최한 커뮤니케이션 디자인 부문에서 상을 받고 2017년에는 전공 분야에서의 뛰어난 활동으로 AIGA 메달을 수상했다. 멘데스의 작품은 샌프란시스코 미술관, 로스앤젤레스 해머 박물관, 멕시코 오악사카 현대미술관을 포함한 여러 기관에 전시되어 있다.

데이비드 모카스키David Mocarski는 아트센터 칼리지 오브 디자인의 환경디자인학과 학과장이다. 또한 주거 공간 프로젝트, 제품 포장, 가구 디자인, 기업 브랜드 개발 등의 활동을 하는 학제적 디자인 스튜디오인 알킷 폼즈Arkkit forms의 대표다.

에이미 노스트바켄Amy Nostbakken은 수상 이력이 있는 감독이자 작가이며, 연주자이자, 작곡가다. 토론토의 극단 '쿼트 언쿼트 컬렉티브'의 공동 예술감독이며, 〈빅 스모크The Big Smoke〉(2011), 〈불타는 별의 발라드Ballad Of the Burning Star〉(2013), 〈버킷 리스트Bucket List〉(2016), 〈마우스피스〉(2015), 〈이제 당신은 그녀를 본다Now

You See Her〉(2018)를 포함한 수많은 작품을 공동 제작하고 작곡했다. 책으로 출간된 『마우스피스』는 스페인어, 프랑스어, 터키어, 루마니아어로 번역되었으며, 패트리샤 로제마 감독이 책을 각색해서 만든 장편영화는 2018년 토론토국제영화제TIFF 개막식에 상영됐다. 현재 2023년 초연 예정인 쿼트 언쿼트 컬렉티브의 다음 작품 〈유니버설 차일드 케어Universal Child Care〉를 준비하고 있으며, 아이들과 성인들에게 연기와 발성을 가르친다.

앤디 오그던Andy Ogden은 디자이너이자 혁신 컨설턴트다. 아트센터 칼리지 오브 디자인의 산업디자인과 대학원 과정 학장이자 클레어몬트Clarmont대학원의 경영대학원Drucker School of Management College과 협력해서 산업디자인 이학석사 학위와 MBA 학위를 복수 전공하는 ISDInnovation Systems Design 프로그램의 공동 창설자이자 학장을 맡고 있다. 과거에는 월트 디즈니 이매지니어링 R&D의 부사장 겸 총괄 디자이너, 혼다 미국 연구소의 자동차 디자이너로 일했다.

데니스 필립스Dennis Phillips는 시인이자 작가다. 『마파문디Mappa Mundi』, 『척도Measures』를 포함한 17권의 시집을 냈고, 이탈리아 시인 밀리 그라피Milli Graffi와 수잔나 라비티Susanna Rabitti의 작품을 번역했다. 1998년에는 제임스 조이스의 초기 에세이에 관한 책 『입센의 조이스Joyce on Ibsen』를 편집하고 책의 서문을 썼으며 2007년에는 소설 『희망Hope』을 냈다.

폴 레딕Paul Reddick은 가수이자 작곡가, 하모니카 연주자다. 여러 곡으로 비평가들에게 호평을 받았으며, 30여 년 동안 캐나다, 미국, 유럽 전역의 무대에서 노래를 불렀다. 가장 최근 음반인 〈라이드 더 원Ride the One〉은 2017년 주노상 최우수 블루스 앨범상을 받았다. '블루스를 부르는 국민 시인'으로 불리는 그는 블루스 예술의 경계를 넓혔다. 헌정곡 〈블루스는 아름다운 풍경이다Blues is a beautiful landscape〉를 계기로 2014년에 현대 블루스 작곡가들을 위한 연례 시상식인 코발트상Cobalt Prize을 만들어 블루스 음악의 성장을 장려했다.

파올로 산타루치아Paolo Santalucia는 배우이자 감독이며, 수상 경력이 있는 극단 하울랜드 컴퍼니The Howland Company의 공동 설립자이다. 토론토에 있는 소울 페퍼 극단에서 만든 〈로젠크란츠와 길덴스턴은 죽었다Rosencrantz and Guildenstern Are Dead〉와 〈인간의 굴레 Of Human Bondage〉로 도라 메이버 무어상Dora Mavor Moore Awards 작품상을 두 차례 받았다.

폴라 셰어Paula Scher는 저명한 그래픽 디자이너이자 화가, 미술 교육자다. 씨티은행, 코카콜라, 메트로폴리탄 오페라, 뉴욕 현대미술관, 뉴욕 필하모닉, 퍼블릭시어터Public Theater와 같은 브랜드들과 인상적인 작업을 펼쳐왔다. ADCArt Directors Club 명예의 전당에 이름을 올렸으며, 크라이슬러 디자인 혁신상, AIGA 메달, 쿠퍼 휴잇 국립 디자인상 커뮤니케이션 디자인 부문을 비롯한 다수의 상을 수상했다.

잭 스나이더Zack Snyder는 영화감독이자 영화 제작자, 시나리오 작가, 카메라 감독이다. 〈300〉, 〈왓치맨〉, 〈맨 오브 스틸〉, 〈배트맨 대 슈퍼맨: 저스티스의 시작〉, 〈잭 스나이더의 저스티스 리그〉, 〈아미 오브 더 데드〉 등의 영화로 잘 알려져 있다.

로젠 소머슨Rosanne Somerson은 가구 디자이너이자 제작자이며, 미술과 디자인 교육의 리더이고, 로드아일랜드 디자인스쿨Road Island School of Design, RISD의 명예총장이다. 로드아일랜드 디자인스쿨에서 학장을 지냈으며, 가구디자인학과를 공동으로 기획하고 설립했고, 학과장으로 일했다. 소머슨이 만든 가구는 파리 루브르 박물관의 미술 장식관등 여러 곳에 전시되어 있으며, 스미스소니언 박물관, 예일대학교 박물관, 보스턴 박물관을 비롯한 많은 민간 기관과 공공 기관에서 그의 작품을 소장하고 있다. 소머슨은 전 세계에서 강의를 해왔고, NEA 펠로우십 두 가지와 펠상 미술 분야 우수 지도자상Pell Award for the Excellant Leadership in the Arts을 포함한 다수의 상을 받았다.

톰 스턴Tom Stern은 소설 『사라지는 내 쌍둥이 형제』, 『서터펠드 Sutterfeld』, 『당신은 영웅이 아니다You Are Not A Hero』를 쓴 작가다. 《맥스위니스》, 《로스앤젤레스 리뷰 오브 북스Los Angeles Review of Books》, 《몽키바이시클Monkeybicycle》, 《메모어 믹스테입스Memoir

Mixtapes》,《하이퍼텍스트 매거진Hypertext Magazine》에도 글을 게재
했다.

커트 스윙해머Kurt Swinghammer는 싱어송라이터이자 음악가, 시각예술
가다. 13장의 정규 앨범을 냈고 100개 이상의 CD 녹음 작업에 세
션 뮤지션으로 참여했다. 캐나다 의회 미술은행Canada Council Art
Bank에 그의 작품이 전시되어 있다. 일러스트레이터, 그래픽 디자
이너, 의상 디자이너, 무대장치 디자이너, 그리고 뮤직비디오 예술
감독으로도 활동한다.

다이애나 세이터Diana Thater는 저명한 예술가이자 큐레이터, 작가, 교
육자다. 영화, 동영상, 설치미술에서 선구적인 창작 활동을 펼쳐왔
다. 그의 작품은 전 세계 박물관에 전시되었으며, 시카고 미술관,
토리노에 있는 카스텔로 디 리볼리 현대미술관, 로스앤젤레스 카
운티 미술관, 뉴욕에 있는 솔로몬 R. 구겐하임 미술관, 휘트니 미술
관, 베를린에 있는 함부르거 반호프 현대미술관이 그의 작품을 소
장하고 있다.

힐렐 티게이Hillel Tigay는 가수이자 음악가, 작곡가다. 로스앤젤레스의
유대인 공동체 IKAR의 성가대 합창 지휘자를 맡고 있다. 앨범 〈유
대인Judeo〉을 만들면서 시편과 전통 유대교 예배식에 기초한 현대
적인 노래 멜로디와 가사를 썼으며, 유대인 랩 밴드 M.O.T를 만들
기도 했다. 최근 〈유대인 2Judeo Vol II〉를 발표했으며, 현재 팜스 스

테이션Palms Station이라는 이름으로 현대적인 아트 팝 음악을 담은 앨범을 준비 중이다.

프란츠 폰 홀츠하우젠Franz von Holzhausen은 자동차 디자이너다. 현재 테슬라의 수석 디자이너이며 모델S, 모델X, 모델3, 2세대 테슬라 로드스터, 사이버트럭, 모델Y를 디자인했다. 폭스바겐, 제너럴 모터스, 마즈다에서도 일했다.

에스더 펄 왓슨Esther Pearl Watson은 예술가이자 만화가, 일러스트레이터, 비주얼 스토리텔러다. 《뉴욕타임스》, 《맥스위니스》, 《뉴 리퍼블릭the New Republic》 등의 출판물에 만평을 연재했다. 2004년 이후로 잡지 《버스트Bust》에 연재만화 〈언러버블Unlovable〉을 연재하고 있다.

린다 와인먼Lynda Weinman은 기업가이자 모션 그래픽 디자이너이며, 웹 디자인에 관한 다수의 베스트셀러를 출간한 저자다. '인터넷의 어머니'로도 불리며, 1995년에 온라인 교육 플랫폼인 린다닷컴을 공동 설립하고 대표로 일했다. 2015년 린다닷컴은 링크드인에 15억 달러에 매각됐다.

사진 출처

지은이 **론 M. 버크먼**

세계 최고의 디자인학교로 손꼽히는 '아트센터 디자인 칼리지 오브 디자인'의 총장이자, 예술과 디자인 교육의 비전을 제시해온 선구자. 연극 연출가이자 극문학 교수이기도 하다. 다양한 크리에이터들을 인터뷰하는 팟캐스트 '체인지 랩: 변화와 창조성에 관한 대화Change Lab: Conversations on Transformation and Creativity'를 진행하며 우리 시대 가장 독창적인 예술가, 디자이너, 문화 혁신가들의 인사이트와 철학, 삶의 지혜를 공유하고 있다. 캘리포니아대학교 버클리 캠퍼스 교수로 재직했으며, 캘리포니아 예술대학과 세이브룩대학교에서 총장을 지냈다. 스탠퍼드대학교에서 연극 및 인문학 박사 학위를 받았다.

옮긴이 **신동숙**

배우고, 탐구하고, 성장하는 삶이 좋아서 번역가의 길을 걷기 시작했다. 고려대학교 영문과 대학원을 졸업하고 바른번역 소속 번역가로 활동하면서, 영적인 성숙과 의식의 성장에 도움이 되는 책을 세상에 많이 알리고 싶다는 꿈을 조금씩 이루어가고 있다. 옮긴 책으로 《먹어서 병을 이기는 법》, 《천재의 식단》, 《노인은 없다》, 《고스트워크》, 《앞서가는 아이들은 어떻게 배우는가》, 《학생 중심으로 수업을 바꿔라》, 《학습과학 77》, 《인간은 필요 없다》, 《제리 카플란-인공지능의 미래》, 《지금 당신의 차례가 온다면》, 《경제의 특이점이 온다》 외에 다수가 있다.

메이커스 랩

그 멋진 작품은 어떻게 탄생했을까

펴낸날 초판 1쇄 2022년 4월 15일

지은이 론 M. 버크먼

옮긴이 신동숙

펴낸이 이주애, 홍영완

편집장 최혜리

편집2팀 홍은비, 박효주, 김혜원

편집 양혜영, 유승재, 박주희, 문주영, 장종철, 김애리, 강민우, 김하영, 이정미

디자인 김주연, 박아형, 기조숙, 윤신혜, 윤소정

마케팅 김예인, 김슬기, 김태윤, 김미소, 김지윤

해외기획 정미현

경영지원 박소현

펴낸곳 (주)윌북 **출판등록** 제2006-000017호

주소 10881 경기도 파주시 회동길 337-20

홈페이지 willbookspub.com

전자우편 willbooks@naver.com **전화** 031-955-3777 **팩스** 031-955-3778

블로그 blog.naver.com/willbooks **포스트** post.naver.com/willbooks

페이스북 @willbooks **트위터** @onwillbooks **인스타그램** @willbooks_pub

ISBN 979-11-5581-458-1 (03190)